Choisir un chef

Du même auteur :

Pour une nouvelle gouvernance, L'Archipel, 2002
La France de mai, Grasset, 2003
La Dernière Marche, Grasset, 2007
Je marcherai toujours à l'affectif, Flammarion, 2012
Chine, le grand paradoxe, avec Claude Leblanc, Michel Lafon, 2019

Jean-Pierre Raffarin
avec la collaboration d'Alexandre Musso

Choisir un chef

Les secrets du leadership à travers l'histoire

Michel LAFON

118, avenue Achille-Peretti – CS 70024
92521 Neuilly-sur-Seine Cedex
www.michel-lafon.com

Aux étudiants de l'ESCP Business School,
à l'occasion du bicentenaire de notre école.

AVANT-PROPOS

L'idée de ce livre est née à l'ESCP Business School où la direction m'a demandé de préparer un cours sur le leadership, il y a maintenant une quinzaine d'années. Naturellement, il ne pouvait s'agir d'un cours à dominante uniquement académique, cela devait faire davantage l'objet d'un récit d'une vie active qui m'a permis de jardiner les réflexions liées au management et au pouvoir.

Commencée par un diplôme de l'ESCP puis développée dans les métiers du marketing et du conseil, ma carrière s'est déroulée alternativement au sein d'entreprises et au cœur de la politique. N'étant pas fonctionnaire, mon parcours politique m'a conduit à chercher un emploi dans le secteur privé lorsque la situation politique ne m'était pas favorable. J'ai ainsi passé, avec joie, le premier septennat de François Mitterrand à diriger le cabinet Bernard Krief Communication. Revenu en politique, de chef de la région Poitou-Charentes à celui du gouvernement à Matignon, en passant par le ministère des PME ainsi que par les assemblées, nationale et européenne, je fus un praticien du pouvoir pendant une trentaine d'années. Plus tard, en quittant la politique opérationnelle et mon mandat de sénateur, j'ai tenu à reprendre quelques activités entrepreneuriales, exclusivement au service d'entreprises françaises, pour garder le contact avec les formidables mutations de l'époque.

Durant cinquante ans, je me suis donc intéressé au management des individus sous un double aspect : le développement personnel et l'efficacité collective. Avec le management, j'ai exploré les questions liées aux ressources humaines, aux motivations, à la dynamique des groupes, aux procédures de gestion. Avec la politique, j'ai observé les dialectiques de l'histoire et de la géographie, des valeurs et des ambitions, de la séduction et des convictions, ainsi que des promesses et des résultats. Dans les deux univers, j'ai mesuré l'impact de la pensée, de l'organisation, de l'art oratoire, de l'humour dévastateur, du sang-froid, du sens du temps, de l'organisation et de la vision. Aujourd'hui, je travaille surtout sur le leadership en période de crise en présidant la fondation Leaders pour la Paix.

Tout au long de mon parcours, j'ai analysé le pouvoir des uns sur les autres. Après avoir rencontré Nelson Mandela, Angela Merkel, Barack Obama, Vladimir Poutine, Xi Jinping, sœur Emmanuelle, les papes Jean-Paul II et François, et beaucoup d'autres leaders de ce monde, après avoir travaillé avec Valéry Giscard d'Estaing, Simone Veil, Jacques Chirac, Nicolas Sarkozy, Emmanuel Macron et quelques autres, après avoir également attentivement observé les parcours des Martin Bouygues, Patrick Ricard, Laurent Burelle, Claude Bébéar, Thierry Breton, et d'autres grands entrepreneurs, après avoir admiré Joël Robuchon, Johnny Hallyday ou Michel Serres et de nombreux artistes, je me suis fait une idée assez précise de la notion de leadership. Parce qu'il s'applique à la personne humaine prise dans son individualité comme à la gestion d'entreprises et à la conduite des nations, il est une discipline dont l'étude éclaire la dimension humaine de la praxis.

Je suis profondément convaincu qu'une pédagogie du leadership est favorable à la fois à la performance des individus et à l'optimisation des groupes. C'est une des clés du dépassement. Le leadership est une grammaire qui peut participer à la fondation d'un nouvel humanisme : recherche qui fut l'essentiel de mon engagement politique, de « la dynamique humaniste » de la région Poitou-Charentes au courant des « humanistes de l'UMP ».

Ce livre est donc une contribution à cette réflexion destinée autant à l'étudiant qui se prépare aux responsabilités qu'au candidat à un ministère public. Ce travail, enraciné dans l'expérience mais aussi enrichi d'une vaste bibliographie mondiale, doit être approfondi et élargi par d'autres contributions et pourrait aussi prévenir certaines des dérives du leadership telles que « l'exercice solitaire du pouvoir ». En outre, j'ai souhaité inscrire cet exercice dans un cadre international pour tirer toutes les leçons de mon expérience pédagogique nourrie aux quatre coins du monde : en Europe et en France, à l'ESCP Business School ; en Amérique, à l'École nationale de l'administration publique (Enap) du Québec ; en Asie, à la China Europe International Business School (CEIBS) de Shanghai ; et enfin, en Afrique, à l'Institut de formation politique Amadou Gon Coulibaly (IFP-AGC) d'Abidjan.

Les leaders sont devenus indispensables dans nos sociétés. Ils nous dirigent. Ils se combattent même pour cela. Ils génèrent passion et indifférence, émotion et adhésion, reproche et colère, contraintes et violences. Ils font pleinement partie de nos vies. Dans l'espace politique ou la vie économique, le leadership est une dynamique. Le manque de leadership est souvent désigné comme la cause de l'immobilisme. En revanche, le leader n'est pas toujours un producteur de succès ou de réussite. Aujourd'hui, par exemple, notre société, mue par l'émotion, a tendance à élever les victimes ou les influenceurs des réseaux sociaux au rang de leaders. Il n'y a donc pas que le succès et le positif qui permettent de gagner des *followers* et de fédérer. La colère, la violence, le mensonge et bien d'autres vices permettent de gagner de l'influence, du soutien, voire de la sympathie. Pour diriger, le leadership a des atouts que les dérives accompagnent. Il faut y réfléchir dans cette période où les idéologies se sont considérablement affaiblies et dans laquelle l'injonction est faite à l'individu de compter avant tout sur ses propres forces. Un jour, émergera la promesse du « leadership pour tous », ce qui reviendrait à la fin du leadership. Cette fragilité de nos sociétés démocratiques inquiète. Régis Debray nous alerte dans son dernier livre *D'un siècle l'autre*[1] : « un entre-soi sans rien qui dépasse, cela se disloque au premier coup de chien. »

Notre sujet est mondial car aucun pays n'échappe à la dynamique du leadership. En revanche, suivant les cultures et les continents, les pratiques diffèrent et diverses dominantes apparaissent. En Europe, nous exigeons de nos leaders talent, charisme et caractère. En Amérique, les bibliothèques sont pleines de manuels et de cours sur le leadership car il s'agit d'un véritable apprentissage. Parler en public, diriger une réunion, séduire ses interlocuteurs, savoir s'entourer d'une bonne équipe, ou encore bâtir une stratégie : tout s'apprend. Sempiternel débat entre l'inné et l'acquis. Dans l'Asie traditionnelle, et en particulier chez les vieux maîtres de la pensée chinoise, le chef ne s'expose pas, n'agit pas, ne se montre pas et parle rarement. En bon général qu'il doit être, le leader est celui qui gagne la guerre sans avoir à la livrer. Il fait agir les autres tel un chef d'orchestre, en se concentrant sur la stratégie, qu'il définit en secret. En Afrique, le chef doit inventer sa singularité pour ne pas être enfermé dans les codes des dominants.

1. Régis Debray, *D'un siècle l'autre*, Gallimard, 2020.

Étonnamment, ces quatre leaderships se métissent et se combattent tout à la fois. La période est passionnante pour réfléchir à ces sujets puisqu'une véritable guerre des leaderships est aujourd'hui engagée entre les États-Unis et la Chine, entraînant les vertiges et les pertes de repères de la communauté internationale. La question est politique.

Et la France dans tout cela ? Elle qui, ayant choisi par le concours de ses institutions de faire du président de la République « l'homme en charge de l'essentiel », selon l'expression même du général de Gaulle, se prépare dans les prochains mois à se « choisir un chef ». Le livre commence par l'international pour se conclure en point d'orgue sur la France, la singularité de notre pensée en matière de leadership et le choix de notre leader en 2022.

L'analyse s'autorise le pronostic.

Partie I

LES QUATRE SOUCHES CONTINENTALES DU LEADERSHIP

Le leadership est aussi divers et complexe que la nature humaine.

La restructuration du monde en pôles de puissance qui s'affirment, se concurrencent et se menacent, met en exergue l'expression singulière du leadership propre à chaque bloc, chaque continent, chaque pays. Que ce soit en Europe, aux États-Unis d'Amérique, en Chine ou en Afrique, le leadership n'est pas unique. C'est une notion plurielle, protéiforme, recouvrant des acceptions différentes selon le lieu où l'on se trouve. La pluralité de cette notion la rend d'autant plus riche et intéressante à étudier qu'au sein de chaque continent la notion de leadership s'est construite au fil des siècles, des courants de pensées et des penseurs qui se sont emparés du sujet, enfin, au gré des confrontations idéologiques ou empiriques. En somme, les leaders d'aujourd'hui ne sont que le produit de siècles de pensée de pouvoir et d'histoire qui ont animé leur territoire et ont bâti un idéal type du leader, national ou continental. L'analyse comparée des leaderships permet de mettre en lumière les caractéristiques psychiques et morales de chaque leader, d'en comprendre l'attitude et le comportement, et d'établir une grille de lecture du monde et de ses enjeux qui révèlent les véritables ressorts des oppositions politiques et des rapports de force continentaux. Dans l'actualité mondiale, sous nos yeux, de fortes personnalités incarnent la puissance de leur nation et de leur ambition. La compétition des leaders est ouverte.

Une caractéristique, pourtant, rassemble tous ces leaderships : le corpus culturel. Ce corpus désigne le cadre dans lequel s'amoncellent des valeurs et des principes, qui nourrit la vision du leader, suscite l'adhésion à son égard et guide son action. C'est précisément sur ce point particulier des valeurs et des principes, de la morale, sur la construction de ce cadre de nature éthique que les leaderships continentaux se séparent et divergent, parfois diamétralement. Cela ne signifie pas que chaque leader ait une pratique éthique du pouvoir. En revanche, la plupart revendiquent, dans leur discours, une référence éthique. À chacun la sienne.

Ce livre commence donc par un survol à la fois historique et géopolitique du concept de leadership pour mieux cerner les relations de pouvoir dans notre monde contemporain.

– Chapitre i –

La pensée européenne du leadership

La réflexion européenne sur le leadership est très ancienne. Elle remonte aux environs des cinquième ou quatrième siècles avant notre ère, au temps de la Grèce antique, là où la pensée politique est née. Mais la notion de leadership est récente en Europe et il n'a pas toujours porté ce nom. La langue française hésite, encore et toujours, à le définir. Il a le plus souvent été pensé au travers de notions connexes, auxquelles il est d'ailleurs encore très étroitement associé aujourd'hui, telles que la politique, le pouvoir, le régime, la gouvernance. Trois temps structurent cette pensée européenne : le premier, que l'on peut associer à celui de la Grèce antique, se concentre sur la forme que doit prendre le pouvoir. Le deuxième, qui couvre la période du Moyen Âge et de la Renaissance, se penche davantage sur l'art et la manière de gouverner. Enfin, le troisième temps, celui des périodes prérévolutionnaire et révolutionnaire, réfléchit aux visées du pouvoir. Cette pensée politique est au cœur de notre histoire, constitutive de notre ADN. Comme aimait à le rappeler le comte de Montalembert (1810-1870) : « Vous avez beau ne pas vous occuper de politique, la politique s'occupe de vous tout de même. »

La cité de Dieu

C'est au deuxième millénaire avant notre ère, à l'époque égyptienne, que les balbutiements de la pensée politique et du pouvoir se forgent et s'enracinent. Le roi Hammurabi, succédant à son père, Sîn-muballit, en 1792 avant J.-C., régna sur Babylone jusqu'en 1750 avant notre ère. Les dieux l'ont reconnu comme apte à recevoir et exercer le pouvoir royal sur son territoire. Il assume alors un rôle d'intermédiaire entre les humains et les dieux, et détient la charge de diriger son peuple tel un berger veillant sur son troupeau. Grand stratège et fin diplomate, Hammurabi fait du petit royaume de Babylone le centre politique et religieux de la Mésopotamie. Il est lui-même habité par une éthique de la justice, de l'équité, de la probité, de la piété et de la protection de son peuple. Il est révérencieux à l'égard des divinités qui le soutiennent et l'accompagnent dans ses projets politiques. Il n'est pas ingrat. C'est d'ailleurs ainsi qu'il s'assure le succès et la pérennité de son règne et de sa dynastie, car les dieux contrôlent le destin de son royaume, soumis entièrement à leur faveur. La référence à la présomption d'innocence, que l'on retrouve sous Hammurabi, y est l'une des plus anciennes que l'histoire nous a transmise. Hammurabi se veut également l'ultime recours de ceux qui se sentent lésés. À sa mort en 1750 avant J.-C., il lègue à son fils Samsu-iluna un vaste royaume, prospère, guidé par la justice et régi par des lois qui constituent l'un des textes juridiques les plus anciens : le code de Hammurabi. C'est au Louvre, au sein du département des antiquités orientales, que se trouve la stèle de diorite noire, haute de plus de deux mètres, sur laquelle est inscrit ce code, rédigé en akkadien, langue de Babylone. Il contient 282 articles, associant à de nombreux délits des sanctions exemplaires. Il traite des questions de la violence, avec l'application de la loi du Talion (la réciprocité du crime et de la peine qu'on retrouve dans la Bible : « Œil pour œil, dent pour dent »), mais aussi du mariage, de l'adoption, et de l'organisation sociale et judiciaire. Cet exemple, contemporain de l'époque égyptienne, recouvre déjà des notions que l'on retrouvera dans toute l'histoire de la pensée européenne. Notamment l'idée que les dieux attribuent le pouvoir à une ville et à un roi capables de faire la loi, donnant ainsi naissance à l'idée que c'est la loi qui fonde le pouvoir.

Les premiers penseurs politiques ont donc mené une réflexion sur la forme du pouvoir. La question du régime politique, celle du « qui » gouverne, a dans un premier temps occupé l'espace philosophique de la Grèce antique. Ces réflexions ont permis de bâtir les fondamentaux intellectuels sur lesquels la pensée et la science politique de notre ère sont venues s'ajouter. Ces penseurs sont apparus entre le Vᵉ et le IVᵉ siècle avant J.-C. *Hérodote* (480-420 avant J.-C.), le « père de l'histoire » selon Cicéron, a mené la première analyse comparée des systèmes politiques, notamment de la monarchie – qui concentre les pouvoirs en un seul homme –, de l'oligarchie – qui concentre les pouvoirs entre les mains d'un groupe réduit d'individus et qu'il faut distinguer de l'aristocratie, le gouvernement des meilleurs –, et de l'isonomie, utopie politique où la loi est la même pour tous et où tous prennent part au pouvoir de façon égale. Cependant, la Grèce antique a connu un autre régime politique, la démocratie, qu'incarnait Périclès (495-429 avant J.-C.). Ici, le régime démocratique n'est pas l'idéal isonomique décrit par Hérodote. La démocratie ne répartit pas le pouvoir (kratos) de façon égalitaire entre tous les individus, mais ces derniers, formant le peuple (dèmos), deviennent les premiers régisseurs des affaires de leur cité. Périclès a pris le pouvoir à Athènes en 460 avant J.-C. et a dominé la vie politique pendant près de trente ans, occupant sans interruption le poste suprême de stratège pendant douze ans, de 443 à 431 avant J.-C. Sous son égide, Athènes connut son apogée, avec de grandes réformes démocratiques telles que la création du misthos, une indemnité versée aux citoyens qui se consacraient au service de la cité, encourageant l'accession de tous aux responsabilités publiques. Une éthique démocratique se dégageait de l'action de Périclès, celle d'une inclusion de chacun dans la vie publique et politique.

Plus tard, Platon (428-348 avant J.-C.) a développé une éthique de vérité et de responsabilité à travers la critique du régime démocratique dans *La République* ou *Les Lois*. Pour Platon, ce régime présente deux inconvénients majeurs : (I) la participation de tous aux débats politiques de la cité, qui oblige les citoyens à prendre la parole, et donc à séduire voire tromper, pour se démarquer, se distinguer et convaincre, et (II) la liberté individuelle consubstantielle au régime démocratique. À travers ce constat, il dénonce la rhétorique sophiste dont l'argumentation fallacieuse, hermétique à la recherche de la vérité et uniquement concentrée sur l'efficacité et la persuasion, nourrit la dérive du régime démocratique. Certains peuvent dire que c'était le début du marketing politique. Ainsi, le régime démocratique confie le pouvoir aux désirs et opinions des citoyens et ne peut, dès lors, déboucher que sur une anarchie où chacun ne poursuit que la satisfaction de ses propres désirs sans se soumettre aux lois et règles communes. La réflexion de Platon le conduit à prôner un gouvernement des meilleurs, une aristocratie composée d'hommes sages, savants, raisonnables et désintéressés. Les premières caractéristiques du leader s'esquissent ici à travers l'idéal de gouvernement dépeint par Platon. Aristote (384-322 avant J.-C.) a poursuivi la réflexion sur le régime politique, même si la question du « qui » détient le pouvoir lui importe moins que celle de savoir comment et dans quel but le pouvoir est exercé. Pour lui, la forme légitime d'un gouvernement est portée par une éthique du bien commun, celle qui assure la liberté et l'égalité, fondées par la loi. C'est cette vertu éthique, celle du juste milieu, qu'il dessine dans *L'Éthique à Nicomaque* et dans *La Politique*.

Ces réflexions théoriques sur la forme du pouvoir laissent peu à peu leur place aux réalités de la pratique du pouvoir et à son exercice. Jusqu'au XIIe siècle, l'histoire européenne du Moyen Âge est nourrie par ce qu'on a coutume d'appeler « la querelle des investitures ». Cette querelle illustre les conflits et oppositions permanentes entre le temporel et le spirituel pour la conquête ou la conservation du pouvoir. L'empereur Othon Ier, à son arrivée au pouvoir en 962, contestait l'autorité du Saint-Siège conduisant le pape Grégoire VII, en 1015, à imposer la réforme « grégorienne » par l'intermédiaire des *Dictatus papae*, 27 mesures dont les visées étaient de mettre un terme à la confusion des deux sphères. Ces querelles, aussi bien philosophiques que stratégiques, laissèrent un espace politique considérable au pouvoir divin désireux de s'imposer face à un pouvoir royal et temporel empêtré dans un système féodal qui émiettait son autorité. La féodalité a, en effet, construit un système politique dans lequel le roi n'est qu'un suzerain parmi d'autres sur un territoire qu'il ne contrôle pas et qui ne lui arroge une autorité que sur ses vassaux et non sur l'ensemble de ses sujets. Cette faiblesse a offert aux penseurs du pouvoir spirituel l'opportunité d'affirmer leur supériorité. Saint Augustin (354-430), évêque d'Hippone (actuelle Algérie), dans son ouvrage *La Cité de Dieu*, avait déjà considéré que les citoyens ne se définissaient pas par leur appartenance à un État mais par leur fidélité au Christ. Il avait développé alors une éthique de l'amour : c'est la loi de l'amour qui définit un peuple car l'amour constitue l'unique véritable lien social. De cela, il tirait la conclusion que le peuple le plus haut est le peuple chrétien, lié par l'amour réciproque de ses membres et réuni par celui de Dieu. Il n'y avait donc que la Cité de Dieu qui valait la peine d'être considérée par les hommes. Une vision en opposition directe avec la conception du peuple développée par Cicéron (106-43 avant J.-C.) dans *De La République*, où il présente le peuple comme une association d'êtres raisonnables réunis par un intérêt commun.

Les frères Cicéron marquent un tournant dans la pensée politique du pouvoir. Avec eux s'ouvre le deuxième temps de la pensée européenne du leadership, spécifique à la manière de pratiquer le pouvoir et de gouverner. Marcus Tullius Cicero présente sa candidature au consulat dans l'optique de prendre le pouvoir en 63 avant J.-C. Pour préparer au mieux sa campagne électorale et s'assurer de la victoire, son frère QuintusTullius lui adresse une lettre qui s'intitule *Petit manuel de campagne électorale*. Fin connaisseur du système institutionnel républicain romain et de ses rouages, Quintus Cicéron balaye les caractéristiques qu'un candidat doit adopter pour se donner la chance de remporter les élections. Ce manuel de campagne électorale est l'une des toutes premières approches du leadership. Quintus insiste, en premier lieu, sur le passé d'avocat de son frère Marcus qui lui a conféré un certain prestige au sein de la République romaine. Ce statut lui a permis, d'une part, d'asseoir son influence auprès de nombreux clients qui, en contrepartie de la défense qu'il leur a accordée, devraient se ranger derrière le candidat Cicéron lors du vote ; et d'autre part, d'exposer aux yeux de tous ses talents oratoires, nécessaires pour séduire l'électorat. Ces deux caractéristiques, le prestige de l'avocat et le talent de l'orateur, sont des atouts précieux dans la course au pouvoir. Toutefois, le candidat doit aller encore plus loin dans la conquête de la « faveur populaire ». Cette dernière requiert de connaître les individus par leur nom, de savoir les flatter, d'être constamment présent, de faire preuve de générosité et de ne refuser aucune sollicitation, de faire parler de soi et de faire naître des espérances politiques, précise Quintus. Pour lui, un bon politique doit entretenir des relations personnelles avec les électeurs car le système institutionnel romain repose sur cette proximité entre le chef d'un clan et ses subordonnés. Les notions de liens personnels apparaissent décisives dans la conquête du pouvoir. Quintus insiste également sur l'importance de l'image de fédérateur que doit adopter le candidat. Ce dernier doit s'assurer du soutien le plus large qu'il lui soit possible de conquérir, au-delà du sérail qui est le sien. Le bon politique semble être donc le candidat du rassemblement. Ce manuel est d'une acuité saisissante tant les prescriptions délivrées trouvent un écho dans nos sociétés contemporaines. En outre, ce traité élabore des notions qui sont devenues constitutives du leadership européen, notamment la question du talent et du prestige. Nous y reviendrons plus tard.

Au milieu du XIIIe siècle, vers 1266, Saint Thomas d'Aquin adresse, à l'attention du jeune roi de Chypre, un traité intitulé *Du Royaume* dans lequel il expose les préceptes utiles à la bonne gouvernance. Saint Thomas d'Aquin avait compris l'impasse à laquelle menait la querelle des Investitures et l'impossibilité pour l'Église d'imposer son pouvoir et de susciter l'adhésion qui garantirait sa pérennité : « Si nous résolvions les problèmes de la foi par la seule autorité, nous posséderions certes la vérité, mais dans une tête vide. » Dès lors, Saint Thomas d'Aquin, dans ce traité, effectue la synthèse du rationalisme grec et de la foi chrétienne. Pour lui, la monarchie est le régime naturel car le monarque est le point de repère de toute chose, celui qui fédère et unit le peuple autour de lui. La monarchie est la copie humaine de la représentation divine : « Le roi est à son royaume ce que Dieu est au monde. » Il préconise aussi d'éviter l'arbitraire afin de ne pas faire basculer la monarchie dans la tyrannie. Gouverner consiste, selon lui, à « conduire convenablement ce qui est gouverné à la fin qui lui est due ». Il élabore ainsi, à gros traits, les prémices d'une éthique du développement personnel.

L'art de la gouvernance

C'est finalement au moment de la Renaissance italienne que la pensée sur l'art de la gouvernance atteint son plus haut niveau d'aboutissement. Nicolas Machiavel (1469-1527), haut fonctionnaire de la république de Florence, a occupé des postes importants dans l'administration publique florentine et a pu faire l'apprentissage, comme il le dit lui-même, des métiers de l'État. Éloigné de ses fonctions en raison du changement de régime à Florence en 1512, à la faveur du retour des Médicis au pouvoir, Machiavel entreprend la rédaction d'un manuel pratique sur l'art de gouverner, *Le Prince* (1513), qu'il veut adresser à Laurent II de Médicis afin de lui prodiguer les conseils qui lui paraissent essentiels à la conquête et à la conservation du pouvoir, dans le but inavoué de regagner sa place dans l'administration florentine. Ces conseils ont pu être développés grâce à l'expérience pratique que Nicolas Machiavel a eue de l'appareil étatique et des lectures des antiques qui l'ont accompagné dans sa réflexion. Les principes et conseils de Machiavel sont d'un grand pragmatisme et d'un profond réalisme. Aussi exhorte-t-il le souverain à faire de même dans sa conduite de l'État. Pour lui, la première caractéristique de l'État est de répondre aux nécessités de la guerre : « Du plus loin que je me souvienne, soit on a fait la guerre soit on en a parlé. » Son attachement viscéral à la république de Florence le pousse à développer une théorie politique non éthique voire amorale. Au fond, Nicolas Machiavel développe dans son traité une éthique de l'action et du réalisme qui peut pousser parfois le Prince à agir à l'encontre de la morale mais dont la visée est seulement d'assurer la survie de la république. En effet, Machiavel prétend que la cruauté, la ruse, la violence et le mensonge commandent l'histoire politique. Le Prince doit donc s'y conformer car « le temps n'attend pas, la bonté est impuissante, la fortune inconstante, et la méchanceté insatiable ». Par ailleurs, le Prince, pour pérenniser son règne et assurer la stabilité de la république, doit faire le bonheur de son peuple, à travers l'organisation de festivités et une indifférence pour les possessions de ses sujets. Il doit sans cesse assurer l'équilibre entre la protection de son pouvoir et la satisfaction de son peuple, les deux s'alimentant. C'est ainsi que Machiavel préconise de prendre garde à ne jamais susciter la haine ou le désir de vengeance, important motif de révolte. Le Prince doit également être autant aimé que craint, car un souverain bienveillant ne peut que rarement compter sur la gratitude de ses sujets. Il doit être populaire, et afficher une référence religieuse peut l'aider à se protéger contre les soulèvements d'un peuple très croyant. « Paris vaut bien une messe », dira-t-on plus tard lors du couronnement d'Henri IV. Il doit aussi être un maître dans l'art de la dissimulation : cacher ses intentions pour gagner en efficacité, ses défauts pour ne donner à voir que ce qui peut susciter l'adhésion du peuple, et rompre sa parole à condition de le justifier par une raison valable. Le Prince doit apparaître irréprochable car le peuple ne croit que ce qu'il voit et suivra son action sans rien dire. Cette pensée est fondatrice car elle est en rupture avec les siècles précédents qui alliaient définitivement la politique à la morale collective. Bien que, de nos jours, cette conception n'apparaisse que très peu vertueuse, elle aura durablement marqué par sa recherche d'efficacité.

Dans le prolongement de la pensée de Machiavel, un autre italien prodiguera dans un court texte des conseils au roi pour le protéger et asseoir son pouvoir et sa domination. Il s'agit de Jules Mazarin (1602-1661), connu comme cardinal au service de la papauté et au service des rois de France, Louis XIII puis Louis XIV, dont il sera le principal ministre d'État de 1643 à 1661. Dans un texte intitulé *Bréviaire des politiciens* qui lui a été attribué, le cardinal Mazarin énonce cinq principes que le roi doit suivre pour assurer son pouvoir et ne susciter aucune jalousie ou rêve de mutinerie. Ces principes consistent à simuler, dissimuler, à ne se fier à quiconque, à dire du bien de tout le monde et à anticiper. Les conseils prodigués par Mazarin sont empreints de suspicion et de méfiance à l'égard de tout un chacun : « Conserve toujours quelque méfiance à l'égard de chacun et sois convaincu que les gens n'ont pas meilleure opinion de toi que des autres. » Le roi ne doit accorder sa confiance à personne. Il doit sans cesse feindre des positions, des sentiments et des comportements qui satisferont ses interlocuteurs. Toute action ou tout geste de sa part doivent être minutieusement préparés et calculés. Que ce soit « pour offrir un cadeau ou donner une fête », le roi doit « méditer sa stratégie » comme s'il partait en guerre.

Nous sommes loin des concepts contemporains de bienveillance, de confiance et de transparence nécessaires à la cohésion d'une société. Mon expérience me conduit à qualifier cette pensée d'archaïque. À ce propos, j'ai écrit un ouvrage *Je marcherai toujours à l'affectif* (2012) dans lequel j'explique que mon engagement politique et mon rapport aux Français ont toujours été guidés par une éthique opposée à celle de la méfiance, de la suspicion généralisée. Au contraire, je crois que privilégier la relation de proximité et de confiance avec ses interlocuteurs ne peut que faire jaillir le positif qui ruisselle en chacun de nous. Pour cela, je cite souvent Edgar Morin, l'un de mes auteurs préférés, qui alors qu'il a fêté son centième anniversaire poursuit son travail pour une pensée de la bienveillance en refusant « la volonté de puissance » qui conduit à la méfiance et dont Mazarin fut un grand professionnel.

Le pouvoir, pour quoi faire ?

À partir du XVIIe siècle, et de l'entrée de l'Europe dans l'époque moderne et révolutionnaire, la pensée politique européenne s'attache à comprendre les visées et objectifs du pouvoir. Que ce soit en Angleterre, avec Thomas Hobbes (1588-1679) et John Locke (1632-1704), ou en France avec Jean-Jacques Rousseau (1712-1778), les penseurs politiques ont interrogé l'origine du pouvoir. Ils l'ont mis en perspective par rapport à un état de nature qui a précédé la construction de l'État. Le pouvoir politique et l'édification d'un État sont analysés, d'une part, comme une sortie de l'individu de l'état de nature, dans le but précis de mettre fin à une situation où « règnent une peur permanente, un danger de mort violente » et où la « condition [des individus] est ce qu'on appelle la guerre ; et celle-ci est telle qu'elle est une guerre de chacun contre chacun[1] » pour Thomas Hobbes, ou d'autre part, comme un moyen d'assurer la protection et le maintien indéfectible de ce que tous les individus possèdent naturellement en pouvant sanctionner et punir « par des lois établies et constantes[2] » les infractions à ces droits naturels, pour John Locke. Dans le prolongement de ces théories, le pouvoir politique s'affirme en Europe. La monarchie dite *absolue* gagne l'Espagne et l'Angleterre au XVIe siècle et la France au XVIIe siècle. L'absolutisme prend racine dans le rejet

1. Thomas Hobbes, *Léviathan*, 1651.
2. John Locke, *Second traité du gouvernement civil*, 1690.

féroce du système féodal qui a émietté le pouvoir et l'a rendu caduc. Le pouvoir absolu est désormais indivisible, il est concentré et incarné par le monarque. Jean Bodin (1530-1596) en a été le théoricien et en a tiré le concept de souveraineté, si cher au leadership européen. En 1576, dans *Les Six Livres de la République*, Jean Bodin définit la souveraineté comme « la puissance absolue et perpétuelle d'une république », au sens de l'État moderne. Bodin considère qu'elle « n'est limitée ni en puissance, ni en charge, ni à un certain temps ». La souveraineté réside pleinement dans la loi, idée que nous avions déjà rencontrée avec l'histoire de Hammurabi en Mésopotamie. Jean Bodin se détache de ses contemporains en ne définissant plus le pouvoir monarchique par une liste d'attribution mais par la forme qu'il prend : la loi. La souveraineté désigne la capacité, que seul le roi détient, à faire et défaire la loi. Ainsi, la loi tout entière réside dans la personne du roi. Cette théorie de la souveraineté est parfaitement retranscrite par la déclaration du roi Louis XIV en 1666 devant le Parlement à Paris : « C'est en ma personne seule que réside l'autorité souveraine dont le caractère propre est l'esprit de conseil, de justice et de raison. C'est à moi seul qu'appartient le pouvoir législatif sans dépendance et sans partage. L'ordre public tout entier émane de moi. » Cette attitude singulière à l'égard de la puissance et du pouvoir, cette éthique de la grandeur, du prestige, du caractère, qui émanent de cette déclaration traduisent de manière limpide ce qui fonde le leadership français et européen.

Le leadership selon De Gaulle

Finalement, toute l'histoire de la pensée européenne du gouvernement, du régime, du pouvoir, de la souveraineté conduit de manière quasi inéluctable à cette notion européenne du leadership. Elle fait ressortir la part naturelle comme caractéristique déterminante du leader européen. Émane de lui une puissance transcendante qui lui confère la marque du chef. Cette pensée se retrouve magnifiquement dépeinte, et avec une acuité spectaculaire, dans le premier ouvrage de celui qui, pour la France, incarna et incarne encore l'image même du chef, celui qui demeure « le premier des Français[1] », celui qui aura eu une relation quasi filiale avec la France : le général de Gaulle. Elle y trouve une résonance toute singulière avec notre tempérament national. Le leader n'est pas un être banal. Il est un personnage historique que ses qualités innées portent à un haut niveau de supériorité.

Ce livre, *Le Fil de l'épée*, publié en 1932, n'a rencontré le succès que bien après sa parution, le temps qu'il fallait pour observer l'incroyable destin d'un capitaine de l'armée française qui décrit en quelques pages sa vision du leadership et du commandement, à l'aube d'événements tragiques qui allaient l'obliger à joindre les actes aux mots. Dans cet ouvrage, le futur Président théorise ce qu'est le leadership à la française et marque l'inconscient collectif par son acuité. C'est un livre fondateur, de prime abord très orienté sur l'aspect militaire, tant le général concevait de grands desseins pour l'armée française dont il pointait les difficultés et carences. Cependant, sa force est de livrer une réflexion qui dépasse le simple cadre militaire, lui donnant l'aspect d'un traité de leadership.

Tout d'abord, le général dépeint le chef comme celui qui trace un dessein, transmet une vision, incarne un projet, entreprend, avance, malgré le poids des responsabilités. « Les leaders, pour ceux qui les suivent, personnifient le but et incarnent l'espérance. » Le chef est l'homme du premier rang guidant ses troupes face à l'adversité et aux difficultés.

1. Max Gallo, *De Gaulle, Le premier des Français (1946-1962)*, 1998.

Il montre le chemin, indique la solution, pèse sur les événements. « Au reste, dominer les événements, y imprimer une marque, en assumer les conséquences, c'est bien là ce qu'avant tout on attend du chef. » Il est d'une importance capitale. Sans lui rien ne semble pouvoir advenir car les « hommes ne se passent point, au fond, d'être dirigés ».

Charles de Gaulle consacre ensuite un passage à l'action même du chef, celle qu'il entreprend pour lui donner la force de conduire ses troupes vers l'idéal que lui-même a fixé et qu'il incarne par sa personne. Le chef ne doit pas tout prescrire et se perdre dans l'extrême précision des règles, dont le caractère bureaucratique plongerait les subordonnés dans l'incapacité de les faire respecter et appliquer. « L'autorité se ronge elle-même par la vague des papiers et le flot des discours. » L'agitation, le bavardage, la confusion de la parole et de l'action sont, selon le général, des écueils qui émiettent l'autorité et lui font perdre son rang. « Parfois le chef, inapte à décider, se donne, par l'agitation, l'apparence et l'illusion de l'activité », or « aucun de ceux qui accomplirent de grandes actions ne les ont dirigées dans le bavardage ». Au contraire, la sobriété est mère d'autorité. « Un tel chef est distant, car l'autorité ne va pas sans le prestige, ni le prestige sans l'éloignement. » La distance permet la rareté et confère au chef l'attention de ses hommes. « La sobriété du discours accentue le relief de l'attitude. Rien ne rehausse l'autorité mieux que le silence, splendeur des forts et refuge des faibles, pudeur des orgueilleux et fierté des humbles, prudence des sages et esprit des sots. » Pour influer sur ses hommes, le chef « doit avoir prise sur les âmes : il lui faut de l'autorité ». Cette autorité cristallise sur lui la confiance et l'espoir de ses troupes, et la fidélité qui en naît ne peut conduire qu'au succès : « Dès lors, jugeant le chef capable d'ajouter à l'efficacité des procédés connus, tout le poids d'une vertu singulière, la confiance et l'espoir lui font obscurément crédit. » Encore faut-il que le chef soit capable d'apporter cette efficacité dans l'action que les troupes attendent de lui. « Ainsi la conception exige, pour être valable, c'est-à-dire adaptée aux circonstances, l'effort combiné de l'intelligence et de l'instinct. » Dès lors, l'intelligence, l'instinct et l'autorité sont les trois aptitudes dont un chef se doit de disposer.

Pour de Gaulle, la renaissance de l'ordre et de la morale n'est possible que par le caractère du chef. Un leader est un « homme de caractère ». Cet homme est celui qui embrasse ses responsabilités, épouse la décision et se passionne pour la difficulté. « L'homme de caractère a la passion de vouloir, la jalousie de décider. Il cherche l'âpre joie d'être responsable. [...] La difficulté attire l'homme de caractère car c'est en l'étreignant qu'il se réalise lui-même. » Cet homme est aussi celui qui endosse la responsabilité des événements, qui ne se défausse en aucun cas et finalement celui sur qui tout repose, qui ne peut compter que sur lui-même : « Face aux événements, c'est à soi-même que recourt l'homme de caractère. » S'il est celui qui guide ses troupes, en première ligne, l'homme de caractère cherche moins les bénéfices personnels que la réussite collective. Il y a dans la nature du chef une dévotion au groupe, à une forme de transcendance. Cette aptitude du chef confère l'assurance et la sécurité aux hommes qui le suivent : « On lui rend en estime ce qu'il offre en sécurité. »

L'acuité du premier ouvrage du général de Gaulle réside également dans sa description fine de l'affaiblissement de l'État, celui-là même qui s'opère aussi aujourd'hui dans une France traversée par une crise morale profonde, une défiance vis-à-vis de l'autorité, un rejet des règles et une hostilité aux ordres. Pour le général, cette crise ne peut être durable car les hommes ont besoin d'organisation et de commandement. Il fait alors remarquer que l'autorité ne se construit désormais plus sur la fonction, mais sur l'individu qui l'occupe. La valeur individuelle prend une place prépondérante dans l'analyse de l'autorité. C'est pourquoi « le prestige personnel du chef devient le ressort du commandement ». Pour autant, ce prestige est lui aussi, avant tout, une qualité individuelle, un don inné : « Le prestige dépend, d'abord, d'un don élémentaire, d'une aptitude naturelle qui échappe à l'analyse. » Ce don naturel ne peut s'exprimer que par la distance, l'éloignement et une part de mystère « car on révère peu ce que l'on connaît trop bien ». Le prestige, qui occupe une part cruciale dans la constitution du leader, n'est pas l'apanage de tous. « Réserve, caractère, grandeur, ces conditions du prestige imposent à ceux qui veulent les remplir un effort qui rebute le plus grand nombre. » Cet effort passe aussi par la qualité de la langue et l'esprit de répartie qui n'excluent pas quelques « vacheries », comme lorsque le général ironisait à propos de Raymond Aron : « journaliste au collège de France, professeur au *Figaro* ». Un chef peut-être injuste…

Finalement, cet ouvrage dépeint la figure presque mystique du leader européen, et en particulier français, qui est constitué de cet alliage formidable entre don inné et aptitude acquise, intelligence et instinct, autorité et prestige, caractère et grandeur. Dans la suite de ses œuvres, le général de Gaulle reviendra souvent sur la nature du chef et sur le destin des « grands hommes ». Sans ces hommes hors du commun dont le destin a épousé la volonté, aucun dessein n'aboutit : « On ne fait rien de grand sans de grands hommes, et ceux-ci le sont pour l'avoir voulu. »

L'extraordinaire relation entre Churchill et de Gaulle illustre bien cette dimension d'exception, voire de rareté, du leadership européen. Les deux fauves s'admirent et s'irritent. Ils se reconnaissent et s'affrontent. Pour échapper à l'impasse d'une rupture, la meilleure voie de communication qu'ils choisirent fut l'humour. Nous reviendrons d'ailleurs sur la place singulière que tient l'humour dans la pratique européenne du leadership.

– Chapitre 2 –

La culture traditionnelle du chef en Chine

Je ne suis certainement pas sinologue. N'est pas Anne Cheng qui veut. Je suis seulement un observateur et lecteur depuis plus de cinquante ans, depuis que j'ai effectué mon premier voyage en Chine.

La pensée politique chinoise est largement aussi vieille et aussi riche que son pendant européen. Toutefois, les deux sont si diamétralement opposées que l'essence de la pensée chinoise n'est parvenue en Occident que très tardivement et partiellement. Le sinologue François Jullien analyse très finement « ces écarts ». Ce n'est qu'au XVIIe siècle, bien après les expéditions de Marco Polo (1254-1324) en Chine, à la cour du grand Kubilaï Khan – relatées dans son ouvrage *Le Livre des merveilles* (1298) –, et celles de Matteo Ricci (1552-1610), que l'Occident s'ouvre à cette culture et ses traditions millénaires. Matteo Ricci est un religieux jésuite, le premier à entrer en Chine impériale. Lettré parmi les lettrés, il est missionné à la fin des années 1570 pour aller à la découverte de cette terre et l'évangéliser en profondeur. Son exceptionnelle intégration et son acculturation à la langue, aux coutumes, et aux traditions lui ont permis de conserver, jusqu'aujourd'hui, une stature historique en Chine, et d'être considéré comme un fondateur de l'Église et de l'histoire nationale. Lui-même aimait à se présenter comme « religieux qui a quitté son pays natal dans le lointain Occident, à cause de la renommée du gouvernement de la Chine, où il désire demeurer jusqu'à sa mort, en y servant Dieu, le Seigneur du ciel[1] ». Son influence a permis à l'Occident de découvrir, avec une acuité bien plus fine qu'auparavant, cette immense culture. C'est lui qui a mis en évidence quelques proximités spirituelles entre les deux civilisations qui font encore sens à ce jour. Comme beaucoup de ceux qui ont cherché à mieux comprendre la civilisation chinoise, Matteo Ricci fut accusé par ses rivaux de perdre son identité à trop se rapprocher de ceux qu'il cherchait à comprendre.

« Les Entretiens » de la sagesse

La pensée chinoise prend son essor avec la philosophie élaborée par Confucius (551-479 avant J.-C.) dont les préceptes et les valeurs demeurent indélébiles depuis des siècles. *Les Entretiens de Confucius*, qui sont une retranscription de ses discours effectuée par ses disciples, ont permis de diffuser sa pensée. Il est souvent reconnu comme le concepteur de l'humanisme chinois. Ses pensées ont été d'abord formulées pour former les futurs hommes de pouvoir, ceux qui allaient occuper les plus hautes fonctions de l'État. Elles sont empreintes de concepts essentiels tels que la bienveillance et la morale, qui s'incarnent à travers des rites et un attachement profond à la tradition. « Quand ses maîtres cultivent les rites, le peuple est facile à gouverner. » Les relations entre individus mais aussi l'attitude envers les différents cercles de la société – famille, clan, village – prennent une place toute particulière. Pour Confucius, le respect de la hiérarchie est essentiel,

1. Philip Caraman, *L'Empire perdu*, Desclée de Brouwer, 1988, p. 20.

la société chinoise étant foncièrement verticale. Les individus doivent se soumettre à leur père et à leur prince, car cette soumission est l'unique garantie de la cohésion des familles et du pays, même si un droit de remontrances, respectueuses, est accordé lorsque l'autorité est utilisée à mauvais escient. Le but de toute chose est l'harmonie des relations humaines. Cette question de l'harmonie de la société est fondamentale dans la conception politique et philosophique chinoise. Confucius a développé sa pensée durant la période des Printemps et des Autonomes, c'est-à-dire aux environs de 750-450 avant J.-C., où de grandes familles chinoises qui régnaient sur des territoires se disputaient le pouvoir. La dynastie des Zhou orientaux avait alors, selon Confucius, perdu son rôle de rassembleur et de fédérateur que lui conférait le mandat du Ciel. C'est précisément pour retrouver cette unité que Confucius produisit ces préceptes afin que l'empereur renoue avec les attributs de pouvoir et d'efficacité. La morale issue de ces pensées repose donc sur les rites, la sincérité et la rectitude du comportement de l'homme bon : « La vie d'un être ne vaut que par la droiture. Sans droiture, elle ne tient qu'au hasard. » L'empereur réformateur Taizong (600-649), deuxième empereur de la dynastie des Tang, a marqué la culture politique chinoise en adoptant quasi intégralement les préceptes enseignés par Confucius. Dès son accession au trône en 626, à la suite d'aventures guerrières et de luttes fratricides, il donne un tournant vertueux à son règne, mettant fin aux conflits armés, plaçant les vertus civiles confucéennes au cœur de son action politique. Il améliore la gestion administrative de son territoire, réforme le code pénal, édifie des écoles supérieures pour mieux former son administration. Il s'entoure de ministres de qualité auxquels il accorde volontiers son écoute. Son règne a également été marqué par la modération de son attitude et de ses choix, jugés souvent judicieux. L'influence de Confucius a donc bien été réelle et a pu s'étendre au-delà des frontières chinoises, notamment grâce à la rédaction d'ouvrages que Taizong faisait rédiger en sa mémoire et qui ont connu un succès au Japon et en Corée, diffusant l'art de gouverner à la chinoise.

Contemporain de Confucius, Lao Tseu, sage chinois ayant probablement vécu du milieu du ve siècle avant J.-C. jusqu'à la fin de la période des Printemps et des Autonomes, est connu comme le père du taoïsme et le concepteur du *Tao te King* (*Livre de la Voie et de la Vertu*) vers 600 avant J.-C. Le taoïsme, qui est l'une des philosophies fondatrices de la pensée chinoise, révèle l'existence d'un concept, le *Tao*, qui serait la voie naturelle, le cours spontané, le mouvement propre de toute chose, le principe à l'origine de tout. Lao Tseu a l'habitude de prendre l'exemple de la vallée pour décrire le *Tao*. Personne ne parvient véritablement à la voir. On ne perçoit souvent que le flanc des collines ou le fleuve qui la traverse. Mais la vallée, en elle-même, n'est pas visible. Cette philosophie est, comme le confucianisme, à la recherche de l'harmonie de la société. Toutefois, elle prône un retour à la nature, un « lâcher-prise », un non-agir afin que toute chose retrouve la voie naturelle qui lui est consubstantielle mais que l'activité de l'homme entrave et défait. S'esquissent alors des préceptes à destination du pouvoir et du gouvernant. Le prince ne doit pas vouloir tout diriger– « en gouvernant, n'essaie pas de tout contrôler » –, ni vouloir régir toute la société, car en faisant cela il l'écarte de la Voie : « Le pays est sur le déclin lorsqu'il multiplie les lois. » Cette pensée taoïste fait l'éloge du Yin et du Yan et nous apprend la puissance de l'imbrication des contraires, la domination du « et » sur le « ou », la préférence pour l'inclusion. L'un des passages de l'ouvrage *Tao te King* traite précisément de la « plénitude du vide », formule volontairement oxymorique mais recouvrant tout un pan de la pensée taoïste. En effet, le plein est conçu comme un moyen, là où le vide est perçu comme un effet. À titre d'exemple, une jarre peut contenir d'autant plus d'éléments en son sein qu'elle est creuse. Dans le traité de stratégie militaire, *L'Art de la guerre,* Sun Tzu développe, dans le chapitre du plein et du vide, une référence explicite à cette pensée taoïste. Sun Tzu considère le champ de bataille comme un potentiel où l'action peut se dérouler. Toutefois, sur ce même champ de bataille, les trous et les vides laissés par l'armée constituent des points stratégiques pour attirer l'ennemi et mieux pouvoir le battre, à moindre effort. Cet éloge du vide, de l'inaction, d'une forme de laisser-faire et de dépouillement, constitue une véritable force qui permet un retour aux sources bénéfique.

Conserver le pouvoir

Cette pensée théorique chinoise a trouvé son pendant pratique dans l'une des plus grandes œuvres de réflexion sur le pouvoir, écrite par le philosophe et penseur chinois Han Fei Zi (environ 279-232 avant J.-C.), intitulée *L'Art de gouverner*[1]. Il s'est opposé au confucianisme au sens où il ne croyait pas la morale et la vertu capables d'être la source de l'ordre et de la prospérité du pays. Il revendiquait un légisme dur, courant qui prône un État fort par lequel, au travers de la loi, l'ordre s'impose. Plusieurs principes sont évoqués dans cet ouvrage de Han Fei Zi, dont le but est de protéger le roi contre les pièges que son entourage ou des âmes mal intentionnées peuvent lui tendre, ou qu'il peut se tendre lui-même par son comportement. Il s'agit d'une véritable stratégie de domination. Sa réflexion sur le pouvoir porte la marque de la pensée taoïste, dont le substrat se révèle entre les lignes des conseils prodigués.

Le premier principe énoncé par Han Fei Zi est en complète rupture avec la pensée européenne. Le roi ne se montre pas, « le pouvoir doit rester caché ». Le pouvoir est

1. Han Fei Zi, *L'Art de gouverner*, traduction par Alexis Levis, Presses du Châtelet, 2010.

analysé de manière purement topographique. Dans une société chinoise intrinsèquement verticale, le pouvoir désigne ce qui se tient au-dessus. Ainsi, l'art d'être roi, c'est précisément de savoir se tenir au-dessus : cela conduit à la solitude extrême, inhumaine, à l'impartialité pure. La position en soi confère une attitude presque sacerdotale à celui qui l'occupe. « L'ampleur de son immobilité rend son trône inapparent. Il est comme vide et fuyant, insaisissable. Le souverain éclairé ne fait rien et se tient au-dessus. Au-dessous, la foule des sujets s'incline avec crainte, telle est la voie du souverain. » Ainsi, le roi est le représentant physique du *Tao*, celui qui ordonne, celui qui garantit le cours normal et spontané de toute chose, comme le *Tao* ordonne, à partir de la loi naturelle, le principe à l'origine de toute chose. Dès lors, sa position oblige le roi, en tant qu'individu singulier, à se contenter de laisser le cours normal et spontané des choses se dérouler tel qu'il le doit, sans y ajouter son particularisme. Il lui faut « rejeter la connaissance et son propre instinct pour se laisser porter par l'inéluctable » car « seul le détachement permet de se conformer aux lois de l'universel ». Il est tenu de rester « souvent vague, toujours flottant, et abandonner ses opinions personnelles afin de se garder de tout préjugé », simplement là, dans le présent, « sans chercher ni à deviner le futur ni à remonter le passé ». Cette mise en retrait, cet effacement, a une fonction protectrice. Gouverner constitue précisément une forme d'exposition car nombreux sont ceux qui souhaitent influencer le roi pour obtenir ce qu'ils veulent et servir leur intérêt. Aussi personne ne doit savoir ce que pense le roi. « S'il fait part de ses dégoûts et attirances, ses sujets cherchent à le manipuler. S'il se montre indulgent et peu enclin à sacrifier des vies lorsqu'il le faut, ses sujets abusent de sa compassion. Il existe une hiérarchie naturelle entre le haut et le bas, entre l'inférieur et le supérieur. Lorsque les sujets et les princes intervertissent leurs places et rôles, le pays sombre dans le chaos. » Le roi doit demeurer un mystère pour ses sujets car aucun ne doit savoir quoi lui dire pour lui plaire ou pour le déstabiliser. Ce mystère conduit les individus à se dévoiler, à exprimer ce qu'ils ont en tête et c'est ainsi que le roi peut régner. Finalement, pour Han Fei Zi, celui qui se tient au-dessus ne se tient pas devant, bien au contraire, car le roi est le regardant, non le regardé, celui qui voit, non celui qui est vu. Cette pensée est en rupture avec la pensée européenne d'un leader qui se tient fièrement devant, idolâtré comme le premier de tous en raison de ses talents et de ses capacités intellectuelles, et dont le principe est démultiplié de nos jours par un régime de pouvoir fondé sur la représentation et la communication.

Le deuxième principe énoncé confirme le premier : le roi n'agit pas, le pouvoir « s'enracine dans le non-agir ». Le rapport à l'action des Chinois est une nouvelle fois diamétralement opposé à celui des Européens. Chez les premiers, il ne s'ancre pas dans la volonté et la détermination *a priori* du leader de réaliser un projet et le mener à bien, mais au contraire dans son observation aiguisée du réel. Le principe selon lequel le roi ne se montre pas lui permet précisément de regarder, écouter, analyser et comprendre le déroulement spontané des événements. Métaphoriquement, le roi se tient au milieu et observe, sans inclinaisons partisanes. Son observation aiguisée lui permet d'être un véritable chef d'orchestre. Il anime et coordonne l'action sans jamais y prendre part. Le grand pouvoir du roi est celui de nomination : « Il fait en sorte que les hommes brillants lui confient leurs plans et se contente de trancher, ainsi son ingéniosité jamais ne s'épuise. Il fait en sorte que les talents se manifestent, et se contente de les employer, ainsi ses domaines de compétences sont infinis. » Toutefois, si le roi enracine son pouvoir dans le non-agir, il doit mettre en place un système de responsabilisation qui lui permet de mieux coordonner l'action et de s'assurer que les événements se déroulent tels qu'ils le doivent. Le souverain « ne change rien, n'altère rien mais agit grâce aux deux leviers que sont la récompense et le châtiment. C'est de cette façon qu'il œuvre, jamais autrement, toujours ainsi. Voilà ce qu'on appelle marcher conformément à l'ordre des choses ». Ceux qui dévient sont punis ; ceux qui réussissent, récompensés. Telle est la démarche dans laquelle s'inscrit le souverain pour faire respecter l'ordre établi. Il enclenche ainsi une dynamique grave et responsabilisante qui pèse sur les individus. Par ailleurs, cet enracinement dans le non-agir, dans la non-altération du cours des choses, provient d'une distinction importante qui s'établit entre gouverner et régner. Dans la pensée chinoise, bien plus que gouverner, le souverain règne. Étymologiquement, « roi » vient de *« rex »* en latin, et de *« wàng »* en chinois. Le caractère chinois de *« wàng »* se dessine par un trait vertical entrecoupé de trois traits horizontaux qui désignent respectivement le ciel, le peuple et la terre. En latin, le mot évoque la règle, ce qui est droit. Ainsi, le roi est l'axe qui lie le ciel, le peuple et la terre. Il incarne la rectitude par rapport à laquelle les individus se positionnent. Dès lors, il impose sa tenue à tous. C'est précisément cette rectitude qui fixe ce système de responsabilité. Le roi ne sanctionne pas à proprement parler, c'est l'individu lui-même qui, en sortant du champ de cette rectitude imposée et adoptant un comportement déviant, se châtie lui-même.

Cette rectitude exemplaire du souverain nous conduit directement au troisième principe énoncé par Han Fei Zi : seule la loi gouverne, « elle est le fil de plomb auquel on se réfère pour mesurer la rectitude de chaque chose ». Le souverain est la loi et la loi s'exprime en chaque parole du souverain. Il y a identité entre la loi et le souverain. Dans la pensée confucéenne, la loi fait référence à la tradition, aux rites, et a donc une portée bien plus culturelle que celle que défend Han Fei Zi. Ce dernier conçoit la loi davantage comme une loi naturelle qui exprime la situation telle qu'elle est. Han Fei Zi crée même une collusion entre ce qui est et ce qui doit être, la loi exprimant les deux versants, de telle sorte qu'aucune place n'est accordée à la morale. Cette position marque une rupture avec la tradition confucéenne où la morale est fondamentale car elle permet à l'homme de cultiver son humanité. Pour Han Fei Zi, la loi détient la vérité absolue et le roi est le plus fidèle envers elle, et ainsi envers la vérité. La loi est donc inéluctablement juste et équitable. Elle s'applique à tous sans distinction. Elle châtie chaque faute, et récompense chaque mérite : « Chaque faute est punie, personne n'y échappe, pas même les puissants. Chaque mérite est reconnu, nul n'est oublié, pas même les plus humbles. »

Le quatrième principe édicté par Han Fei Zi est que le vrai pouvoir ne se partage pas. Nous l'avons évoqué, le souverain et la loi ne sont qu'un. Le souverain ne peut pas jouir d'une vie privée. Il est et demeure en toute circonstance entièrement roi. Il emprunte alors une voie d'abandon dans laquelle son rapport au monde et aux événements tels qu'ils sont relève de l'intime. « Ainsi, en abandonnant l'intelligence, il obtient la clairvoyance. En abandonnant la vertu, il obtient l'efficacité. En abandonnant la témérité, il obtient le pouvoir. » Cette voie est presque inhumaine tant elle est imprégnée d'une solitude terrible, d'une impartialité pure et impérieuse et d'un sacrifice irréductible. Le commandement ne peut donc se partager ou être divisé. Il ne peut reposer que sur un seul, celui qui tire son pouvoir et sa légitimité du *Tao* et le fait se réaliser.

La singularité de la pensée chinoise du leadership réside dans son éthique de la discrétion, de la sobriété, voire de l'opacité. Nous sommes à mille lieues de l'image d'Épinal du chef européen conquérant, incarnant en première ligne la nation, et conduisant fièrement, avec vanité, ses troupes vers la victoire militaire, tel un Napoléon sous le feu autrichien sur le pont d'Arcole en 1796. Tout au contraire, le chef doit être mis à l'abri de la surexposition, de l'*hubris* du pouvoir, de cette idée que le pouvoir ne prend son sens que dans la transparence de son exercice. Cette pensée classique chinoise est véritablement stratégique : le pouvoir est stable et serein lorsque le chef est sous protection et inattaquable.

Imprimant sa marque sur l'attitude et le comportement des leaders chinois, cette éthique du pouvoir a inspiré la vie politique du pays pendant des siècles. Deng Xiaoping, qui a occupé d'éminentes fonctions au sein du Parti communiste et du gouvernement du milieu des années 1970 au milieu des années 1990, en est peut-être l'exemple le plus marquant. Il n'a jamais connu de renommée internationale très forte et n'y a jamais aspiré non plus. Il n'a d'ailleurs jamais eu besoin d'exposer son extrême puissance et pourtant il a été le leader et l'inspirateur de la Chine pendant près de deux décennies. L'essentiel de son action a été sobrement menée dans l'intérêt du développement de son pays. Avec le recul, son leadership est incontestable : il est parvenu à mettre la Chine sur les rails du développement économique, politique et social après les années désastreuses de la révolution culturelle, dans les années 1960. Conscient de la nécessité d'ouvrir économiquement la Chine aux échanges internationaux, de réguler l'explosion démographique en instaurant la politique de l'enfant unique la plus rigoureuse qui soit, et de réformer le système éducatif pour mieux éduquer les Chinoises et les Chinois, celui que l'on nomme le Petit Timonier a exposé des ambitions puissantes et novatrices dans la Chine des années 1980. Pour autant, ses ambitions n'ont pas nourri un désir d'exposition, d'*hubris* ou de soif de reconnaissance. Au contraire, la discrétion, la sobriété, une certaine forme de réserve et de retenue, voire d'humilité ont accompagné une part importante de son action, à la fois localement et à l'international. Ses caractéristiques, directement héritées de cette pensée traditionnelle chinoise, se retrouvent dans des propos qu'il a tenus en 1988 :

« J'espère que mon influence disparaîtra rapidement, le plus tôt sera le mieux. » Cette réserve n'exclut en rien les attitudes d'extrême fermeté telles que la tristement célèbre répression de la place Tien An Men, quand il a tenu à défendre le régime et à réduire les oppositions.

Les temps changent. Si ses deux prédécesseurs, Jiang Zemin et Hu Jintao, furent deux personnages politiques très importants que le monde a peu connus, aujourd'hui Xi Jinping bouscule les codes en s'exposant et s'imposant sur la scène internationale.

Xi Jinping, un tournant stratégique

Deux périodes de l'histoire ont été les témoins des libertés prises par des dirigeants chinois avec cette pensée traditionnelle : les ères Mao Zedong et Xi Jinping. Lors de la première, Mao Zedong avait choisi d'incarner une grande cause pour rassembler ses partisans. Sa volonté de transformer en profondeur la Chine, à travers la révolution culturelle, l'a poussé à vouloir donner un visage, le sien, à cette cause. À ce titre, il a donc développé un important culte de la personnalité qui a conduit à sa notoriété internationale et à l'adoption d'un tempérament de leader absolu. La fin justifiait les moyens, même les plus extrêmes. L'époque fut particulièrement meurtrière. Ses soutiens de l'époque, parmi lesquels figuraient de nombreux intellectuels français, ont participé à l'internationalisation de son combat. L'ère Xi Jinping, débutée en 2012 à la suite d'une triple crise – de gouvernance, idéologique et morale –, où le Parti communiste chinois était miné par la corruption et les scandales, créditant la montée d'une vague de revendications de la population sur les réseaux Internet chinois, a sonné le glas de « l'essoufflement » politique et idéologique et l'heure d'une reprise en main. Xi Jinping s'est affirmé comme l'homme fort du régime chinois. Il veut marquer l'histoire de son parti et de la Chine et être le premier à avoir assumé et assuré le leadership mondial de son pays. La politique menée depuis 2012 et le leadership qui l'accompagne embrassent un même rêve : redonner à la Chine sa grandeur et engendrer la renaissance de la nation. Il s'agit aussi de faire oublier le siècle des humiliations, de la première guerre de l'opium en 1839 à la création de la République populaire en 1949, durant lequel le pays a été dominé par l'Occident.

Xi Jinping a fondé la puissance de son leadership sur plusieurs attributs dont la concentration des pouvoirs. Tout d'abord, il a rétabli la dictature absolue du Parti communiste chinois (PCC) sur la société. Désormais, « le parti dirige tout[1] », le gouvernement, l'armée, la société, l'école, au nord, au sud, à l'ouest, à l'est et au centre. Il développe aussi de plus en plus son influence jusque dans l'entreprise. Par sa puissance, il s'est également donné du temps, en octobre 2017 : lors du dernier congrès, le PCC lui a renouvelé sa confiance pour un second mandat et permis d'amender la Constitution afin de supprimer la limite des deux mandats pour un président chinois. Il diffuse également sa propre pensée à travers *La Gouvernance de la Chine*, livre en deux tomes signé de sa main. Cet ouvrage, qui se veut être la grande référence de son action, recense l'ensemble de ses discours publics, depuis sa prise de fonction en 2012 jusqu'au 13 janvier 2020, début de la pandémie mondiale de la Covid-19. Il est traduit dans toutes les langues pour une diffusion mondiale. Autre pierre apportée à l'édifice de ce nouveau leadership, la construction d'une forte légitimité personnelle : Xi Jinping se veut être l'incarnation de la Chine. Cette légitimité et cette autorité ont été renforcées auprès du public par les sanctions infligées à l'intérieur du parti afin d'éradiquer la corruption. La population et la société civile sont également méthodiquement contrôlées et

1. Xi Jinping, *Discours du 19ème congrès du Parti communiste chinois*, le 18 octobre 2017.

une circulaire « Document n° 9 » les alerte sur les dangers que certains concepts occidentaux, tels les valeurs universelles, le journalisme à l'occidentale ou la démocratie constitutionnelle, font peser sur le système socialiste chinois. Le durcissement est incontestable. L'autorité du Parti est consolidée par la réaffirmation du socialisme aux couleurs chinoises : « Le système théorique du socialisme à la chinoise est la juste théorie permettant au parti et au peuple chinois de réaliser le grand renouveau national. » Une fois sa légitimité et son autorité sur le parti conquises, Xi Jinping a pu dérouler son programme idéologique et stratégique. Il incarne et insuffle une vision de long terme pour la Chine. Deux dates sont dans sa ligne de mire : le centenaire du Parti communiste chinois en 2021 et le centenaire de la République populaire de Chine, en 2049. Désormais, sa vision est claire et lisible pour tous grâce aux objectifs précis qu'il a fixés pour sa nation. En 2021, le PIB moyen par habitant devrait ainsi avoir doublé par rapport à celui de 2010. La Chine devra devenir, d'ici 2025, la puissance dominante sur les principaux marchés de la technologie de pointe (voitures autonomes, robots, intelligence artificielle et ordinateurs quantiques). En 2035, elle devra être leader en innovation pour l'ensemble des technologies de pointe pour s'imposer enfin, en 2049, comme la première puissance mondiale sans aucune ambiguïté. La stratégie internationale de la Chine est tout aussi pédagogique. La réalisation du « rêve chinois » de renaissance de la nation s'inscrit dans un projet mondial : la construction d'une communauté de destin pour l'humanité, un plan présenté par Xi Jinping en 2015 pour les 70 ans des Nations unies. Il a ensuite été intégré aux Statuts du PCC et inscrit en préambule de la Constitution chinoise. Ce projet définit un nouveau mode de gouvernance mondiale, qui prend le contrepied de la domination occidentale dans les relations internationales. Il entretient notamment un prosélytisme en faveur du multilatéralisme. Pour y parvenir concrètement, Xi Jinping a lancé un grand chantier opérationnel : the Belt and Road Initiative, les nouvelles routes de la soie. Il vise à apporter une aide chinoise à la coopération économique internationale et ainsi favoriser l'entraide et la solidarité des nations. Derrière le lyrisme du récit se cache en réalité un projet chinois, servant les intérêts chinois, auquel tous les pays et citoyens du monde peuvent prendre part. L'intention d'influencer le monde est réelle. La Chine ne s'en cache plus. Xi Jinping l'assume. Il bénéficie d'une puissante notoriété mondiale, inédite pour un président chinois. Que ce soit à Bangalore, Rome, San Francisco ou Chasseneuil-du-Poitou, tout le monde connaît Xi Jinping. À chacun de ses déplacements dans le monde, lors de chacune de ses rencontres avec ses homologues étrangers ou de ses participations aux sommets internationaux, que ce soit aux Nations unies ou au forum de Davos, il prend des initiatives et s'impose parmi les leaders du XXIe siècle, loin de l'idéal de discrétion et de sobriété que prônait Han Fei Zi. Sûr de lui, confiant dans la stratégie de son pays, aussi bien nationale qu'internationale, Xi Jinping ose s'exposer et afficher ses ambitions. La notoriété devient même un levier important de la politique chinoise. On me reproche parfois la proximité que j'entretiens avec la Chine. Celle-ci s'est constituée au fil des ans et des rencontres, grâce au respect que j'exprime pour cette grande civilisation sans jamais perdre de vue l'intérêt diplomatique français. Je connais le métier. Ma notoriété en Chine m'a notamment permis de mener de nombreuses initiatives pour la France, comme par exemple l'accompagnement de belles réussites entrepreunariales qui favorisent le rayonnement de notre pays en Asie et aussi l'obtention de la libération de prison de plusieurs de nos ressortissants. Cet intérêt pour la notoriété confirme que les exigences de la communication moderne sont bien intégrées par les autorités chinoises. Il reste cependant à distinguer entre communication et propagande.

– Chapitre 3 –

L'approche culturelle américaine

L'approche culturelle américaine du leadership est singulière. Aux États-Unis, nulle référence ne sera faite à une philosophie, à la science politique ou à une analyse rigoureuse des régimes politiques dont serait déduit le comportement moral des hommes et femmes qui les conduisent. Le leadership n'a même que très peu de rapport direct avec la politique et l'action publique, contrairement à ce que l'on a rencontré en Europe ou en Asie. Le leadership américain est un comportement, une attitude, un style, voire un art de vivre. Il est propre à chacun et à chaque personnalité. Autre singularité du leadership américain, il n'est pas uniquement théorique ou philosophique. Il est pratique. Il s'apprend. Toute sa spécificité réside dans ses propriétés culturelles, au sens de celles que l'on acquiert, que l'on cultive. Il s'agit d'une véritable science du développement personnel à laquelle tout le monde a accès, quels que soient son métier et son statut, et qui a été précisément conçue comme un outil au service de celles et ceux qui sont amenés à conduire des équipes, à diriger, à commander ou tout simplement à celles et ceux qui souhaitent acquérir ou parfaire leurs compétences. C'est une discipline scientifique, bien plus qu'un art. Par ailleurs, cette conception est de plus en plus influente à travers le monde, tant de nos jours, dans les sociétés développées, l'accent est mis sur le développement personnel. En témoigne l'expansion fulgurante du nombre de coachs en développement personnel et professionnel, mais aussi du travail sur soi où l'on tente de détecter ses forces et ses faiblesses, ses qualités et ses défauts, pour toujours mieux se connaître et appréhender avec plus d'aisance et de facilités sa relation au monde extérieur et à autrui. Il n'est pas rare de trouver dans les journaux américains des annonces publicitaires pour des formations (souvent coûteuses) pour devenir un vrai leader.

Le leadership pour tous

Le propre du leadership américain est donc qu'il est entièrement culturel. « On ne naît pas leader, on le devient », pourrait-on même avancer, à l'instar de Nitin Nohria, dixième doyen de la Harvard Business School, et de Rakesh Khurana, professeur de leadership dans la même école, dont l'ouvrage *Handbook of leadership : Theory and Practice* (2010) fait référence. Les bibliothèques américaines regorgent d'ouvrages sur le leadership, dans lesquels sont exposés tout à la fois des typologies de personnalités, des exemples de leaders dont l'observation des comportements, des styles et des actions, permet d'en extraire des concepts et des leçons, ou encore des conseils comportementaux sur lesquels les individus peuvent travailler pour constamment s'améliorer et devenir à leur tour des leaders. Tous les étudiants, quels que soient leur spécialité, leur domaine de compétences ou leur voie d'orientation, bénéficient de cours de leadership, dispensés par des professeurs experts du sujet. La différence est frappante avec la France, par exemple, où l'on ne l'enseigne pas même dans nos plus grandes écoles. Le leadership est toujours intégré dans des ensembles académiques plus larges tels que la science politique ou la gouvernance d'entreprise. L'ESCP Business School, sur ce sujet, fait exception, j'y enseigne cette matière depuis une bonne dizaine d'années.

Cette réflexion et cette pensée spécifiquement américaines du leadership sont alimentées par des spécialistes, ainsi que par des professionnels praticiens, qui ont expérimenté sur le terrain leur propre leadership et en rendent compte aux citoyens – par exemple, d'anciens généraux de l'armée américaine dont les ouvrages, relayant les récits d'une vie dévouée au commandement, à la gestion d'équipes, à la prise de décision dans des contextes guerriers, rencontrent des succès éloquents. Cette conception américaine, qu'elle soit académique et dispensée par des experts théoriciens, ou pratique et partagée par des professionnels praticiens du leadership, est très riche d'enseignements sur le leader, son éthique et ses caractéristiques intrinsèques. Elle dépeint le leadership sous la forme d'idéaux types, ces catégories de styles dans lesquelles les leaders peuvent être rangés, et sous la forme de caractéristiques typologiques sur la psychologie, le comportement ou les aptitudes du leader.

La première analyse marquante qui a classé les leaders selon des idéaux types en fonction du style avec lequel ils exerçaient leur leadership est celle de Daniel Goleman, leadership *That Gets Results* (2000), dans laquelle il a recensé les six styles de leadership qui ressortaient des études empiriques menées auprès de dirigeants et analysé les effets directs que ces leaderships produisaient sur les individus. Le premier style présenté est le *leadership coercitif.* Il est l'incarnation de ce leadership inflexible, autoritaire, hiérarchique et vertical, à travers lequel le leader décide de tout, commande et ordonne, exige de ses subordonnés une conformité immédiate aux instructions transmises. Ce type de leadership a un effet négatif d'ensemble, mesuré par Daniel Goleman, car il mine sérieusement l'un des principes mêmes du leadership, à savoir la capacité à motiver les individus en leur donnant confiance et en leur montrant que leur travail s'inscrit pleinement dans une mission plus large et partagée par toute l'organisation. Le recours à ce leadership sape également la responsabilité et l'engagement des individus, et dénature le système de récompenses qu'ils attendent. Le deuxième style est un *leadership d'autorité*. Selon Daniel Goleman, ce type de leadership est le plus efficace, celui-là même qui est capable d'avoir un effet positif sur l'ensemble des données d'un groupe d'individus. En effet, les leaders qui le pratiquent sont souvent des visionnaires, et la claire énonciation de leur vision lui donne de la visibilité et permet aux individus de comprendre que leur action a de l'importance. L'ensemble des attentes, des actions s'inscrit ensuite dans cette vision et débouche sur un engagement plus fort, une prise de responsabilité plus importante, car les critères sur lesquels les individus sont jugés sont clairs et transparents pour tous. Daniel Goleman note que ce style de leadership fonctionne dans la quasi-totalité des situations auxquelles peut être confronté un leader. Le troisième style est un *leadership affilié*. Les leaders qui s'en revendiquent sont moins attachés aux objectifs atteints et aux tâches entreprises qu'aux individus et à leurs émotions. Ils fondent leur leadership sur la création d'une harmonie et de liens de proximité entre les membres d'une même équipe. Les liens émotionnels qu'ils établissent sont positifs car ils développent la loyauté mais aussi la créativité et l'innovation, en permettant aux individus de discuter et échanger plus fréquemment. L'engagement, la responsabilisation et la flexibilité sont aussi grandement renforcés par la liberté que laisse le leader à ses équipes de tracer elles-mêmes le chemin par lequel elles vont accomplir leurs missions. Ces types de leaders excellent dans leur capacité à créer un sentiment d'appartenance, grâce à une communication individualisée, positive et motivante. Pour autant, ce leadership ne peut être utilisé en toute circonstance. Dans les périodes marquées par l'incertitude, comme celle que nous traversons actuellement avec la Covid-19, les individus peuvent chercher refuge auprès de leurs supérieurs afin d'y trouver de l'assurance, de la confiance, de la stabilité, et dissiper leurs inquiétudes et les zones d'ombre. Les individus peuvent aussi chercher à prendre conseil auprès de leurs supérieurs pour s'améliorer. Ces types de leaders peinent à répondre à ces demandes et peuvent provoquer un effondrement de la performance de leur organisation. Le quatrième style est un *leadership démocratique*. Le leader attache de l'importance à l'avis de ses équipes. Il prend le temps de consulter et de délibérer, les idées et les notifications que font parvenir les équipes étant toujours utiles. Par cette action, il crée de la confiance, du respect et de l'engagement, les individus sentant que leur parole et leur action ont un sens et un intérêt. Cette attitude permet également d'accroître la responsabilité puisque tout le monde est partie prenante de la décision. En revanche, le *leadership démocratique* peut rencontrer des difficultés et rapidement s'essouffler si des limites ne sont pas fixées, explique Daniel Goleman. L'une des conséquences possibles de ce type de leadership se trouve dans la recherche sans fin de consensus et le partage inépuisable d'idées, de propositions et de suggestions, le tout au détriment de l'action et de la performance. Le cinquième style est un *leadership de cadence*. Le leader a alors une obsession de la performance et souhaite toujours aller plus loin, plus vite. Pour cela, il n'hésite pas à exiger de ses équipes plus d'efforts et peut remplacer ceux qui n'y parviennent pas, sans scrupules. Finalement, l'exigence et la pression que fait peser le leader sur les épaules de ses équipes sont telles que le climat de l'organisation peut se dégrader et devenir délétère. Ce leader a tendance à penser que sa vision est claire et que ses équipes la partagent. Il recherche des collaborateurs qui savent ce qu'il faut faire sans qu'il ait à le leur dire, plongeant parfois ses équipes dans le brouillard. L'engagement et la responsabilisation de ces dernières s'amenuisent car elles n'ont aucune idée de la place que leurs actions ont dans le projet global, et le système d'évaluation et de récompense est défaillant car elles n'ont pas de retour sur ce qu'elles font. À l'instar du *leadership coercitif, le leadership de cadence* nuit davantage à l'environnement sur lequel il agit que les autres types de leaderships. Le sixième et dernier style mis en évidence par Daniel Goleman est un *leadership de coaching.* Le leader prend le temps d'accompagner individuellement ses collaborateurs pour les aider à déceler leurs forces et leurs points d'amélioration, pour déterminer avec eux leur marge de progression et leur carrière. Le leader donne alors confiance à ses équipes, en leur déléguant des missions, leur confiant des responsabilités et en leur permettant de déployer leur potentiel. En fondant sa relation avec ses équipes sur le dialogue, il crée au sein de l'organisation un climat général positif et serein, car chaque individu se sent engagé, investi, responsabilisé et surtout respecté et compris. En outre, le long terme est privilégié car le travail relationnel de proximité prépare les fondements de la performance dans la durée. Les idéaux types du leadership brossés par Daniel Goleman ne sont pas pour autant exclusifs, et le leader qui parvient à concilier plusieurs styles, notamment en fonction des situations et des événements, consolidera son leadership et portera son organisation vers le haut.

Dans un autre registre, mais dans le sillage de cette analyse parascientifique du leadership, le général Stanley McChrystal, général quatre étoiles à la retraite et ancien chef des forces spéciales américaines en Irak et en Afghanistan entre 2003 et 2008, dresse également une classification de six types de leadership en fonction de caractéristiques psychologiques, dans un livre important : *Leaders : Myth Reality* (2018). Tout d'abord, il existe des personnalités aux talents extraordinaires qui peuvent devenir des leaders, ce sont les « génies », catégorie dans laquelle il est possible d'inclure Albert Einstein ou Leonard Bernstein, par exemple. Un deuxième type de leaders est représenté par les « fondateurs », des individus partis de rien et qui ont été capables de créer *ex nihilo* des empires dans leur domaine. Walt Disney et Coco Chanel en sont des exemples idoines. Le troisième type de leaders est représenté par les « politiciens », des individus qui ont su occuper le pouvoir et l'exercer avec beaucoup de maîtrise et d'influence. L'auteur prend l'exemple de Margaret Thatcher, Première Ministre du Royaume-Uni entre 1979 et 1990. Le quatrième type de leaders est représenté par les « réformateurs », ces individus qui se sont emparés d'une cause, l'ont défendue et ont réussi à impulser des transformations. Tel est le cas de Martin Luther, à l'origine de la réforme protestante qui a bouleversé le cours de l'histoire, et de son homonyme le Dr. Martin Luther King Jr., ardent défenseur pacifiste de la cause des minorités aux États-Unis et principale figure du mouvement des droits civiques des Noirs américains. Son célèbre discours *I Have a Dream*, prononcé en 1963 devant le Lincoln Memorial de Washington D.C., a permis de nombreuses réformes et l'abolition de la ségrégation raciale aux États-Unis, et lui aura valu le prix Nobel de la paix en 1964. Un cinquième type de leaders est représenté par les « héros », en l'occurrence ceux que la société a considérés comme tels. La première personne qu'a choisie l'auteur pour cette catégorie de leaders est Harriet Tubman, militante en faveur de l'abolition de l'esclavage aux États-Unis et de la reconnaissance des droits fondamentaux des femmes et des minorités ethniques. Son combat, aujourd'hui encore, fascine et inspire. À la suite de son élection à la présidence du pays, Joe Biden a choisi de relancer le projet d'impression de billets de vingt dollars à son effigie, ce qui ferait d'elle la première héroïne afro-américaine ainsi honorée. Enfin, le sixième et dernier type de leaders est représenté par les « zélotes », ces individus animés par une cause qu'ils sont prêts à défendre coûte que coûte et qu'ils parviennent à transmettre à d'autres pour mener le combat avec eux. L'auteur a pris l'exemple de Maximilien Robespierre, passionnément animé par la cause de la Révolution française, l'abolition des privilèges et par « cet appétit, cette soif de liberté ». La ferveur et la passion qu'il a mises dans cette entreprise, originellement noble, l'a pourtant conduit à des dérives terrifiantes en opposition complète avec le projet qu'il défendait initialement.

L'ensemble de ces portraits et idéaux types du leadership que nous avons parcourus sont les témoins de cette pluralité et cette diversité des leaderships. Ils ne se ressemblent pas entre eux. Au contraire, l'idéal type du leadership réside sans doute dans l'intersection, l'interconnexion, l'entremêlement de ces caractéristiques, en fonction d'un contexte, d'une situation, des individus sur lesquels il faut agir. Le leadership américain apparaît donc pleinement contextuel.

Les recettes américaines

Ces idéaux-types sont complétés par d'autres analyses dans lesquelles sont exposées les caractéristiques innées et celles à impérativement acquérir pour devenir un véritable leader. Là encore, de nombreux ouvrages couvrent le sujet et proposent leur vision du leadership. Ces caractéristiques sont souvent présentées sous forme de lois ou de leçons. Ainsi, par exemple, dans un autre ouvrage intitulé *My Share of the Task* (2013), le général Stanley McChrystal a conceptualisé 16 leçons de leadership tirées de son expérience de terrain, auprès de ses troupes. Toutefois, de toute la littérature américaine sur le leadership, un ouvrage en particulier, celui de Barry Z. Posner et James M. Kouzes, *The Truth About* leadership (2010), résume avec simplicité et exhaustivité ces lois fondamentales nécessaires pour accéder au statut de leader. La pertinence des dix lois du leadership qu'il énonce en fait un livre de chevet pour tout leader en devenir. Le leader est, tout d'abord, celui qui croit en sa différence ainsi qu'en sa capacité à conduire le changement et à entraîner les autres, de manière positive. Le leadership s'appuie également sur une forte crédibilité. S'il s'initie par la confiance en soi, le leadership se consolide par la confiance que les autres placent dans le leader. Ce dernier doit donc se montrer crédible et fiable s'il veut gagner la confiance de ses interlocuteurs. Pour être crédible, le leader se doit d'être honnête, d'avoir une vision d'avenir, d'être inspirant et capable d'agir et de produire. La crédibilité est fondamentale, car si les individus ne croient pas au messager, ils n'adhéreront pas aux messages qu'il délivre. Le leader doit ensuite partager ses valeurs pour susciter l'engagement de ses équipes. Celles-ci constituent une boussole qui éclaire le chemin des suiveurs et leur permet d'inscrire leur engagement et leur comportement dans ceux du leader. Aux États-Unis, la question des valeurs, par exemple, est d'importance capitale. Tous les candidats sont amenés à se positionner par rapport à un certain nombre d'entre elles. Ce sont ces positionnements et clarifications qui suscitent l'adhésion du peuple pour un candidat. Le leader doit ensuite partager une vision et un regard éclairant sur l'avenir. Cette vision joue pleinement sur l'imaginaire des individus prêts à la suivre et donne de la hauteur à celui qui la porte. Aujourd'hui, cette vision s'affiche clairement à travers la lutte contre le réchauffement climatique. Tous les leaders projettent leur nation, leur économie et leurs citoyens en 2050, dans un monde qui, ils en font le pari, sera décarboné. Le leader doit également comprendre qu'il ne lui faut pas s'enfermer dans la solitude. Personne ne réussit seul. Réussir, c'est avant tout faire réussir. Les grands leaders sont obsédés par ce qu'il y a de mieux pour les autres, et non pour eux-mêmes. De plus, le leader doit donner sa confiance avant de vouloir la recevoir, car la confiance est le préalable à toute influence. Le leader doit montrer, de manière effective, qu'il croit en ses équipes, qu'il se soucie d'elles, qu'il a du respect pour leur travail et pour leur engagement. Ce cycle de confiance donnera de la force à l'influence que le leader peut exercer sur ses équipes. Il dédaigne aussi le *statu quo* et affronte les défis. « Les leaders voient des portes ouvertes alors que d'autres voient des murs de briques[1]. » Ce précepte peut s'appliquer en France aussi. Le leader se révèle dans l'adversité et sait convertir les périodes difficiles en opportunités. Nicolas Sarkozy et Emmanuel Macron en sont les exemples. Tous deux, lors de leurs quinquennats respectifs, ont eu à affronter des crises mondiales aux effets désastreux et se sont pourtant révélés à ce moment-là. Le premier a conduit la présidence de l'Union européenne, a bousculé les équilibres européens pour tenter d'adopter une réponse commune et a mobilisé les grands leaders du monde en convoquant un G20 sur la gestion de la crise financière de 2008. Le second a saisi l'opportunité de transformer l'Union européenne en construisant les outils d'un endettement commun historique qui a permis de financer le plan de relance européen, à un moment où le clivage européen Nord-Sud battait son plein. En outre, le leader montre l'exemple. Il doit donner la preuve, par les

1. Barry Posner et James M. Kouzes, *The Truth About Leadership : The No-Fads, Heart-of-the-Matter Facts You Need To Know*, Jossey-Bass (2010).

actes, qu'il épouse les valeurs qu'il véhicule et respecte ses engagements. L'exemplarité est une pédagogie qui convainc les équipes que le leader ne se contente pas de discours mais qu'il met à exécution ce qu'il prône. Les grands leaders sont aussi d'excellents élèves qui ne considèrent rien comme acquis. Ils aiment apprendre et fournissent un travail acharné pour s'améliorer, découvrir et intégrer de nouvelles connaissances et compétences. L'apprentissage constant et régulier est mère de progrès. Enfin, le leadership est une affaire de cœur. Les leaders qui mettent enthousiasme et passion dans leur travail et dans leurs relations sont ceux qui rencontrent le plus de succès car ils suscitent l'affection et dégagent l'optimisme nécessaire à la conduite des missions, à la réalisation des objectifs et à la poursuite de la vision. L'ensemble de ces préceptes constitue un invariant pour toute personne occupant des fonctions de leaders et forme une sorte de loi fondamentale du leadership. En somme, en Amérique, le leadership est le chemin de la réussite.

D'autres ouvrages ont tenté de caractériser les actions qui renforcent le leadership et d'identifier les traits psychologiques des leaders. Il en ressort que le statut de leader doit davantage se comprendre non pas en matière d'impact direct sur la performance de l'organisation mais en matière d'influence indirecte sur les objectifs, les motivations, la culture et la composition des équipes. Le leader est celui qui insuffle un but et un sens à la vie de l'organisation et celle des individus. Ainsi, la vision, l'inscription dans le temps long, l'engagement, l'intégrité, la communication et l'authenticité sont les valeurs cardinales dont doit être doté celui qui veut susciter l'adhésion de ses équipes. En 2008, Tom Rath et Barry Conchie ont publié un ouvrage, *Strengths Based leadership,* dans lequel ils montrent que les leaders réussissent en identifiant avec précision leurs forces et leurs faiblesses, et en dédiant leur action à la consolidation et au renforcement de leurs points forts. Ayant fourni ce travail déterminant de réflexivité, ils investissent ensuite des actions qui seront la marque de leur leadership. Selon les auteurs, le leadership puise sa force dans quatre domaines d'action : *l'exécution*, la capacité à modifier le cours des choses, *l'influence*, la capacité à rallier le soutien des équipes au projet du leader, *l'établissement de relations*, la capacité à fédérer et rassembler harmonieusement une communauté, et *la réflexion stratégique*, la capacité à nourrir et partager une vision de long terme. Ces caractéristiques ne constituent toutefois que les bagages du leader, ce dont il dispose. En termes économiques, nous évoquerions ici son offre de leadership. L'intérêt de l'ouvrage de Tom Rath et Barry Conchie est de mettre en perspective cette offre avec la demande de leadership, en l'occurrence les attentes des groupes d'individus gérés par le leader. L'idée phare, et que nous avons esquissée auparavant, est que le leader n'est pas seul, il ne correspond pas à une autorité qui imposerait ses choix de manière unilatérale, impérieuse et coercitive à des individus qui ne demandent qu'à être guidés. Au contraire, là réside précisément toute la subtilité de la conception américaine du leadership. Il doit nécessairement se penser comme une interaction plus que comme une loi irréfragable. Les relations de pouvoir s'insèrent irrémédiablement dans un environnement et mettent aux prises des leaders, des suiveurs et un contexte dont l'interaction et la dynamique viennent définir le rôle de chacun, et en particulier celui du leader. Dès lors, les attentes des « suiveurs » nécessitent d'être intégrées au logiciel psychologique du leader s'il veut pouvoir exercer son influence et son autorité. Tom Rath et Barry Conchie, lors de leurs échanges et entretiens avec de très nombreuses équipes, ont mis en évidence quatre attentes fortes exprimées par les équipes. La première attente est un désir de *confiance*. Nous l'avons dit et répété, la confiance est le creuset du leadership, et rien n'est plus important. La deuxième attente concerne la *compassion.* Les équipes réclament de l'attention, de la considération, et veulent sentir que leur chef se soucie d'elles. La troisième attente est un attachement à la *stabilité.* Les équipes doivent pouvoir compter sur leur chef, se reposer sur lui en cas de turbulences et sentir qu'il apporte de la sécurité et de la sérénité. Enfin, la dernière attente identifiée est un besoin d'*espoir.* L'optimisme et l'assurance qui se dégagent d'un leader capable de tracer un chemin et de dessiner une perspective poussent les individus à s'engager et à se sentir investis. Cette analyse du leadership en termes d'offre et de demande met en lumière le fait que le leader n'est pas une sorte de puissance transcendantale dont tout découlerait. Au contraire, le leadership est contextuel et s'exerce dans un environnement particulier où l'intelligence émotionnelle, l'intelligence sociale et le rapport aux autres sont indispensables.

Aucune de ces analyses n'atteint le degré d'abstraction et d'essentialisation éprouvé à la lecture des analyses européennes ou asiatiques. Le leadership américain s'apprend, se cultive, se développe, s'enrichit. Il doit être accessible à tous, être concret et par conséquent reposer sur des éléments tangibles, identifiables, contextualisés afin que les individus s'en inspirent et puissent les exploiter pour leur propre développement personnel. Cette approche culturelle américaine est proprement singulière.

Barack Obama, le leadership cérébral

Barack Obama est, de toute évidence, l'incarnation même d'un leadership maîtrisé, à la stratégie et aux techniques réfléchies. Chez lui, rien n'est jamais laissé à l'improvisation. Tout est préparé et étudié avec grande minutie.

De nombreux auteurs, à l'instar de Dr. Shel Leanne, experte et coach en leadership, professeure à Harvard

University[1], se sont inspirés du leadership de l'ancien président américain pour proposer au plus grand nombre des leçons et techniques dans leurs ouvrages.

Barack Obama s'est d'abord illustré par son éloquence et sa rhétorique infaillible, qui lui ont permis de conquérir le cœur de millions d'Américains. Il a su également transmettre et diffuser un vent d'espoir et de fraternité en partageant sa vision de l'Amérique. Par son optimisme et son charisme, il a noué des liens rares, forts et personnels, avec son électorat, tout en faisant face aux critiques et à l'adversité.

Dès 2004, lors de son importante apparition publique à la convention démocrate, en soutien à John Kerry, alors candidat à l'élection présidentielle, il a marqué les esprits par un discours poignant où il a su rattacher ses origines afro-américaines et l'histoire de ses parents au rêve américain, à la philosophie de son pays natal, « phare de la liberté et des opportunités », qui lui a donné la liberté et la chance d'être un représentant de la nation – il était alors sénateur de l'Illinois. La puissance évocatrice de son discours, sa rhétorique, son attitude et sa gestuelle, sereines et confiantes, assurées et empathiques, ont fait forte impression et lui ont instantanément conféré une crédibilité politique nationale. Au lendemain de cette intervention, Nelson Mandela avait eu la bonne intuition : « Une voix nouvelle est née », avait-il dit de lui. Son charisme, qu'il cultive par sa stature, son sourire, sa gestuelle, son timbre de voix, mais aussi l'énergie et l'intensité qu'il met dans ses meetings et ses interventions publiques lui permettent de persuader et de convaincre les Américains. Durant ses deux campagnes électorales, en 2008 et 2012, ainsi que récemment lors de la promotion de son livre *A Promise Land* (2020) par exemple, son auditoire est captivé par l'énergie et la conviction qui transparaissent

1. Dr. Shel Leanne, *Say It Like Obama and Win*, McGraw-Hill (2008) et aussi *Leadership : The Barack Obama Way*, McGraw-Hill (2010).

dans ses propos. Le grand leader est celui qui est capable d'habiller le rôle, de le jouer et de disposer de tous les accessoires et instruments pour l'interpréter. C'est ce que fait Barack Obama. Il a entièrement habité, depuis le premier jour, son costume de leader et a rassemblé autour de lui tous les instruments le rendant crédibles aux yeux des Américains. L'utilisation rigoureuse dans ses discours de figures de style de répétition – telles que la conduplication, l'anaphore, l'épiphore, l'anadiplose – permet de donner de l'intensité à ses idées, son propos, ses mots, et crée une emphase qui marque les esprits. En fin pédagogue, maître de l'art de la répétition, Barack Obama martèle sans relâche. Ajoutons l'apport immense de Michelle dans le leadership de Barack. Je me souviens d'une rencontre relativement restreinte où il devait convaincre un public de leaders de la profondeur de sa spiritualité. Sa démonstration globale fut particulièrement brillante. Cet exercice, très cerveau gauche, fut particulièrement enrichi par la prestation, très cerveau droit, de Michelle. En matière de séduction, le couple est redoutable. Sincèrement, je fus autant impressionné par elle que par lui.

Cette rhétorique puissante a donné au Président la possibilité d'exprimer sa vision de l'Amérique et le sens qu'il voulait donner à son action politique, pour les États-Unis et le peuple américain. Conformément aux analyses précédentes, Barack Obama a compris que, pour susciter l'adhésion, il lui faut inscrire le parcours de vie des Américains dans un cadre global, une vision partagée, un rêve commun. L'opinion doit visualiser le dessein qu'on lui propose. Pour ce faire, le projet, la vision, le rêve doivent être assortis d'idées concrètes, tangibles. Barack Obama a eu de nombreuses fois recours à l'histoire, par exemple, pour tracer des parallèles entre des réalités présentes et des événements passés. L'image crée ainsi une association entre les réussites passées et les défis actuels, donnant l'espoir aux individus que les problèmes qu'ils rencontrent aujourd'hui sont surmontables et que la voie du succès est toujours à portée de main. Lors de sa première campagne, son slogan était le désormais célèbre « Yes, we can ». Il est parvenu à l'associer à des projets précis, tels que l'Obamacare, qui ont démontré sa capacité à rejoindre le rêve par l'action. Les électeurs ont ressenti sa force, son volontarisme et sa pertinence dans la conduite du pays.

Barack Obama a réussi le pari assez fou, pour une personnalité assez froide, de nouer une relation de proximité avec les individus, avec son électorat, avec les Américains. Tout d'abord, il est parvenu à réunir autour de lui des soutiens populaires, comme George Clooney, Beyoncé, Will Smith ou encore Oprah Winfrey mais aussi des personnalités politiques importantes, comme Ted Kennedy, frère de John F. Kennedy. Cet entourage public lui a conféré une notoriété et une crédibilité importantes aux États-Unis. Mais son entourage proche aussi a beaucoup joué dans sa conquête du pouvoir. Il cherchait à s'entourer des meilleurs : les meilleurs techniquement sur les sujets de fond, et les meilleurs représentants de la diversité américaine pour pouvoir adresser des messages précis et ciblés aux populations concernées. Il n'hésitait jamais à se mettre à la hauteur des individus qu'il rencontrait, en utilisant un « nous » inclusif pour montrer qu'il se considérait comme appartenant à la même sphère que son interlocuteur. Le recours à des exemples concrets tirés de son histoire personnelle, à des références à sa famille, à son enfance, à ses expériences de sénateur de l'Illinois, lui permettait de montrer sa compréhension, son empathie et son implication personnelle dans les difficultés des citoyens. Lors de ses discours, il prononçait des formules célèbres telles que : « Je souhaite que la justice s'écoule comme de l'eau et la droiture, comme un puissant ruisseau », empruntée au

Dr. Martin Luther King Jr., ce qui créait des ponts entre les Américains et avait une réelle portée fédératrice. Barack Obama a fait de la diversité des situations, des horizons et des conditions, une force pour rassembler et unir les Américains autour d'une nouvelle vision. Son innovation majeure a été de recourir aux nouvelles technologies numériques, en plein essor en 2008, pour être connecté en permanence aux électeurs et tracer la participation. Les annonces d'événements de campagne, les messages du moment, les réactions aux émissions sur les grands réseaux, les actions de solidarité et la participation au débat sur les réseaux sociaux, l'ensemble des événements était notifié aux électeurs qui pouvaient suivre sa campagne en temps réel. Aujourd'hui, ces méthodes paraissent normales et indispensables tant le numérique façonne nos vies, plus encore dans le contexte actuel de restrictions sanitaires et sociales. Pour autant, en 2008, il s'agissait d'une véritable révolution qui a participé au tissage d'un lien de proximité fort entre le candidat et son électorat.

Enfin, Barack Obama a démontré sa crédibilité et inspiré confiance au peuple américain en résistant aux attaques, en affrontant les défis et les controverses qui pouvaient naître de son action. Il a assumé son rôle de chef, en prenant ses responsabilités et adoptant toujours une posture d'humilité. Il s'est également énormément préparé et entraîné à recevoir les attaques, sur ses origines et sa foi comme en 2011, lorsque Donald Trump émet publiquement des doutes sur son lieu de naissance, sous-entendant qu'il n'est certainement pas éligible à la fonction de Président en raison de sa naissance dans un pays tiers. Dans la foulée de ces allégations, la Maison Blanche a rendu public l'acte de naissance du président Obama. Il est l'exemple idoine du leader américain, surentraîné, surpréparé, ayant acquis les fondamentaux de la rhétorique et des caractéristiques du leadership. Sa première campagne électorale a fait souffler un vent si nouveau qu'il a été ressenti à travers la planète. L'Afrique a cru à l'élection de l'un des leurs, et les Européens ont admiré presque tous unanimement l'espérance qui se dégageait de cette nouvelle figure politique américaine. Cette aventure connut son apogée lorsqu'il se vit décerner le prix Nobel de la paix en 2009, « pour ses efforts investis dans le renforcement de la diplomatie internationale et de la coopération entre les peuples », alors même qu'il venait juste d'accéder au pouvoir et n'avait encore que tenu des discours. Ce prix témoigne de la force de conviction de son message, dont la puissance et le souffle furent tels, que le comité Nobel norvégien couronna sa campagne électorale. Mais si la maîtrise du leadership est un atout nécessaire dans la phase de conquête du pouvoir, elle n'est cependant pas suffisante durant les périodes de gouvernance. Au total, le bilan ne fut pas à la hauteur de l'espérance.

Donald Trump, le leadership musculaire

Le leadership de Donald Trump est aux antipodes de celui de Barack Obama. La différence fut si cinglante qu'une partie des États-Unis et la majorité des Européens peinaient à croire à son élection, en 2016. Pour autant, aussi critiquable que soit l'homme politique, son leadership est indéniable. Novice en politique, il est parvenu à conquérir le Parti républicain puis la présidence des États-Unis grâce à des positions et discours forts sur l'identité américaine, sur la géostratégie et la diplomatie, couplées à des propositions concrètes qui ont trouvé un écho dans l'esprit des citoyens, comme la construction d'un mur à la frontière avec le Mexique, le primat donné aux emplois américains et la défense des travailleurs, et aussi grâce à une vision claire « *Make America Great Again* ». L'immixtion de cet homme d'affaires connu pour ses projets immobiliers, son sens des affaires et son rôle dans les médias, dans la gestion du pays a surpris bon nombre de commentateurs politiques de part et d'autre de l'Atlantique.

La spécificité de Donald Trump est qu'il est parvenu à jouer de sa réussite sociale et financière pour se fondre dans le personnage de l'outsider, véhément contre l'*establishment*, la bureaucratie et les élites américaines, et proche des aspirations des petits travailleurs américains éloignés de la mondialisation. Durant toute sa carrière, et sa campagne électorale, il était capable de parler avec n'importe qui, d'égal à égal. Sur les chantiers de ses projets immobiliers, il pouvait aussi bien s'entretenir avec les électriciens et les plombiers qu'avec les financiers et les ingénieurs. En outre, Trump est un communicant et un commercial hors pair : les cravates Trump étaient les cravates les plus vendues aux États-Unis ; son livre *The Art of the Deal*, paru en 1987, est un très gros succès de librairie, vendu à plus d'un million d'exemplaires ; son émission de télévision *The Apprentice* était également l'une des émissions de télévision les plus regardées aux États-Unis. Donald Trump connaît parfaitement les rouages de la communication, ce qui lui a conféré un avantage indéniable dans la course à la présidence car la maîtrise de cet outil lui permet d'être au plus proche des électeurs et des citoyens.

La rhétorique de Donald Trump repose sur quatre piliers : (I) la rhétorique de l'anti gauche, (II) la rhétorique de l'anti élite, (III) la rhétorique de l'anti politiquement correct et (IV) la rhétorique de la grandeur américaine. Il a conquis sa victoire à la présidence des États-Unis en martelant les quatre piliers de son éthique et en s'écartant des positionnements traditionnels sur les grands sujets économiques, sociaux, diplomatiques, sanitaires et sécuritaires. Au contraire, il a affiché son éthique anti gauche en prenant le contrepied de l'obsession identitaire et communautariste des démocrates et en ne se focalisant que sur la défense de l'identité américaine, celle qui fait appel au patriotisme. Il a appuyé son éthique de l'anti élite en dénonçant la bureaucratie de Washington et la confiscation du pouvoir par des notables déconnectés de la réalité des Américains. Son histoire, ses réussites ont démontré au peuple américain qu'il était un homme de terrain, qui s'était construit tout seul en apprenant sur le tas, aux côtés de son père, en mettant les mains dans le cambouis. Il a immédiatement créé cette distinction entre lui et les politiciens de Washington qui bloquent l'administration alors qu'ils ne sont là que par les études et les concours qu'ils ont réussis. Les Américains se sont rapidement identifiés à lui car tous sont habités par cette culture de l'entrepreneuriat, de l'innovation, de la prise de risques, et abhorrent cette administration paralysante et paralysée. Ensuite, il a démontré son esprit abrasif tout au long de sa campagne dans ses discours, son comportement, ses relations avec les médias et ses Tweets. Il n'a jamais cédé aux sirènes du politiquement correct imposées par la gauche américaine, qu'il n'a cessé de combattre, et par les médias qu'il a contournés et maltraités. Il a dénoncé, souvent honteusement, l'immigration, en évoquant, lors de l'annonce de sa candidature à l'élection présidentielle en 2015, les viols et les crimes que commettraient les Mexicains sur le sol américain, en promettant de bannir les musulmans du territoire, et déclarant publiquement que certains médias relayaient des *fake news*. Son langage grossier, injurieux et provocateur, en public ou sur Twitter, lui ont permis d'affirmer sa position anti élite et de le rapprocher du peuple qui se reconnaissait dans cette façon d'agir, de parler et dans cette dénonciation du système. Donald Trump ne se fixait aucune limite. Dans son ouvrage, *Je twitte donc je suis*, aux éditions Fayard (2020), Guillaume Debré décortique excès et succès du personnage. Son adversaire principal était le doute. Son objectif premier : convaincre les Américains par des affirmations énoncées avec aplomb. Peu lui importaient la vérité et la qualité de ses propos, seules comptaient la puissance et l'efficacité du message véhiculé. Twitter a été une arme considérable pour Donald Trump, qui y a recouru plus de 15 000 fois pendant son mandat, tant ce réseau social lui donnait toute la latitude pour exprimer sa pensée brute. La vérité n'est pas une valeur objective mais une valeur dont la qualité dépend de la puissance. En ce sens, Donald Trump est aux antipodes de l'éthique de sobriété. Il est le leader qui est au cœur de la bataille, à croiser le fer avec ses concurrents et adversaires politiques. Enfin, il n'a cessé de militer pour le retour à la grandeur de l'Amérique. Il s'est placé en faveur du redressement économique américain en luttant contre les délocalisations et pour le maintien des emplois sur le sol américain. Il a clairement identifié les menaces pour la puissance américaine, notamment en pointant les Chinois responsables du déclin américain. Donald Trump a cultivé une logique d'affrontement. C'est pourquoi, au nom des intérêts américains, il s'est engagé dans une guerre commerciale avec la Chine. Il a choisi l'unilatéralisme et le désengagement des Accords de Paris sur le climat et du nucléaire iranien. Il a aussi négligé la participation américaine au sein des instances de gouvernance mondiale, ou y a même délibérément renoncé. De nombreux démocrates se sont ralliés à cette position. Dès lors, ce qui provient de l'extérieur est automatiquement considéré comme un ennemi, et tous les rapports que Donald Trump a construits avec le reste du monde se fondent sur une logique de rapport de force et de domination. Cette éthique explique également sa politique intérieure. Il n'a jamais cherché à unir le peuple américain, au contraire. Il n'a compté que sur la mobilisation de son camp et de son électorat, et sur la division du camp adverse. Tout au long de son mandat, son électorat a été flatté et récompensé pour le maintenir en état de stress électoral constant. À quelques mois de l'élection de novembre 2020, 80 % de l'électorat de Trump en 2016 lui était encore fidèle. L'objectif était d'obtenir un taux de participation de sa base militante le plus élevé possible. Cette éthique de la mobilisation se caractérise par la tournée de meetings « The Thank You Tour » que le Président élu a organisée pour remercier ses électeurs. Le message a été terrible pour les Américains et la démocratie : l'élu d'une nation ne gouverne que pour son camp. En somme, l'éthique de Donald Trump l'a incité à multiplier les contre vérités avec brutalité, à injurier et menacer. Il a manipulé et provoqué. Il a menti. La pensée réduite au Tweet l'a conduit à mettre en danger la vie de ceux mêmes dont il avait la responsabilité, ses propres concitoyens. En effet, l'eau de Javel n'a rien d'un médicament.

Cette forme de leadership présente de graves dérives, que le monde entier a pu constater avec effroi. La priorité donnée en toute circonstance à son électorat conduit inéluctablement à l'instabilité et, de manière inexorable, à un climat de défiance et de division, terreau propice à la violence, dont l'assaut meurtrier du Capitole, le 6 janvier 2021, est la plus triste et la plus grave représentation. Dans les démocraties d'aujourd'hui, la puissance du message peut donc prendre le pas sur la vérité, et l'éthique de conviction emporter l'adhésion de l'électeur, au détriment de l'éthique de responsabilité, et quand bien même le socle démocratique sur lequel sont fondées nos sociétés est bafoué par celui qui en est le garant.

Cependant, la victoire de la modération sur l'extrémisme, exprimée dans l'élection de Joe Biden, constitue une belle leçon pour les démocraties de ce monde : l'outrance existe mais elle peut être battue ! C'est aussi la démonstration que la participation électorale peut sauver la démocratie et que l'abstention est la plus grande menace pour elle.

– Chapitre 4 –

Le leadership africain, une réponse à l'histoire

L'Afrique a un rapport au temps et à l'histoire qui lui est propre et résulte de siècles de dépendances diverses et de luttes internes. Son leadership est donc étroitement, intimement et intrinsèquement lié à la question temporelle et historique. Caractériser le leadership africain est une tâche complexe, à laquelle de nombreux artistes et intellectuels africains réfléchissent actuellement. Cette tâche est d'autant plus ardue que le leadership africain ne peut s'inscrire dans son histoire, le passé de l'Afrique appartenant aussi à d'autres peuples que ceux qui constituent le continent africain aujourd'hui. Il est sans doute indéniable de considérer que ce leadership sera le produit d'une éthique de l'indépendance, notamment face à deux pressions temporelles puissantes, celle des cicatrices de son histoire et celle du futur que les prédictions installent dans le fauteuil du continent de l'avenir. Un double effort se dessine alors : il s'agit, d'une part, d'inscrire l'Afrique dans un temps qui lui est propre et non dicté par les acteurs de son passé et, d'autre part, d'affirmer et de promouvoir sa singularité pour inventer son propre avenir constitué d'innovations et de traditions. Ce travail est aujourd'hui en cours d'élaboration, dans toute l'Afrique. Cependant, le continent demeure tiraillé entre les deux temporalités que nous avons évoquées et qui aujourd'hui encore l'empêchent, l'entravent et la brident, dans un développement qu'elle aurait elle-même imaginé et conçu.

Un destin à s'approprier

La première temporalité avec laquelle l'Afrique doit composer correspond à son passé colonial, qui a laissé des traces à la fois économiques, politiques, culturelles et psychologiques sur les peuples de ce continent, berceau de l'humanité. Les cicatrices psychologiques sont certainement les plus profondes car enfouies dans la conscience de chaque habitant depuis des siècles. Cette fêlure psychologique induit « un manque abyssal de confiance en soi[1] » note Felwine Sarr, écrivain et économiste sénégalais, qui bride les forces et les atouts africains et empêche ce potentiel bouillonnant de s'exprimer et de se libérer. À l'origine de ce manque de confiance se trouve l'ensemble du vocabulaire dépréciatif et dévalorisant, utilisé et véhiculé notamment en Occident, considérant l'Afrique comme le continent « traînard », sans cesse en retard sur les autres, mais aussi toutes ces dénominations handicapantes, humiliantes, limitatives et réductionnistes qui servent à désigner et pointer du doigt l'Afrique : « sous développée », « en développement », « pauvre », « subalterne », avec ses « clandestins »... Ces qualificatifs placent en permanence l'Afrique dans la position de victime de l'histoire, et comme tout statut aussi indélébile que celui-là, les Africains eux-mêmes s'en sont convaincus et l'ont accepté. La grande épreuve de ce continent est de composer avec un passé dont il a

1. Felwine Sarr, *Afrotopia*, Philippe Rey, 2016.

bien souvent été dépossédé et qui reste l'objet de bien des manipulations. Cela se retrouve dans les domaines scientifiques et culturels. Les écoles et universités créées par les pays colonisateurs l'ont été aussi dans l'optique de répandre leur savoir, de renvoyer une certaine image de leur continent et d'en diffuser une autre de l'Afrique. Dès lors, comme le fait remarquer Valentin-Yves Mudimbe, le savoir africain en matière de sciences humaines et sociales, par exemple, est « imbibé de l'ethnologie et de l'anthropologie occidentales et contraint l'expression d'une épistémologie proprement africaine ». Cette occidentalisation de la société africaine n'est pas seulement théorique, comme nous le dit Felwine Sarr, mais un processus à l'œuvre depuis la colonisation, qui imprègne encore des pans entiers de la société : les langues, les systèmes d'éducation, l'administration, l'organisation économique, les institutions. Au niveau scientifique, le continent s'est persuadé lui-même que le progrès et le savoir scientifique sont du ressort des Occidentaux, ce qu'ils appellent « la science du Blanc ». Ce ressenti est si fort aujourd'hui qu'il conduit des jeunes Africains à refuser que l'Afrique soit à l'Occident ce que l'enfant est à son père. La recherche de la confirmation, de l'approbation, de la reconnaissance est souvent un catalyseur pour que l'Afrique reconnaisse et légitime elle-même ses propres talents et initiatives. Ce complexe d'infériorité, ancré dans les mentalités, quand bien même les oppositions et réticences de la jeunesse se font entendre, déprécie la force de l'Afrique et mine son potentiel.

Ce rapport au passé est aussi douloureux dans les domaines économique et politique. L'Afrique a été, pendant des siècles, le terrain de jeu de puissances qui venaient y puiser les ressources nécessaires à leur développement et y faire le commerce et les échanges dont elles avaient besoin. Des siècles de traite transatlantique, d'asservissement et d'aliénation à des puissances étrangères, de mise sous dépendance, ont créé des vulnérabilités, des modèles économiques perfectibles, peu développés et fragiles, reposant essentiellement sur les activités d'extraction. Ce passé est l'une des raisons objectives de l'incapacité des économies africaines aujourd'hui à libérer pleinement leur potentiel, à se créer de nouvelles opportunités, à s'aventurer vers des idées novatrices, des secteurs innovants. À l'aune de ce constat, un premier modèle de leadership peut s'analyser : un leadership de résistance et d'émancipation. Le continent africain a connu des leaders qui ont affirmé leur résistance à cette pression coloniale et cherché des pistes d'émancipation et de libération à proposer. C'est le cas de l'ancien président égyptien Gamal Abdel Nasser, de l'ancien président tunisien Habib Bourguiba, de l'ancien Premier ministre congolais Patrice Lumumba, de l'ancien président burkinabé Thomas Sankara, ou encore de l'ancien président sud-africain Nelson Mandela, qui ont tous joué un rôle décisif dans l'émancipation de leur pays, dans cette réponse à la soif d'indépendance et de liberté qui émanait du peuple et qu'ils ont incarné, symbolisant une éthique de l'indépendance, de l'émancipation, de la liberté, caractéristique d'un certain leadership africain.

Le leadership en pronostic

La seconde temporalité avec laquelle l'Afrique doit composer correspond à l'espoir futur qu'elle suscite et nourrit. En effet, pour beaucoup aujourd'hui, l'Afrique est vue comme le continent d'avenir, centre de la croissance mondiale des XXIE et XXIIe siècles. La question devient progressivement : l'Afrique sera-t-elle à la hauteur de son destin ? Un futur radieux lui est promis. En témoignent quelques chiffres : l'Afrique est en passe de retrouver l'hégémonie démographique dont elle disposait déjà au XVIe siècle – lorsqu'elle comptait 100 millions d'habitants et représentait 20 % de la population mondiale. Peuplée d'un peu plus d'un milliard d'habitants aujourd'hui et affichant un taux de croissance démographique supérieur à 2 %, le continent devrait compter, en 2050, plus de 2 milliards d'habitants et représenter 25 % de la population mondiale. Des villes africaines sont également en train de devenir des mégalopoles d'envergure mondiale : en 2030, Lagos comptera 25 millions d'habitants, Kinshasa 16 millions, Le Caire 14 millions et Dakar 5 millions. Depuis 2000, le taux de croissance économique du continent est supérieur à 5 % et ne devrait pas s'essouffler. Ainsi, l'Afrique dispose de tous les atouts pour être le nouveau pôle de croissance et d'avenir du monde. Toutefois, cette conception peut être handicapante et réductionniste car elle consiste précisément à enfermer l'Afrique dans un pronostic que les autres ont fait pour elle. Dans cet espoir naissant à propos de ce continent réside une philosophie occidentale qui véhicule des idées de rattrapage économique, comme s'il n'existait qu'une seule et unique voie de développement. Or, cette pression à « se mettre au pas et au rythme du monde », comme le déplorait Aimé Césaire, est paralysante voire mortifère. Cette affirmation renvoie également l'Afrique au moins à son retard, sinon à son absence relative dans le jeu mondial actuel. En affirmant que le futur de l'Afrique *sera*, l'on signifie que le présent *n'est pas*. Ce pronostic posé sur son avenir constitue potentiellement une nouvelle pression des Occidentaux et désormais des Asiatiques. Cette pression a déjà commencé dans la mesure où les économies développées exercent une nouvelle forme de contrainte, économique cette fois, par le biais des entreprises stratégiques que les grandes puissances ont laissées sur le sol africain et la pénétration chinoise du marché africain qui, en contrepartie de la production de nouvelles infrastructures, exerce son rapport de force pour le maintien de sa propre croissance. Ces injonctions au rattrapage réduisent ce continent à la quantification, au dénombrement, à l'évaluation, à l'impératif du chiffre de la croissance, de l'emploi, de l'investissement qui font fi de sa culture, de ses ressources morales et intellectuelles, de la conception qu'il a de lui-même. Ces difficultés s'ajoutent à toutes les autres, plus endogènes.

L'éthique de l'indépendance

Conjuguer ces deux temporalités ne sera pas tâche aisée pour les Africains, car ce passé douloureux et cet avenir prédit par d'autres se cristallisent sur l'Afrique et gèlent toute initiative d'élaboration de son propre modèle. Le leadership africain doit se développer, se construire, s'affirmer pour précisément éviter les écueils que nous avons soulevés. « L'ardeur de la foi et du labeur », comme le précise Felwine Sarr, sera la clé pour que l'Afrique puisse se construire à partir d'une pensée, d'un discours et d'actions qui lui appartiennent. La construction en cours de ce leadership repose sur quatre domaines essentiels : l'économique, le politique, le culturel et le psychologique. Après cette prise de conscience, d'autres efforts seront également nécessaires dans deux directions principales : la première est celle de la recherche de l'unité, du dépassement du tribalisme et de l'apaisement des rivalités et des tensions. Les divisions sont l'ennemi numéro un du continent ; la seconde est l'optimisation de l'aide internationale, c'est-à-dire l'obligation pour les grandes puissances de sortir de l'aide bilatérale souvent très intéressée et lui substituer une coopération multilatérale de soutien au développement de l'Afrique, pour les Africains. Sur ce dernier point, l'Europe et la Chine devraient prendre l'initiative, peut-être avec la

Russie, le Japon et l'Inde qui montrent tous leur intérêt pour l'Afrique. Les Africains gagneraient à ce que la coopération soit structurée dans un programme multilatéral qui protègerait leur indépendance.

Le leadership africain passera donc par une reconquête de l'économie et du politique. L'Afrique dispose de ressources colossales qui lui assurent d'innombrables opportunités économiques et financières. Cependant, une réappropriation et un véritable contrôle des choix doivent être assumés pour que ces ressources deviennent à nouveau des actifs pleinement africains. Il faut des stratégies de transformation structurelle des économies, avec des investissements en infrastructures, des politiques publiques vigoureuses. Ce travail prend forme. En 2015, l'Union africaine, réunissant 33 États, a constitué l'Agenda 2063 qui établit « un cadre stratégique partagé pour une croissance inclusive et un développement durable et une stratégie globale pour optimiser l'utilisation des ressources de l'Afrique au profit de tous les Africains ». Ce cadre constitue une réelle reprise en main du destin économique du continent et la vision stratégique déployée au niveau national par une écrasante majorité d'États est une affirmation ferme et sereine de la volonté de retrouver la maîtrise de son destin.

Cette réappropriation économique ne peut, toutefois, se faire seule, et devra nécessairement se conjuguer à une réhabilitation du politique. Ce dernier n'est pas en reste dans les maux qui traversent aujourd'hui le continent. La faiblesse de l'État, la division et les rivalités, le manque de compétences, les erreurs stratégiques, la soumission voulue aux puissances étrangères, l'impuissance face aux défis rencontrés de certains détenteurs du pouvoir politique n'ont pas permis à l'Afrique de se réarmer au lendemain des déclarations d'indépendance. Elle en paie encore le prix aujourd'hui. Mais l'Afrique n'est plus innocente de son destin. L'affirmation du politique est pourtant essentielle pour la construction d'une Afrique indépendante, sûre d'elle et confiante. Cependant, encore actuellement, l'architecture politique est souvent trop faible à bien des égards. Le chef d'État, en Afrique, est soutenu par sa communauté culturelle et linguistique, qui constitue sa base électorale. Dans un grand nombre de pays, le vote est d'abord un vote communautaire. Dès lors, le meilleur, l'élu, est d'abord celui qui détient préalablement une communauté socle puissante et qui, le temps de la campagne, parvient à l'élargir. Le choix du chef d'État ne correspond donc pas toujours à un choix de projet. Il se cantonne, en premier lieu, à un vote d'identité, celle de la communauté élargie. Ce choix de projet fait défaut car trop de pays encore reposent sur des architectures politiques et nationales très faibles, n'assurant pas le minimum de biens et services publics qui permettraient de susciter l'adhésion et le sentiment d'appartenance à l'État. Dès lors, le défi de la majorité des pays africains est celui de la crédibilité de l'État. Certains leaders y participent et montrent qu'un chemin est possible. Abdou Diouf en son temps au Sénégal, Paul Kagame au Rwanda, Alassane Ouattara en Côte d'Ivoire sont les exemples qu'un retour du politique en terre africaine est une nécessité pour que ces sociétés se conçoivent comme des projets de présent et d'avenir, et fournissent des solutions. Toutefois, dans ces domaines économique et politique, la « séduction des formes achevées », selon l'expression de Felwine Sarr, accapare l'esprit africain. Le visage d'un Occident qui apparaît comme prospère et stable séduit les dirigeants locaux dont certains souhaiteraient imiter les formes, les usages, les modèles. Ces institutions étrangères ne peuvent être considérées comme une voie de salut car ce serait les coller sur des sociétés dont les caractéristiques intrinsèques sont profondément différentes. Cette superposition serait potentiellement une négation des cultures, des coutumes, de tout ce qui fait le propre et la singularité de l'Afrique. Frantz Fanon, déjà en 1961[1], appelait de ses vœux une Afrique s'affichant au monde avec le sceau de sa singularité, sans être une pâle copie des autres continents : « Ne payons pas de tribut à l'Europe en créant des États, des institutions, des sociétés qui s'en inspirent. » Plus tard, à son tour, Aimé Césaire dans *Moi, laminaire* (1982) avouait « préférer l'enfer à une copie ratée du paradis ».

Cette réinvention, cette affirmation et cette libération de l'Afrique seront avant tout culturelles et psychologiques. Il ne s'agit en aucun cas de faire entièrement table rase du passé. L'Afrique est la fille aînée de l'humanité, là où cette dernière a pris sa source, et ne peut s'en affranchir. Mais ce statut l'oblige à jouer un rôle nouveau dans l'histoire de l'humanité, et surtout à y prendre pleinement part. L'Afrique a besoin d'un temps qui lui soit propre. Son passé met en exergue les valeurs d'endurance, de courage, de patience face aux chocs qu'elle a traversés. C'est précisément de cette façon qu'elle répondra présente au « rendez-vous du donner et du recevoir », cher à Léopold Sédar Senghor. L'Afrique a tant à recevoir des autres, sa position actuelle lui permet de faire le tri entre les succès et les échecs d'un monde occidental qui l'a précédée, et choisir ce qui lui convient le mieux, le plus adapté à elle et à ses aspirations. Les soutiens seront nécessaires également pour parvenir à cette affirmation de soi qu'elle attend et espère. Toutefois, sa singularité et son authenticité retrouvées lui donneront

1. Frantz Fanon, *Les Damnés de la Terre*, éditions Maspero, 1961.

la possibilité de participer entièrement à ce rendez-vous dans lequel elle aura à partager avec le monde ses potentialités et ainsi permettre « une montée en humanité » selon les mots d'Achille Mbembe.

Sur le plan culturel, la conception d'une Afrique indépendante et autonome se développe et s'enrichit. De nombreuses pensées et réflexions sont proposées pour qu'elle se pense comme son propre centre. L'Afrique doit progressivement se défaire de l'empreinte occidentale en matière de philosophie, de science et de littérature, et libérer son discours pour se penser elle-même et se mettre au cœur de la production intellectuelle et scientifique africaine. Ainsi, comme le propose Valentin-Yves Mudimbe, « une réappropriation linguistique des disciplines scientifiques lui donnerait l'opportunité de produire une épistémologie proprement africaine », à l'instar des Grecs qui ont importé les productions égyptiennes et les ont traduites dans leur langue, selon leur conception. Le leadership africain, empreint d'une éthique de la singularité, doit affronter la question de son identité propre, du devenir de cette identité, à la fois pour l'Afrique mais également pour le monde. Ce leadership, aujourd'hui, s'étoffe et s'affirme. De très nombreux jeunes Africains participent à cette réflexion sur l'appropriation culturelle de l'Afrique par les Africains eux-mêmes. Que ce soit dans la pensée, dans la littérature, la musique, la mode, dans tous les domaines de la création, intellectuelle ou artistique, les leaders africains sont au rendez-vous et n'attendent qu'à trouver un relais politique à leurs aspirations et idées. Parmi ceux-ci, certains dont nous avons déjà cité le nom, figurent : Chinua Achebe, Alioum Fantouré, Cheikh Hamidou Kane, Valentin-Yves Mudimbe, Boubacar Boris Diop, qui ont travaillé sur cette question du rapport au passé ; Ken Bugul, Emmanuel Dongala, Ayi Kwei Armah,

Chimamanda Ngozi Adichie, Kossi Efoui, Nafissatou Dia Diouf ont pensé les ambiguïtés et altérités africaines et réfléchit aux aspirations individuelles des peuples de ce continent ; et Célestin Monga qui a travaillé précisément sur les conditions de cette éthique de la différence. Tous ces écrivains africains viennent s'ajouter aux Léopold Sédar Senghor, Aimé Césaire, Julius Nyerere et Kwame Nkrumah qui ont apporté leur pierre à l'édifice d'une Afrique indépendante, autonome, gestionnaire unique de son temps et de son développement, et singulière. Au moment où le monde et l'humanité sont dans le doute sur de nombreux sujets tels que l'avenir de notre planète, la montée de la violence, le devenir démocratique, la place des religions, la nature et le sens du travail, les perspectives de la famille, la gouvernance mondiale, l'Afrique doit faire entendre sa voix. La pensée aussi crée le pouvoir. Le monde attend ses réponses. Aujourd'hui, le silence sur ces sujets pourrait être interprété comme une soumission. La liberté de l'Afrique est dans l'imagination de ses leaders. Finalement, le leadership africain a une mission ardue, mais non moins exaltante, qui rejoint la pensée de l'écrivain togolais, Sami Tchak, lorsqu'il dénonce la reprise, dans les imaginaires et les discours, du progrès et de la modernité occidentale : « Quand est-ce que nous arrêterons de faire du passé des autres notre avenir ? » Le préalable du leadership africain réside tout entier dans la réponse à cette question. La confiance de l'Afrique en elle-même, en ses leaders, femmes et hommes de toutes les générations et dans tous les secteurs, est sans doute une condition pour la grande réconciliation.

Partie II

LA GUERRE DES LEADERSHIPS

La période que nous sommes en train de vivre, et qui a suivi la crise financière de 2008-2009, est marquée par le retour de tensions géopolitiques globales entre des pôles de puissance désireux, et surtout capables, de façonner le monde selon leurs valeurs et leurs principes. Les différents leaderships que nous avons présentés se confrontent aujourd'hui lors des sommets diplomatiques, des négociations commerciales, sur les théâtres d'opérations, par déclarations interposées. Nous sommes entrés dans une nouvelle ère, celle de la *guerre des leaderships* : chaque puissance est incarnée par un leader qui entre en compétition avec ses homologues.

Cette guerre, insidieuse, pernicieuse et sournoise, se caractérise principalement par les tensions entre les États-Unis et la Chine qui structurent désormais les relations internationales et les rapports de force multilatéraux. Ces tensions entre les deux superpuissances du XXIe siècle sont durables. L'opposition militaire ne sera jamais, pour l'une comme pour l'autre, une solution privilégiée, les pertes risquant d'être bien plus importantes que les gains. En revanche, la rivalité concurrentielle des puissances sera la norme, et les accidents resteront possibles. Mais l'avenir sera davantage un avenir de compétition que de coopération. Cette transformation de la géopolitique mondiale pose une série de questions sur l'état du monde et son équilibre. Elle soulève également des questions particulièrement stratégiques, voire identitaires, aux deux autres grands continents que sont l'Europe et l'Afrique. *La guerre des leaderships* est précisément cette tension entre deux leaders globaux dont la confrontation et la compétition imposent une redéfinition stratégique et existentielle aux autres puissances. Ces interrogations sont surtout prégnantes au sein d'une Europe qui peine à définir une ligne directrice claire de son action sur la scène internationale et cherche à retrouver son rang dans un monde où elle semble parfois dépassée et dans une compétition face à laquelle elle semble aujourd'hui démunie. Ces doutes sont d'autant plus forts que le modèle démocratique est fortement contesté, la pandémie du coronavirus ayant particulièrement accentué cette tendance. Ainsi, *la guerre des leaderships* va de pair avec une remise en cause profonde du multilatéralisme, de son fonctionnement, de ses valeurs, de ses principes et de ses objectifs.

Inévitablement, la confrontation toujours plus aiguë des puissances conduit à une impasse dont les dégâts peuvent être considérables et certainement irréversibles pour toutes les parties prenantes. Il s'agit de penser une refonte complète du système multilatéral dans lequel les différends et les tensions peuvent s'exprimer, et où la résolution pacifique et collective des désaccords doit demeurer la priorité de chacun.

– Chapitre I –

La guerre froide entre la Chine et les États-Unis

Les États-Unis sont devenus une puissance monde, une « hyperpuissance » selon l'expression d'Hubert Védrine, à la sortie de la Seconde Guerre mondiale, en 1945. Dans les domaines culturel, politique, militaire, spatial, économique et financier, ils dominent le monde et l'influencent. À cette époque, leur puissance est toutefois confrontée directement à l'autre superpuissance victorieuse du nazisme, l'Union des républiques socialistes soviétiques (URSS). L'affrontement reste indirect, sur les plans économique, politique et idéologique. Mais les États-Unis finissent par devenir la seule et unique superpuissance à la chute de l'URSS, en 1991, après la démission de Mikhaïl Gorbatchev. À ce moment-là, l'influence américaine sur le monde est indéniable. Le capitalisme triomphe. La démocratie et la liberté individuelle sont érigées en valeurs universelles applicables à tous les pays du monde. L'hégémonie américaine se fait sentir partout, dans tous les domaines. Francis Fukuyama osa même l'expression de « fin de l'histoire[1] ». Les Américains se voient et se vivent

1. Francis Fukuyama, *La Fin de l'histoire et le dernier homme*, Flammarion, 1992.

comme les premiers, invulnérables. Leur rayonnement hégémonique et le devoir qu'ils se sont fixé à eux-mêmes d'orienter le monde selon les valeurs, les principes et le cadre éthique démocratique qu'ils défendent, contribuent à forger en eux ce sentiment de puissance. L'isolationnisme américain, souvent prôné, n'a jamais réellement perduré et est tombé en désuétude avec la Seconde Guerre mondiale. Cet événement marque le tournant vers un interventionnisme américain et l'endossement de leur rôle de *gendarme du monde*. Tel est leur destin. Leur manière d'asseoir une puissance incontestée et incontestable. Pour autant, quelques secousses vont ébranler la superpuissance : les attentats du 11 septembre 2001, tragédie dont nous commémorons le vingtième anniversaire ; avant cela, l'échec militaire des guerres du Vietnam, d'Irak et d'Afghanistan, et l'enlisement des troupes américaines au Moyen-Orient coûtant la vie à de nombreux soldats au nom d'un combat que peu de citoyens américains comprennent et que beaucoup désapprouvent au fil du temps ; la crise des subprimes de 2007 dont l'ampleur fut telle qu'elle se transforma en crise financière et économique mondiale ; une réorganisation de la mondialisation qui a coûté des emplois et des investissements aux États-Unis et légèrement fait décliner la croissance potentielle du pays. Le retrait des troupes occidentales d'Afghanistan au mois d'août 2021, conclu par l'administration Trump avec les Talibans, est un aveu d'impuissance qui jette le discrédit sur la politique interventionniste américaine des vingt dernières années.

Mais la menace la plus prégnante pour les États-Unis aujourd'hui réside dans l'affirmation de plus en plus assumée de la puissance chinoise qui s'est consolidée au fil des échecs enregistrés par les Américains.

La fin du « mine de rien » chinois

Des années durant, la Chine a poursuivi son expansion économique, en s'ouvrant sous l'impulsion de Deng Xiaoping au commerce international. L'empire du Milieu, pays continent de plus d'1,4 milliard d'habitants, entamait son ouverture économique en se donnant les moyens d'être la manufacture du monde. Tout pouvait être produit en Chine, à moindre coût, soutenant la croissance des pays occidentaux sans pression inflationniste. La Chine en profitait, les États-Unis également, mais en pâtissaient aussi, de manière plus insidieuse. Grâce à ce positionnement, la Chine accumule aujourd'hui les excédents commerciaux, épargne 40 % de son PIB et finance la dette américaine en rachetant les bons du Trésor. La stratégie chinoise consiste à sortir le pays de la pauvreté de masse et atteindre une « aisance moyenne » en jouant simultanément sur les tableaux économiques et financiers, diplomatiques, politiques et technologiques. Progressivement, le succès de la première stratégie, qui consistait à devenir l'atelier du monde, laisse entrevoir la possibilité d'une évolution. Il ne s'agit plus de vendre des produits à bas prix grâce à une main-d'œuvre bon marché. L'objectif est désormais de monter en gamme, avec des entreprises leaders sur le front technologique et une main-d'œuvre qualifiée, bien formée. La Chine veut être en avance. Elle investit massivement dans les nouvelles technologies, avec la 5G de Huawei par exemple, et dans la robotique, l'intelligence artificielle, le quantique. Elle veut s'affirmer comme puissance technologique. Le Premier ministre Li Keqiang a annoncé, en mai 2020, un plan d'investissement dans les infrastructures de 480 milliards d'euros. Malgré la crise qui a secoué l'économie mondiale en raison de la Covid-19, la Chine veut poursuivre sa stratégie. La croissance chinoise rend envieux tous les pays occidentaux, à commencer par les États-Unis et l'Europe. En 2019, le taux de croissance chinois s'élevait à 6,1 %, soit le plus bas depuis 1976. En 2020, la pandémie mondiale de coronavirus est venue mettre son grain de sable dans les rouages de l'économie mondiale. Pour autant, la Chine est l'un des très rares pays à afficher une croissance économique de 2,3 %, lorsque toutes les grandes économies mondiales sont en récession en raison des fortes restrictions internes et externes qui ont dû être imposées pour endiguer la pandémie. Aujourd'hui, la Chine est la seconde puissance économique mondiale et devrait devenir la première dans le courant de la décennie qui s'ouvre, ravissant la place aux jusqu'ici indéboulonnables Américains. Parallèlement, depuis le début de la crise financière mondiale de 2008, la Chine investit les canaux diplomatiques multilatéraux. Elle œuvre à étoffer le réseau des Brics (Brésil, Russie, Inde, Chine et Afrique du Sud) et développe leur coopération notamment lors de leur sommet annuel. De plus en plus, elle construit un réseau diplomatique en dehors des institutions nées des accords de Bretton Woods. Deux banques mondiales, la New Development Bank et l'Asian Infrastructure Investment Bank, ont été créées en 2012 et sont un marchepied à l'initiative « Une ceinture, une route[1] », communément appelée « les nouvelles routes de la soie ». Ce projet vise à renforcer la présence chinoise dans le monde, à nouer des liens économiques, financiers, commerciaux, diplomatiques. La Chine œuvre à l'établissement d'infrastructures en Asie et en Afrique, accordant des prêts financiers importants à des économies fragiles, s'assurant ainsi une place de choix dans leurs affaires. C'est ainsi qu'elle a proposé son aide à plusieurs États durant la pandémie mondiale, envoyant des caméras de recon-

1. Belt and Road Initiative.

naissance faciale avec mesure de la température corporelle pour lutter contre la propagation du virus, fournissant le gouvernement kenyan et le Parlement pakistanais en systèmes de visioconférences, expédiant son vaccin dans les pays africains pour montrer sa solidarité. La Chine s'affiche comme une puissance de propositions pour rallier à sa cause les pays désireux de profiter de sa force de frappe et de son leadership.

L'expansion chinoise et la rivalité qu'elle fait naître tendent les relations sino-américaines. Pour la première fois, les États-Unis se sentent menacés d'être relégués à la deuxième place. La Chine, de son côté, prétend n'avoir aucune ambition à diriger le monde. Historiquement, cette affirmation n'est pas sans fondement. À l'occasion des bien tristes obsèques de Jacques Chirac, j'ai eu un entretien avec Dai Bingguo, envoyé spécial de Xi Jinping pour cette cérémonie. Je lui ai demandé son analyse du désaccord sino-américain afin de mieux connaître la réflexion des dirigeants chinois sur la situation. Sa réponse fut limpide : « Nous ne voulons pas régner sur le monde mais nous n'accepterons jamais que les Américains limitent le développement de la Chine. Nous voulons être libres de notre développement ! » Depuis des siècles, la Chine tente de concilier développement et pacifisme. Déjà en 1405, l'amiral Zheng He lança sept grandes expéditions dans l'Asie du Sud, le Moyen-Orient et l'Afrique de l'Est, non pas pour y asseoir la puissance chinoise mais pour prendre part au développement économique harmonieux de ces régions. Zheng He est le parfait exemple de l'éthique pacifiste que veut se donner la Chine. Sa figure historique est notamment exploitée par Xi Jinping pour défendre la Belt and Road Initiative comme un projet de paix et de solidarité des nations.

Le président chinois déclarait en 2014 que « les pays qui ont tenté de poursuivre leurs objectifs de développement par l'usage de la force ont échoué. C'est ce que l'histoire nous a appris. La Chine se dit engagée à maintenir la paix ». Les déconvenues des dynasties Ming et Qing dans l'expansion chinoise étaient alors les témoins d'un manque d'une vision mondiale nécessaire au leadership global. La Chine s'est convaincue que son développement depuis trente ans est lié à son ouverture internationale. Depuis la guerre froide opposant les États-Unis à l'URSS, la Chine n'a jamais accepté le terme de « bipolarisation », lui préférant celui de « multipolarisation ». Ce positionnement sémantique révèle deux choses : d'abord, la Chine ne s'est jamais contentée d'être seulement en retrait mais a toujours entendu jouer un rôle dans l'équilibre mondial. Un monde multipolaire est un monde dans lequel la Chine pouvait jouer son rôle, en restant une voix qui compte. Ensuite et paradoxalement, la multipolarisation du monde était également un moyen de rester discret, de faire preuve de sobriété et de ne jamais trop s'exposer, conformément à la doctrine philosophique chinoise. Cette situation évitait donc à la Chine de se positionner en rivale directe des États-Unis et de souffrir d'une exposition trop forte. Mais cette hésitation historique ne semble plus d'actualité aujourd'hui. En Poitou, ce revirement serait qualifié par l'expression : la fin du « mine de rien ». Le leadership du président chinois est bien plus tranchant, sinon plus occidental, du moins en décalage avec la tradition asiatique. Xi Jinping est l'incarnation d'une Chine décidée à peser sur le leadership mondial et à imposer ses convictions sur le fonctionnement du monde, contrairement à ce que ses dirigeants peuvent parfois affirmer publiquement. En 2013, Xi Jinping déclarait que « l'idée que des pays puissants recherchent nécessairement l'hégémonie ne s'applique pas à la Chine. Ce n'est pas dans l'ADN de notre pays ». En même temps, lors de la conférence nationale sur la propagande et le travail idéologique du 19 août 2013, le président chinois appelait l'ensemble des forces vives du pays à « bien raconter l'histoire de la Chine » pour mieux faire entendre sa voix. Ce changement de paradigme inquiète au plus haut point les États-Unis, les rendant vulnérables, anxieux, fébriles. L'élection de Donald Trump était ainsi le symptôme d'une Amérique en proie aux doutes, agrippée à cette place de premier de la classe comme à un joyau sanctifié qu'elle ne veut pas céder. Politiquement, commercialement, diplomatiquement, ces sentiments mêlés n'augurent rien de bon. Telle est la thèse du professeur Graham Allison[1] qui a théorisé, à partir des écrits de Thucydide – grand historien grec de la guerre du Péloponnèse, né en 465 avant J.-C. et mort entre 400 et 395 avant J.-C. –, *« le piège de Thucydide »*, une notion de relations internationales qui explique comment une puissance dominante peut déclencher une guerre à l'encontre d'un rival émergent, en raison de la peur qu'il suscite chez elle. Dans son ouvrage *Histoire de la guerre du Péloponnèse*, Thucydide écrit : « C'est l'essor d'Athènes et la crainte qu'elle a instillée à Sparte, qui ont rendu la guerre inévitable. » Cette notion permet aujourd'hui d'analyser la dialectique entre les États-Unis et la Chine, et l'affrontement à l'œuvre entre la puissance américaine hégémonique, souvent paranoïaque, parfois déclinante, et le rival émergent chinois, rêvant de puissance.

Tous les éléments d'un dépassement sont présents. Technologiquement, les investissements de la Chine sont colossaux, et cette dernière est en passe de devenir une puissance technologique. En témoigne le dernier rapport de l'Office mondial de la propriété intellectuelle. Sur les

1. Graham Allison, « La guerre entre les États-Unis et la Chine est-elle inéluctable ? », conférence TED, septembre 2018.

3,8 millions de demandes de brevets déposés sur l'année 2017, la Chine en compte 1,38 million, et les États-Unis 607 000 seulement. La Chine publie désormais plus d'articles scientifiques sur l'intelligence artificielle que les États-Unis. Militairement, si la Chine est déjà la première puissance en matière de troupes, elle est devenue la deuxième force militaire mondiale en l'espace de quelques années, notamment grâce à des investissements massifs. Entre 2000 et 2019, les dépenses militaires de la Chine ont bondi de 521 %[1] pour s'établir à 267 milliards de dollars. Comparativement, sur la même période, les dépenses militaires américaines ont augmenté (seulement) de 54 % pour s'établir à 719 milliards de dollars. Ces éléments font craindre le pire aux États-Unis, où les responsables ne cessent de dénoncer l'expansionnisme chinois, son agressivité et ses velléités à l'encontre de leur patrie. Sur l'ensemble du mandat de Donald Trump, l'affrontement entre les deux puissances mondiales a été multiforme, atteignant des sommets inédits. L'escalade a d'abord été commerciale. Dès son arrivée à la Maison Blanche en 2017, Donald Trump dénonçait l'appauvrissement américain et le « vol » économique de la Chine, considérant le commerce international comme un jeu à somme nulle : celui qui gagne prend à celui qui perd. En effet, les États-Unis accusaient un déficit commercial conséquent vis-à-vis de la Chine. Cette dernière était le premier fournisseur des États-Unis, avec un excédent commercial de près de 500 milliards de dollars. Donald Trump engagea alors des mesures de rétorsion drastiques, en faisant le choix d'un découplage, c'est-à-dire en mettant fin à toute forme de dépendance de l'économie américaine vis-à-vis de l'économie chinoise, soit par une atténuation et une redéfinition des liens qu'elles entretenaient, soit

1. Institut Montaigne, *Repenser la défense face aux crises du XXIe siècle*, rapport, février 2021.

par leur coupure nette. Les produits chinois importés aux États-Unis ont donc subi une hausse exceptionnelle des droits de douane. Les produits technologiques sensibles américains ont connu aussi un fort resserrement des restrictions d'exportations vers la Chine. L'extra territorialisation, qui permet à la justice américaine d'intervenir en dehors de son sol pour sanctionner les pays qui ne respectent pas les règles édictées aux États-Unis, a également été renforcée par des mesures visant à restreindre la possibilité pour les entreprises qui utilisent du matériel américain à l'extérieur du territoire national de le vendre aux entreprises chinoises. Ces mesures visaient particulièrement les semi-conducteurs. Utilisés pour la fabrication d'ordinateurs, de smartphones, de voitures ou encore de missiles balistiques, ces composants permettent la conception de circuits intégrés et de puces électroniques. De nombreuses entreprises américaines comme AMD ou Qualcomm conçoivent de tels produits, mais la production est largement captée par des fonderies dont les plus importantes aujourd'hui sont celles du Taïwanais TMCM et du Sud-Coréen Samsung. Pour les États-Unis, ces semi-conducteurs sont le nerf de la guerre technologique, car la Chine est fortement importatrice de ces composants pour approvisionner Huawei et lui permettre de se développer. En ayant recours à l'extra territorialisation, il s'agit de freiner et tarir les flux de ressources dans une logique de concurrence technologique internationale. Par ailleurs, en matière de financement, les entreprises étrangères ont la possibilité de s'introduire sur les marchés boursiers américains en respectant un cahier des charges précis et bénéficier ainsi de l'épargne des Américains. Aujourd'hui, près de 600 entreprises chinoises sont cotées aux États-Unis et se financent à travers leurs marchés de capitaux. Sous la présidence Trump, le Sénat avait entamé des travaux pour appliquer des restrictions supplémentaires à ces entreprises, dans le but d'en limiter le nombre et d'éviter ainsi que l'épargne nationale serve à abonder les comptes des entreprises chinoises. Cette guerre commerciale de trois ans a abouti en janvier 2020 aux accords sino-américains dits « de phase 1 » – par lesquels la Chine s'engageait à acheter pour 200 milliards de dollars de marchandises américaines –, mais la pandémie mondiale n'a pas permis de les mettre en œuvre.

La guerre des propagandes

La rivalité entre les deux puissances dépasse maintenant la seule compétition économique et devient réellement systémique. La pandémie a généré les arguments pour une bataille entre les deux systèmes. Les sanctions ne se sont pas arrêtées là. Une escalade verbale s'est aussi ensuivie, accentuée par la crise du coronavirus, exacerbant les tensions entre les deux puissances. En effet, Donald Trump a fustigé le gouvernement chinois lors du déclenchement de la pandémie mondiale, adoptant une rhétorique visant à installer l'idée que le virus avait été conçu là-bas pour affaiblir le reste du monde. Il a frontalement dénoncé la malveillance de Pékin qui avait, selon lui, organisé la pandémie à l'échelle mondiale. Face à ces accusations, les dirigeants du régime chinois ont répliqué en distillant leurs propres éléments de langage sur la pandémie mondiale. Le porte-parole du gouvernement s'est empressé de réfuter toutes les accusations provenant du camp américain, déplorant tous ces préjugés hostiles. Les attaques directes de Donald Trump, caricature du leadership occidental, ont précipité l'expression du leadership chinois et l'ont obligé à s'occidentaliser, c'est-à-dire à se montrer, à afficher ses positions, à s'exposer. La pandémie mondiale, le manque de transparence sur le nombre de cas et de morts en Chine, le retard dans la transmission de données liées au virus, les pressions sur l'OMS, les manipulations autour des situations politiques à Hong Kong et Taïwan, la répression des Ouïghours, couplés aux affronts répétés de l'ancien président américain, ont eu raison de la sobriété, de la discrétion et de la réserve habituelles des dignitaires et diplomates chinois. En Occident, les ambassadeurs de Chine sont sortis du bois pour faire face aux critiques. Dénonçant l'attitude véhémente des Occidentaux à leur égard, certains ont pris goût à ce jeu et se sont lancés dans la course aux polémiques et au discrédit dans les médias nationaux et sur leurs sites Internet[1]. Des officiels chinois, à commencer par Zhao Lijian, porte-parole du Bureau de l'information du ministère des Affaires étrangères, ont disséminé l'idée que le virus avait été créé par un laboratoire militaire américain qui l'avait introduit volontairement en Chine. La diplomatie française a été choquée de lire, sur le site officiel de l'ambassade de Chine en France, cinq articles indiquant « quelques vérités sur l'épidémie de Covid-19 ». Les autorités chinoises y accusaient la France et des députés français d'avoir soutenu une déclaration des autorités taïwanaises qualifiant le Dr Tedros Adhanom Ghebreyesus, directeur général de l'OMS, de « nègre ». Le 12 avril 2020, dans une tribune, retirée depuis par l'ambassade suite à la convocation de son ambassadeur par Jean-Yves Le Drian, les autorités chinoises avaient affirmé : « Les personnels soignants des EHPAD en France ont abandonné leurs postes du jour au lendemain, ont déserté collectivement, laissant mourir leurs pensionnaires de faim et de maladie. » Devant l'incompréhension de nos diplomates face à ce discours si peu diplomatique, l'ambassadeur de Chine en France assume et répond : « La Chine a décidé de ne plus

1. Marc Julienne, Sophie Hanck, « Diplomatie chinoise : de l'"esprit combattant au loup guerrier" », dans *Pauvretés : le rebond*, Institut français des relations internationales, Politique étrangère, p.103-118.

rester silencieuse face aux attaques qui lui sont adressées, nous ripostons. » La guerre communicationnelle est lancée. Désormais, la Chine s'affiche et s'expose, n'hésitant pas à définir une ligne de communication parfois musclée pour défendre ses intérêts.

Le changement de présidence à la tête des États-Unis n'augure pas de changements de position dans ce domaine. La guerre froide qui s'installe entre les États-Unis et la Chine ne provient pas d'un simple différend commercial, diplomatique, militaire ou technologique. L'enjeu est bien plus important, plus profond. Il s'agit bien d'un affrontement idéologique, systémique. La relation sino-américaine est « le plus grand défi géopolitique du XXIe siècle » pour reprendre les mots d'Antony Blinken, le nouveau secrétaire d'État américain. La Chine est en capacité, par sa puissance plurielle, de modifier les équilibres d'un monde dans lequel les États-Unis se sont érigés en garants des valeurs de liberté et de démocratie auxquelles les valeurs d'unité et d'autorité, défendues et prônées par la Chine, sont diamétralement opposées. L'unité y est une obsession tant elle garantit la pérennité du modèle, la stratégie vers une « aisance moyenne » et la paix. Le pays préfère l'unité à la liberté, qui, pour lui, reste source de désordre, de division et donc de guerre. Ses dirigeants sont hantés par le souvenir de la chute et surtout l'éclatement de l'URSS et la démission de Mikhaïl Gorbatchev. Pour eux, ce sont la modernisation démocratique et les réformes économiques qui ont abouti à cette dissolution. Pour repousser ce risque, angoisse chinoise par excellence, l'unité doit impérieusement être couplée à l'autorité du parti. Le pouvoir doit être fort. Il doit renforcer son idéologie confuciano-marxiste et faire primer le socialisme de marché. La propagande, une nouvelle fois, fonctionne à plein. Les autorités chinoises sensibilisent leurs ressortissants pour les avertir que la démocratie occidentale ne saurait s'appliquer aux pays non occidentaux. La démocratie n'est évidemment pas, pour eux, un modèle à suivre. Dans le sillage de la pandémie mondiale, les autorités ont même véhiculé un discours visant à promouvoir la compétence et l'efficacité indéniables du Parti comme organe de gestion de crise. L'opposition idéologique avec les États-Unis est donc de taille. L'avenir géopolitique et diplomatique du monde demeure incertain. Sous Donald Trump, le pays est revenu à une conception isolationniste de son rapport diplomatique. Le passé entrepreneurial de l'ancien président américain l'a convaincu de devoir se trouver en permanence dans une négociation transactionnelle. Le multilatéralisme étant conçu comme une perte de temps et un aveu de faiblesse, la priorité était donnée aux négociations bilatérales pour mettre la pression sur ses interlocuteurs. Dans cette conception, aucun d'eux n'est un allié ni un ennemi, tous sont des clients ou des fournisseurs, et seuls les intérêts des Américains doivent être scrupuleusement protégés et défendus. Cette vision du monde a conduit le président Trump à mettre en place des politiques pour réduire le chômage, rehausser le potentiel de croissance de l'économie américaine, réduire le déficit commercial des États-Unis, accroître l'avance technologique du pays et réaffirmer la suprématie du dollar. Il a désinvesti des partenariats économiques, tourné le dos à plusieurs alliés géopolitiques et diplomatiques, claqué la porte au nez du multilatéralisme en sortant des Accords de Paris, en déchirant l'Accord sur le nucléaire iranien, en quittant l'OMS, en ne renouvelant pas la participation des experts américains aux arbitrages de l'OMC. « *America First* », tel était son slogan, telle a été son action, au nom de l'impérieuse nécessité de redonner aux États-Unis leur grandeur, « *Make America Great Again* ». Cependant, la stratégie américaine, loin de mettre à mal l'économie et la puissance chinoises, a permis à la Chine de se positionner en chantre du multilatéralisme et de réinvestir des alliances et des partenariats que les États-Unis venaient de dénigrer. Le déploiement des nouvelles routes de la soie participe à ce projet d'accroissement de son influence économique et politique au sein de régions ou de pays négligés par les États-Unis. La Chine a mis en place tout un arsenal de mesures pour appliquer sa stratégie de contournement de l'affrontement avec les Américains, en essayant de se rendre disponible dans certains États, dans certaines institutions internationales et organismes afin d'y gagner de l'influence. Le président Xi Jinping a profité de l'opportunité offerte par l'élection de Donald Trump et de son ambition de repli unilatéral pour se rendre au World Economic Forum, à Davos, puis à l'OMS, en janvier 2017, et y renouveler le souhait de la Chine de prendre toute sa place dans la défense du multilatéralisme. Les objectifs de cet affichage politique sont nombreux : tout d'abord, le pays, comme nous l'avons dit plus haut, ne veut pas se retrouver isolé et veut se constituer un réseau d'alliances solides. En novembre 2020, il a réussi un tour de force géopolitique conséquent en signant le Partenariat régional économique global (RCEP), associant le marché chinois à celui de l'Asean, de l'Indonésie, de Singapour, du Vietnam, qui intègre également le Japon, l'Australie, la Nouvelle-Zélande et la Corée du Sud. Le RCEP est désormais la plus grande zone de libre-échange mondiale dont le centre névralgique n'est autre que la Chine. Cette initiative est l'exemple pertinent de l'investissement de la scène internationale auquel procède Pékin lorsque Washington se désengage. À son arrivée à la Maison Blanche, Donald Trump a immédiatement mis fin à un projet d'accord similaire au RCEP que Barack Obama avait engagé et qui, en excluant la Chine, aurait renforcé la position américaine dans la région et affaibli celle de son rival. L'unilatéralisme américain n'a donc fait que renforcer les intérêts chinois. Est bien pris qui voulait prendre ! Ensuite, la Chine a besoin de gagner la confiance de ses interlocuteurs pour nouer des partenariats économiques et stratégiques à travers l'initiative Une ceinture, une route. Cette stratégie n'est pas non plus sans failles. Le pays a accordé de nombreux prêts financiers, à hauteur de plusieurs centaines de milliards de dollars, à des nations aujourd'hui en grande difficulté financière en raison de la pandémie. La Chine pourrait donc bien essuyer une crise des dettes souveraines et être contrainte de rééchelonner certains remboursements, de restructurer la dette ou d'en annuler une partie. Cette situation pourrait être lourde de conséquences pour le pays. D'une part, d'un point de vue financier, elle n'a plus les mêmes marges de manœuvre qu'au moment de la crise de 2008 et a désormais accumulé une dette publique importante. D'autre part, d'un point de vue stratégique et réputationnel, elle doit veiller attentivement à ce que la pandémie ne vienne pas anéantir son projet de construction d'« une communauté de destin pour l'humanité », ce qui serait un revers fatal dans son projet de développement et d'influence. Cette présence sur la scène internationale est aussi un moyen de s'inscrire en faux par rapport aux États-Unis et de prendre le contre-pied de leur politique étrangère. Enfin, il s'agit également de redorer son blason auprès des États européens et de convaincre cette région particulièrement sensible aux initiatives multilatérales mais qui est encore trop dépendante, vue de Pékin, des États-Unis. Depuis quelques années, des experts chinois s'intéressent à l'Europe pour pouvoir s'en rapprocher stratégiquement. Pour certains universitaires de la prestigieuse université Tsinghua, le Vieux Continent peut être divisé en trois blocs : le premier constitué des pays qui peuvent se rapprocher de la Chine (Grèce, Italie) ; dans le deuxième se trouvent des pays qui cherchent à incarner une troisième voie, entre les États-Unis et la Chine (France, Allemagne,) enfin le troisième réunit les pays pro américains qu'il faut empêcher de devenir anti chinois (Royaume-Uni, Suède, Finlande, Pologne, pays baltes, etc.). Si, avec la globalisation de la tension, la logique des blocs s'impose à nouveau, l'Europe aura bien du mal à résister.

Des nuages sombres peuvent encore détériorer la relation américaine. Le choix américain de l'Australie pour les sous-marins nucléaires, la non-coopération avec l'OMS sur l'origine du virus, le fait que dans les deux pays cette relation est devenue un sujet de politique intérieure, tout cela n'est pas de très bon augure.

Qui remportera la guerre du leadership ?

Tous les ans, la Fondation Prospective et Innovation (FPI) que je préside organise au Futuroscope un forum de géopolitique sur les tensions internationales. Parmi les sujets qui ont été débattus lors de la dernière édition, le 27 août dernier, par de nombreuses personnalités dont l'ancien Premier ministre (Édouard Philippe, figurait la dialectique engagée par deux sommités qui, par livres interposés, analysent le conflit opposant les États-Unis et la Chine. L'un est américain, journaliste vedette de CNN, Fareed Zakaria[1]. L'autre est singapourien, diplomate et célèbre universitaire, Kishore Mahbubani[2]. Le clin d'œil de l'histoire est que tous les deux ont leurs racines en… Inde.

Les deux analyses ont un point de départ commun : la tension sera longue et durable. Le premier pense que les États-Unis ne peuvent pas envisager d'abandonner leur

1. Fareed Zakaria, *Retour vers le futur : 10 leçons pour demain*, Saint-Simon, 2021.
2. Kishore Mahbubani, *Le Jour où la Chine va gagner : la fin de la suprématie américaine*, Saint-Simon, 2021.

leadership, le second est persuadé que jamais les Chinois n'accepteront que leur développement soit limité par une autre puissance. Cette rivalité entre le numéro un et le numéro deux, ce « piège de Thucydide » que nous avons décrit, se referme inéluctablement sur notre monde post-Covid. Pour Zakaria, « les États Unis et la Chine s'orientent vers une confrontation âpre et prolongée ». Il nous recommande « d'attacher nos ceintures ». Pour Mahbubani, « il faut nous préparer à la plus grande bataille géopolitique de tous les temps ». L'affrontement sera élargi car les deux protagonistes ne sont pas isolés. Malgré les désaccords, l'Amérique cherche le soutien des démocraties, et la Chine compte sur sa puissance régionale pour mobiliser le continent asiatique.

Chacun relève dans son camp des failles importantes. Pour Kishore Mahbubani, les Chinois ont eu le tort de ne pas construire une relation forte et durable avec les entreprises occidentales bien implantées sur le marché chinois. En laissant libre cours à « l'*hubris* et à l'orgueil » nés de leur nouvelle puissance, ils n'ont pas gagné la sympathie de leurs partenaires qui, ainsi, restent étonnamment silencieux dans le procès public que fait l'Amérique à la Chine.

L'Américain n'est pas avare de critiques sur les faiblesses de son pays. Il lui reproche d'avoir une attitude brutale et peu subtile face à la Chine, ce qui a réveillé le nationalisme chinois et affaibli les partisans de l'ouverture. « La tactique dure de Trump n'a atteint aucun de ses objectifs… En fait, elle a fait naître une Chine plus offensive à l'étranger et plus répressive à l'intérieur de ses frontières. » Il est clair que la guerre des propagandes ne sert pas la vérité.

Malgré ces autocritiques parallèles, les deux géopoliticiens militent pour que le monde prenne conscience des dangers qui le menacent. Selon l'expert de CNN, la stratégie belliqueuse de la Chine est la source du problème. « La belligérance croissante de l'empire du Milieu marque une rupture avec sa passivité précédente. L'augmentation de sa capacité militaire suggère que la Chine suit un programme à long terme. » Pour Zakaria, ce caractère belliqueux s'exprime en politique étrangère au travers de « la diplomatie du loup combattant ». En politique intérieure, les différents et lourds dossiers relatifs aux droits de l'homme en Chine amènent notre Américain à cette conclusion sans appel : « La répression renforcée est une tragédie pour le peuple chinois. »

L'hypothèse omniprésente dans le livre de Kishore Mahbubani est qu'un jour la Chine remportera le duel. Dans la préface de ce livre, Hubert Védrine insiste sur le message le plus important de son auteur : « L'endiguement de la Chine qui va être tenté, à travers le concept de l'Indopacifique, est irréaliste et ne fonctionnera pas ». Le point de départ de cette analyse est la puissance de l'économie chinoise qui a déjà gagné la première place mondiale en termes de PIB (en parité de pouvoir d'achat). À ceux qui lui opposent l'argument selon lequel le vrai empereur de l'économie mondiale est le dollar, Kishore riposte que c'est surtout le vrai « talon d'Achille de l'Amérique », car la Chine travaille à la mise en place d'infrastructures de paiement global. Sur l'ensemble des sujets de société, le diplomate singapourien s'attache à montrer que les Américains ne sont pas exemplaires quant aux critiques qu'ils adressent aux Chinois. Contrairement aux seconds, les premiers mènent des guerres inutiles, chez les autres. Au pays du capitalisme, la pauvreté est galopante pour la moitié de la population la moins riche. C'est le pays de « l'argent corrupteur ». La réponse à la critique du traitement des Ouïghours par les Chinois se veut cinglante, rappelant les guerres américaines contre les musulmans : « La torture viole plus gravement les droits de l'homme que la prison. »

Cette confrontation idéologique entre deux puissances qui se disputent la place de leader est aujourd'hui inévitable et certainement pérenne. Antony Blinken l'a reconnu dans son premier discours prononcé en qualité de secrétaire d'État : « Notre relation avec la Chine sera compétitive si elle doit l'être, collaborative quand elle peut l'être et conflictuelle quand elle doit l'être. » Lui et moi étant cofondateurs de l'ONG Leaders pour la Paix, nous avons eu de multiples occasions d'aller ensemble au fond de ces sujets. Sa conviction confirme : « Il faut mesurer qu'en Amérique le dossier chinois est devenu un dossier de politique intérieure. » Le mandat de Joe Biden, pour se différencier de celui de Donald Trump, doit donner la possibilité aux États-Unis de reconquérir un terrain que les erreurs du précédent Président leur ont fait perdre dans cette confrontation. Pour y parvenir, leur stratégie doit reposer sur trois volets : premièrement, renouer un dialogue sain et apaisé avec leurs alliés historiques et les assurer du retour de la puissance américaine à leur côté. Nous l'avons vu, c'est précisément par le désintérêt américain que la Chine a pu progresser sur la scène internationale. Main dans la main avec ses alliés, les États-Unis pourraient retrouver une couverture diplomatique et géopolitique bien supérieure à celle de l'ère Trump et restaureraient l'autorité nécessaire face à l'expansion chinoise. Deuxièmement, réinvestir avec conviction le multilatéralisme, les organisations et institutions internationales, pour y définir les règles du jeu, les normes et les objectifs communs qui doivent permettre d'affronter les enjeux majeurs du XXIe siècle. Ce réinvestissement dans le multilatéralisme doit permettre aux États-Unis de retrouver la place qu'ils avaient abandonnée et à laquelle la Chine les avait remplacés. L'annonce de leur retour dans les Accords de Paris, dans l'OMS et la reprise des négociations sur le nucléaire iranien sont de bonnes nouvelles pour le multilatéralisme. Troisièmement, réunir autour d'eux, et avec l'Europe, une coalition pour la défense de la démocratie. Joe Biden doit prendre le leadership d'un sommet pour la promotion de la démocratie dans le monde, qui est en recul et dont l'impuissance est mise en exergue par les événements. Cette prise de position est supposée permettre de combattre idéologiquement une Chine qui a fait le choix d'un durcissement de l'autorité du Parti à mesure que l'économie s'ouvrait et se développait. Grâce à cette coalition, les démocraties pourraient mieux défendre leurs valeurs face aux assauts contre les droits de l'homme au Xinjiang ou à la répression des volontés démocratiques à Hong Kong. Ne pas y opposer systématiquement les valeurs démocratiques, c'est laisser prospérer l'idéologie et l'influence chinoises. Ces trois actions, qui constituent d'ailleurs la feuille de route diplomatique d'Antony Blinken, sont supposées permettre aux États-Unis de retrouver une place sur la scène internationale et d'empêcher l'escalade des tensions dans les rapports entre les deux hyperpuissances. Le dialogue sincère et franc doit rester la priorité. Le renouer n'implique pas de pactiser avec l'ennemi, au contraire. Il permet de mieux réaffirmer sa puissance et de canaliser celle de l'autre.

Malgré cette dialectique souvent féroce, les deux auteurs refusent le scénario de la guerre qui leur paraît aller contre les intérêts des deux puissances. L'Asiatique, fidèle à la foi dans la fertilité des contraires, croit à « la non-contradiction entre la Chine et les États-Unis ». Pour l'Américain, « rien n'est écrit ». La coopération peut l'emporter. Tous les deux pensent que la « planétisation » des consciences peut créer un nouvel ordre mondial, ce qui pourrait signifier que le « consensus de Paris », en référence à l'Accord de Paris, pourrait détrôner le « consensus de Washington » et sa priorité pour la performance économique.

Le risque est en effet que, sans cette action entreprise avec détermination, les États-Unis laissent le champ libre à la Chine, dont les premières ébauches de ce à quoi ressemblerait son leadership ont été aperçues lors de son différend avec l'Australie à la fin de l'année 2020. Les autorités australiennes avaient appelé au déclenchement d'une enquête sur les origines de la Covid-19, laissant prospérer des informations négatives sur la Chine dans leurs médias avant de décider de l'exclusion des entreprises Huawei et ZTE de leur réseau 5G. Ces actions ont déclenché l'ire de Pékin qui a communiqué au gouvernement australien, par un document livré à la presse, les 14 points et erreurs qu'il devait urgemment corriger et a immédiatement érigé de nouvelles barrières douanières entre les deux pays. Les États-Unis et certains de leurs alliés européens voudraient reconquérir un espace géopolitique afin d'éviter de passer d'un *America First* déraisonnable, à un *China First* qui soulève de multiples inquiétudes géopolitiques.

Ce scénario américain de solidarité occidentale n'est pas exempt de fragilités. « L'affaire des sous-marins », qui a exacerbé les tensions entre la France, l'Australie et les États-Unis, a par exemple fragilisé le front des démocraties sur lequel Joe Biden comptait après son récent voyage en Europe. Plusieurs pays européens assument leur statut d'alliés en refusant d'être alignés. La diplomatie américaine est peu attentive aux intérêts qui ne sont pas les siens. Par ailleurs, les vertus américaines ne sont pas démonstratives au point de fédérer un camp de la morale. Dans de nombreuses parties du monde, notamment en Europe, la pandémie a replacé au premier plan la valeur de la souveraineté et, pour ce faire, celle du leadership. Le défi européen apparaît désormais aux yeux du monde entier : comment garder son indépendance et affirmer sa souveraineté face à deux puissantes propagandes qui s'affrontent sur son sol ?

Une dialectique finale nous interpelle dans les ouvrages des deux auteurs cités plus haut et doit nous mobiliser : l'un, à l'Est, considère l'Europe comme un continent en déclin ; l'autre, à l'Ouest, comme un modèle politique capable de se réinventer, comme elle l'a fait face aux exigences financières de la pandémie. Vue d'Amérique, l'Europe est résiliente. Vue d'Asie, elle doit marquer sa souveraineté. Finalement, l'Europe peut ne pas être perdante !

– Chapitre 2 –

L'Europe et la menace d'une sortie de l'histoire

Cette confrontation systémique entre les deux puissances monde pousse l'Europe dans ses retranchements : le Vieux Continent est à la fois un terrain de jeu pour ces superpuissances qui s'en servent dans leur combat et leur stratégie, et une terre de promesses, celles d'une force d'équilibre dont le recul et la hauteur de vue permettraient d'éviter un face-à-face conflictuel et qui aurait la capacité d'engager les autres nations dans le dialogue, l'échange, et le multilatéralisme.

L'Europe est, depuis plus de soixante ans, une puissance d'équilibre qui a fait de l'indépendance, du multilatéralisme, de la démocratie, de la liberté et de l'égalité, les valeurs cardinales de son identité. Autrefois, elle aussi a été un espace d'affrontements, une terre où les avancées humaines et intellectuelles les plus spectaculaires ont côtoyé les décrépitudes et turpitudes les plus infâmes de l'histoire humaine. Sans cesse et sans relâche, l'Europe aura été le chantre de la liberté et de l'égalité indissociables, s'alignant avec les Américains dans le combat contre le fascisme en Allemagne et en Italie, et contre le communisme en URSS, transformant en démocratie des dictatures installées au Portugal, en Grèce, en Espagne, accueillant dans l'univers démocratique les anciennes nations soviétiques. L'Europe est donc résolument un projet universel pour la paix et pour le bien commun. Dès lors, elle ne peut se résoudre à être reléguée au rang de simple spectatrice d'une rivalité, même insidieuse et latente, et à se laisser instrumentaliser par les deux parties pour faire plier l'autre ou pour mieux l'asservir, l'affaiblir, la vassaliser. Il manque à l'Europe un véritable positionnement stratégique qui lui permettrait de définir sa ligne de conduite, affirmer ses volontés, faire entendre sa voix et imposer son rapport de force. L'idéal d'indépendance et d'autonomie, valeur inestimable consacrée par le général de Gaulle, semble bien loin aujourd'hui. Les États européens, ensemble, ne semblent plus savoir quel chemin prendre. Alliée historique des États-Unis, l'Europe choisit le camp américain dans la guerre des leaderships que nous connaissons. Pour autant, ces mêmes Américains ne lui font aucun cadeau, dès lors qu'il s'agit de leur puissance économique et de leurs intérêts. La justice américaine n'a pas tremblé lorsqu'elle a jugé et condamné BNP Paribas, en 2015, à une amende record de près de 9 milliards de dollars en raison du contournement par la banque française des embargos américains imposés à Cuba, à l'Iran, au Soudan ou à la Libye. L'ancien président Donald Trump n'a pas non plus hésité à taxer fortement les produits européens, en particulier français, tels que le vin et le fromage, pour sanctionner l'Europe dans le différend qui oppose Boeing à Airbus. Les États-Unis n'hésitent même plus à se servir des situations géopolitiques pour affaiblir l'Europe, en obtenant même son accord pour le faire. À titre d'exemple, en 2014, à la suite de l'annexion de la Crimée par la Russie, les États-Unis édictent une série de sanctions à l'encontre de personnes morales et physiques russes. L'Union européenne suit les États-Unis en sanctionnant à son tour la Russie. En réponse, Moscou met en place un embargo alimentaire contre les pays qui l'ont admonestée, affaiblissant ainsi l'agriculture européenne fortement exportatrice vers la Russie, donnant également aux États-Unis les moyens de canaliser la puissance européenne. Comme nous l'avons évoqué plus haut, la Chine traite parfois en direct avec certains États membres, contournant les institutions européennes et fragilisant l'équilibre européen par l'accentuation des divisions internes. En 2012, sous l'égide du Premier ministre Wen Jiabao, la Chine a lancé avec 16 pays de l'Europe centrale et orientale – Estonie, Lettonie, Lituanie, Pologne, République tchèque, Slovaquie, Hongrie, Roumanie, Bulgarie, Slovénie, Croatie, Serbie, Bosnie-Herzégovine, Monténégro, Albanie et Macédoine et auquel s'est ajoutée la Grèce en 2019 – un partenariat connu désormais sous le nom de « Format 17+1 » qui entend développer l'initiative Une ceinture, une route sur le continent, contournant ainsi l'existence et le fonctionnement même de l'Union européenne. L'Europe semble souvent être la balle de ping-pong rebondissant de part et d'autre du filet au gré des coups de raquette et de semonce que les deux superpuissances s'adressent. Toutefois, le va-et-vient permanent, les secousses à répétition, épuisent. L'Europe plie, parfois, mais ne rompt pas encore. Plus l'Europe se laisse aller à ne plus être le point haut d'où découlent toutes les influences, plus elle se voue à devenir la dépression d'où plus rien ne s'écoule, en attendant que les flux nés ailleurs et qui se seront taillé d'autres espaces ne viennent la combler. Elle doit réincarner l'idéal démocratique, de liberté et d'égalité qu'elle est la seule au monde, grâce à son génie humaniste, à revendiquer avec autant de force. Sans un Vieux Continent fort et rayonnant, l'équilibre du monde est en danger. Le besoin d'Europe est urgent, vital. Elle seule peut mesurer la part d'intérêt qu'il y a dans les recommandations des deux superpuissances. Elle est tout sauf naïve.

Mais l'Union européenne – la puissance économique, financière et diplomatique de l'Europe – peine dans cette guerre des leaderships, car l'erreur stratégique commise par les Européens est de ne jamais avoir voulu assumer un destin commun de puissance. Intrinsèquement, l'Europe se fonde sur l'espoir de canaliser les revendications, velléités, ambitions des puissances qui la composent par l'essor d'une coopération des peuples. Elle s'est construite en réponse à ses failles internes, mais cette vision l'a empêché de se penser comme un pilier de l'équilibre mondial. « L'Europe n'a pas été faite, nous avons eu la guerre. L'Europe ne se fera pas d'un coup, ni dans une construction d'ensemble : elle se fera par des réalisations concrètes créant d'abord une solidarité de fait », déclarait Robert Schuman, lors de son célèbre discours de l'Horloge, le 9 mai 1950. Les difficultés que connaissent aujourd'hui les Européens pour exister dans l'âpreté du monde actuel résident précisément dans le projet d'une construction autocentrée, uniquement dédiée à panser les maux et les plaies que des siècles de guerre ont laissés. Jamais, dans le projet européen, le rapport au monde et à la puissance n'a fait partie du logiciel. De la création de la Communauté européenne du charbon et de l'acier (CECA) en 1951 à la création de l'euro en 1999, l'ensemble des petits pas effectués par les Européens n'a eu comme visée que le rapprochement toujours plus intense de leur relation économique, financière, commerciale et politique.

Tel est le cas de nombreux éléments de la politique européenne. La politique de concurrence n'est pensée qu'à travers le « marché pertinent » qui n'est autre que le seul marché européen, sans prise en compte de la concurrence à l'échelle planétaire. Or aujourd'hui, le terrain de jeu des entreprises est mondial. La puissance économique s'exprime par la capacité d'un territoire à faire émerger des multinationales, elles-mêmes capables d'influencer les pratiques et le cours du monde. La Chine l'a compris très tôt, et les aides publiques qui y sont versées aux entreprises sont colossales. Les États-Unis non plus n'ont pas hésité à aider leurs entreprises par l'allégement des règles et entraves qui contrevenaient à leur développement et à leur croissance, surtout sous le mandat de Donald Trump. Les pouvoirs publics des deux superpuissances soutiennent massivement leurs entreprises en espérant en faire des champions planétaires. De l'autre côté, l'Union européenne n'a jamais conçu la concurrence de cette façon car elle ne s'est jamais pensée comme une puissance indépendante devant s'affirmer dans la compétition internationale. Tel est aussi le cas de la construction de l'édifice budgétaire européen qui n'a jamais été conçu comme un outil de solidarité et de développement nécessaire pour armer l'économie européenne face aux chocs et aux crises. Aussi a-t-on pu observer les failles béantes que la crise de 2008-2009 puis celle des dettes souveraines à partir de 2011 ont provoquées, manquant de peu d'annihiler la construction européenne.

Aujourd'hui, les Européens devraient changer d'échelle et se penser comme acteurs d'un monde qui les attend et parfois les menace. Mais ce changement de dimension est difficile car il nécessite une cohérence globale, une visée commune, une action simultanée, une cohésion certaine, là où les Européens ont de tout temps eu l'habitude de débattre, afficher leur désaccord, négocier et s'affronter, du moins politiquement, développant au fil du temps une méfiance et une défiance vis-à-vis d'institutions qui ne les ont pas suffisamment protégés. L'insertion de l'Europe dans la guerre des leaderships nécessite, aujourd'hui, de s'appuyer sur l'autre pilier de sa devise, « unis dans la diversité ». Jusqu'à présent, c'est le pilier « diversité » qui a surtout été investi, à raison, car il fait la force de l'Union européenne, sa capacité irréfragable à prendre toujours la bonne décision grâce à la diversité des opinions, des sensibilités, des courants, des idées, des expériences et des histoires, mais jamais dans la bonne temporalité, souvent trop tard. Aujourd'hui, faire de l'Europe une puissance mondiale capable de rivaliser avec les États-Unis et la Chine nécessite d'investir le pilier « unité » pour avoir la force d'agir ensemble sur la scène internationale.

Pour ce faire, le pôle européen doit assumer deux préalables qui constituent son socle, son levier dans le rapport de force, et son droit d'entrée dans cette guerre des leaderships afin de peser de toute son influence dans l'équilibre du monde : (I) le couple franco-allemand et (II) un meilleur niveau de maturité sur la question des enjeux d'avenir.

Pour un leadership franco-allemand

La France et l'Allemagne, à elles seules, font continent. Si la France et l'Allemagne ne sont pas d'accord entre elles, il n'y a pas de puissance. Lorsqu'en 2003 la France s'est opposée à l'intervention américaine en Irak, avec toute l'influence de Jacques Chirac sur ce dossier et l'intervention du champion du leadership romantique, Dominique de Villepin, au Conseil de sécurité de l'ONU, le président Chirac m'a demandé d'aller à la rencontre des dirigeants qui avaient soutenu la France lors de cette mobilisation, en particulier le Mexique, le Canada, l'Inde et la Chine, afin de prolonger l'accord diplomatique que nous avions eu sous forme de partenariats économiques et commerciaux. À cette période, Jacques Chirac bénéficiait d'un prestige et d'une aura sans égal sur la scène internationale grâce à la stature de leader qu'il avait su endosser en mobilisant contre l'intervention américaine en Irak. Ce que j'ai alors découvert lors de ces visites diplomatiques, en discutant avec les leaders de ces pays, notamment le Premier ministre canadien Jean Chrétien et le président mexicain, Vicente Fox, c'est que Jacques Chirac n'était pas seul à incarner l'opposition à l'intervention en Irak. Pour nos alliés, il s'agissait d'une union franco-allemande. La voix était celle de la France, par l'intermédiaire de Jacques Chirac, mais la puissance était celle du couple franco-allemand. Lorsque je parlais de la vaillance de Jacques Chirac dans cette affaire, mes interlocuteurs me répondaient systématiquement en évoquant également Gerhard Schröder, le chancelier allemand (1998-2005). Ces rencontres témoignent donc de la force et de l'aura que parvient à dégager le couple franco-allemand dans le monde. L'Europe doit comprendre que sa puissance internationale est étroitement liée à celle de ces deux pays. La puissance du cœur du réacteur que représente l'alliance de la France et l'Allemagne est le premier préalable à l'affirmation de l'Europe dans l'affrontement mondial actuel. Ce moteur s'est révélé être, à chaque moment, si décisif pour le développement européen que des couples de dirigeants restent profondément associés à son histoire. Charles de Gaulle et Konrad Adenauer composèrent le premier couple franco-allemand, entamant l'approfondissement des relations bilatérales entre la France et l'Allemagne, par la signature en 1963 du traité de l'Élysée. Le deuxième couple marquant fut composé de Valéry Giscard d'Estaing et Helmut Schmidt, qui ont permis des avancées notables pour l'avenir de l'Union européenne, telles que la création du Conseil européen en 1974 et l'élection au suffrage universel du Parlement européen en 1979. Le troisième couple fut marqué par la chute de l'URSS et la réunification allemande sous les présidences de François Mitterrand et Helmut Kohl. L'image de ces deux chefs d'État, main dans la main, lors de la cérémonie d'hommage aux morts de la bataille de Verdun, à l'ossuaire de Douaumont, en 1984, restera gravée dans les mémoires comme un moment iconique de la relation franco-allemande. Jacques Chirac et Gerhard Schröder ont constitué un couple solide, partageant une amitié sincère, affirmant l'autorité de l'Europe sur la scène mondiale. Nicolas Sarkozy et Angela Merkel ont su être les moteurs de la réponse européenne à la crise financière de 2008-2009 qui a secoué le monde. Leur initiative de rénover les institutions à la suite du rejet du Traité constitutionnel européen de 2005 avec la ratification du traité de Lisbonne, ainsi que celle de mettre en œuvre des plans de sauvetage de l'économie et des banques européennes ont permis à l'Europe de surmonter la plus grave crise de son histoire depuis la fin de la Seconde Guerre mondiale. La crise du coronavirus a permis d'illustrer une nouvelle fois l'importance et le caractère décisif du couple franco-allemand dans la réponse qu'il permet d'apporter aux crises majeures. L'impulsion de la chancelière Angela Merkel et du président Emmanuel Macron, en juillet 2020, s'accordant sur un endettement commun au niveau de l'Union européenne afin de subventionner, selon leurs besoins, les pays les plus en difficulté, a permis à l'Europe de faire une avancée à la fois historique et décisive. La solidité du couple franco-allemand repose à la fois sur son poids colossal au sein de l'Union et sur leur complémentarité politique, philosophique et historique. La France latine et l'Allemagne germanique n'ont souvent pas les mêmes conceptions des sujets, mais la force de ce duo est de sans cesse parvenir à un consensus pour apporter une solution pérenne. La complémentarité de leur point de vue est la clé pour convaincre le reste de l'Europe d'avancer ensemble et de progresser pour le bien commun. En Asie, mais pas uniquement, les peuples regardent les Français et les Allemands comme les deux nations qui ont su construire la paix au-delà des horreurs de la guerre extrême. Ce message touche toujours en profondeur en Chine comme au Japon. Et il en impose au niveau diplomatique. Il suffit d'avoir vu Xi Jinping lors de sa dernière visite d'État en France.

Il était reçu par Emmanuel Macron… et Angela Merkel, en présence de Jean-Claude Juncker, alors président de la Commission européenne. Il s'agissait bien d'un face-à-face de puissances.

La souveraineté technologique européenne

Le second préalable réside dans notre capacité à ne pas être absents des combats du futur. Compétition technologique – avec la 5G, l'intelligence artificielle, l'informatique quantique –, nécessaire adaptation au changement climatique – par le renouvellement des modèles énergétiques, de la mobilité, de la construction et de la production – impératif de formation et d'éducation pour porter haut l'ambition des États membres de faire de l'économie européenne la première économie de la connaissance. Tous ces enjeux d'avenir vont être au cœur de la guerre des leaderships que nous évoquons depuis le début. La crise du coronavirus a révélé une fois de plus les failles européennes, et françaises, en matière de production industrielle, notre dépendance aux fournisseurs chinois, etc. Depuis l'arrivée d'Emmanuel Macron à l'Élysée en 2017, le sujet de l'autonomie stratégique est revenu au cœur du débat. La pandémie mondiale a consacré cette notion. L'Europe doit désormais apprendre à parler la langue du pouvoir, comme le martèle Josep Borrell, le haut représentant de l'Union européenne pour les Affaires étrangères et la Politique de sécurité, c'est-à-dire appréhender le monde tel qu'il est et cesser de le représenter tel qu'elle le voudrait. Elle doit identifier les filières stratégiques à développer sur son territoire, définir une feuille de route pour agir et obtenir des résultats satisfaisants dans des délais raisonnables, et enfin investir massivement pour soutenir les emplois, les industries et les filières stratégiques. C'est une nécessité pour éviter de se retrouver dans une position de dépendance chronique aux acteurs mondiaux qui disposeront des éléments dont nous aurons besoin pour pouvoir produire, créer et nous défendre. Son indépendance politique et philosophique en dépend. L'Europe doit aussi redéfinir sa souveraineté, condition *sine qua non* pour retrouver la maîtrise de son destin et la capacité à faire ses choix, de manière autonome, pour ses citoyens. En matière d'autonomie stratégique, l'Europe peut aujourd'hui compter sur l'action intelligente menée par Thierry Breton, commissaire européen au Marché intérieur, qui agit avec force et conviction pour la mettre sur les rails de la compétition mondiale et affirmer sa présence sur tous les sujets d'avenir. Thierry Breton mène une action essentielle dans la réappropriation de notre marché intérieur, l'un des plus importants et plus puissants du monde, afin que nous retrouvions une indépendance et un contrôle en matière d'investissements étrangers pour mieux faire respecter les règles qui sont les nôtres. Les dépendances technologiques et industrielles doivent également être réduites, notamment grâce à une plus grande diversification de nos sources d'approvisionnements en matières premières, un meilleur positionnement européen sur les sujets d'innovation et de technologie de pointe comme le *cloud*, le quantique, l'intelligence artificielle, la cybersécurité. Les attaques sur les systèmes informatiques des hôpitaux européens et français témoignent de l'urgence de traiter ces questions technologiques. Cette autonomie stratégique doit permettre aux Européens de se positionner clairement sur les sujets d'avenir et influer sur les grandes tendances du monde de demain. Cette vision de la souveraineté n'est pas exclusive des coopérations avec les pays qui nous sont liés par des partenariats stratégiques. Chacun sait que la souveraineté intégrale est une utopie dans ce monde interconnecté. Souveraineté et coopération doivent rechercher l'équilibre qui permet à une nation de maîtriser son indépendance.

L'Europe a besoin de la force politique, incarnée par le couple franco-allemand, mais doit coupler cette force avec l'intelligence qui lui conférera une place dans un débat d'avenir. Ces deux préalables sont nécessaires. L'Europe doit les assumer pleinement et vigoureusement pour pouvoir exister et faire valoir ses droits dans la compétition mondiale des leaderships.

La vision qui doit guider l'Europe désormais est celle du leadership de la nouvelle cause mondiale. Il n'y a de relations internationales que s'il y a une part de consensus. En 1945, le consensus se formule autour de la nécessité de créer les nouvelles conditions d'une paix durable au travers de la Charte des Nations unies. En 1989, la cause est formulée par le consensus de Washington dont l'objectif est de produire à la fois de la richesse à travers la multiplication des échanges économiques, et de favoriser les conditions de développement grâce aux relations internationales. À l'époque, l'essentiel apparaît être la performance économique. Selon le consensus de Washington, la Banque mondiale ou le FMI accordent leur aide en fonction d'une doctrine dite libérale. Toutefois, ce consensus s'érode et nous assistons à la naissance d'une nouvelle mondialisation. Aujourd'hui, nous basculons d'une logique de mondialisation, qui a prévalu jusqu'à la pandémie de la Covid-19 et a été vécue comme inégalitaire et injuste, à une logique de « planétisation », qui n'est autre que l'humanisation de la mondialisation et son adaptation à la cause climatique. Ainsi, un nouveau consensus est en train d'éclore, celui de l'Accord de Paris, au sein duquel la planète devient un sujet politique qui s'adresse à tous. Ce consensus apparaît d'autant plus frappant aujourd'hui que les discours de Xi Jinping, approuvant l'Accord de Paris sur le climat, et celui de Joe Biden, annonçant la réintégration des États-Unis dans ces mêmes accords, donnent à entendre une étonnante similarité. Leurs propos concordent sur la nécessité, pour l'ensemble des États, d'intégrer dans les logiques et les réponses politiques la question de la planète et de l'environnement. Le consensus s'exprime également par l'appropriation courageuse de ces enjeux par la jeunesse de chaque pays. Ainsi, dans ce monde aujourd'hui blessé par la pandémie, une lueur d'espoir semble s'allumer, éclairant les nouvelles relations internationales du XXIe siècle. Un nouveau consensus émerge au travers de la cause climatique, cause qui dépasse le cadre des nations. C'est précisément cette émergence d'un consensus au-dessus des États qui constitue les fondements des relations internationales. La cause climatique les oblige à dépasser leurs frontières, à se réunir, à dialoguer, à trouver des réponses communes. Toutefois, cette cause est difficile. La lutte contre les effets du dérèglement climatique, dans un contexte de tensions sino-américaines, ne semble pas encore totalement acquise. Il faut donc lui donner de la force pour qu'elle s'impose comme une valeur supérieure. L'Europe doit tenir son rang pour y parvenir. Tout d'abord, elle est légitime pour insuffler l'élan nécessaire à la consolidation internationale de cette cause car elle est la principale fondatrice de cette démarche, à travers l'action de la France lors de la COP21 et la signature des Accords de Paris sur le climat, ou encore lors du « One Planet Summit », rendez-vous maintenant incontournable sur le sujet. Elle s'est aussi engagée, en pionnière, à devenir la première puissance mondiale décarbonée en 2050. De plus, l'Europe du Nord, par le biais des pays scandinaves, est déjà très impliquée dans ces pratiques. Elle a donc une véritable légitimité à porter ce projet et ce combat. Pour défendre un nouveau multilatéralisme, il faut affirmer un nouveau consensus, même partiel, sur la planète comme objet politique, en disséminant l'idée que notre Terre et sa survie constituent une cause supérieure qui doit conduire les nations à dialoguer et agir ensemble.

Toute cette action doit être le socle irréductible de la crédibilité européenne aux yeux du monde. La cause du passé était structurée autour du processus démocratique et de la liberté des nations après la Seconde Guerre mondiale. Le vent de l'avenir souffle désormais en direction de la préoccupation environnementale et de la protection de la planète. Si les autres continents reconnaissent sa légitimité, et que l'Europe essaie de prendre le leadership de cette cause nouvelle, elle redeviendra la puissance incontournable qu'elle a toujours été, à condition de s'appuyer préalablement sur les deux piliers que sont le couple franco-allemand et la capacité à penser les sujets d'avenir. « La planétisation des consciences », c'est-à-dire l'idée selon laquelle il faut protéger la planète pour sauver l'humanité, est en fait la véritable humanisation de la mondialisation. Pour les Européens, la mise en œuvre et la concrétisation de cette vision et de ce positionnement doivent nécessairement se matérialiser par quatre alliances.

La « planétisation », cause européenne

La première est celle des pays européens entre eux. Pour cela, il faut passer d'une Europe du marché unique à une Europe de la planète unique. Il faut que l'Union européenne, l'alliance européenne, soit construite autour de la stratégie évoquée ci-dessus. L'accord trouvé entre les États européens sur une neutralité carbone en 2050 est une avancée majeure. Désormais, il faut agir, ensemble. Faire preuve de solidarité. Le programme Next Generation EU, qui permet l'endettement commun des États membres, doit être le début d'une nouvelle ère. Une ère qui met en son cœur la solidarité entre les nations afin de donner à l'Union européenne les moyens d'utiliser toutes ses forces pour peser sur le cours de l'histoire. Le défaut de solidarité aujourd'hui en Europe pousse les nations les plus fébriles vers des puissances qu'elles jugent mieux en mesure de les protéger et de les aider. D'un côté, des pays de l'Europe de l'Est, comme la Pologne ou les pays baltes, sont parfois plus enclins à se tourner vers les États-Unis que vers l'Union européenne pour trouver une aide. De l'autre, des pays du Sud comme la Grèce ou l'Italie se tournent vers la Chine et sont prêts à agir à ses côtés, considérant que l'Europe n'a pas suffisamment à offrir. L'Europe doit réussir à fédérer et engager les États européens dans une même voie.

Le front des démocraties du monde

La deuxième alliance doit unir l'Europe et les États-Unis, à travers une coalition des démocraties. La démocratie américaine a donné une belle leçon aux partisans de l'insurrection et de l'antisystème, pro-Trump, en faisant le pari de la participation électorale permettant à Joe Biden d'obtenir l'adhésion de 80 millions d'Américains. Cette participation est la réponse la plus forte que la démocratie peut apporter face à l'autoritarisme. Il faut reconnaître que sur certains sujets, tels que la liberté de la presse, les Américains sont authentiquement démocrates. La période Trump est, espérons-le, une parenthèse de l'histoire américaine, mais le renforcement de notre fraternité démocratique est un impératif autour duquel l'Europe et les États-Unis doivent se retrouver, s'allier et s'unir. À ce titre, Joe Biden a prévu de tenir un sommet des démocraties. Le dialogue des démocraties est une nécessité première. Malgré leur réunion sous un même vocable, elles recouvrent des réalités extrêmement variées. Il faut alors comprendre que les démocraties du Nord et du Sud de l'Europe, d'Afrique, ou encore les démocraties américaine, israélienne ou nippone travaillent et échangent encore trop peu entre elles. Dialoguer, partager autour de leurs pratiques est un préalable fondamental pour renforcer, améliorer, solidifier le camp démocratique en s'inspirant les unes des autres. Dès lors, l'Europe doit afficher et affirmer son appartenance au camp démocratique et mener ce combat avec la démocratie américaine. La rivalité entre démocraties et régimes autoritaires est visible partout sur la planète. Les démocraties sont accusées d'impuissance en temps de grandes crises. Les régimes autoritaires doivent savoir que face à eux un front des démocraties du monde s'organise.

La sécurité à l'Est de l'Europe

La troisième alliance est celle qui doit unir l'Europe et la Russie sur les enjeux de sécurité. La sécurité de l'Europe doit se faire dans le dialogue avec la Russie. En effet, cette dernière craint beaucoup les développements de l'Otan à l'Est de l'Union alors même que les pays d'Europe centrale et de l'Est, comme la Pologne, la Hongrie, les pays baltes ou la Suède, sont persuadés qu'ils sont sous la menace d'une intervention militaire russe et qu'un destin similaire à celui de la Crimée leur est réservé. L'Europe doit parvenir, sur ce sujet précis de sa sécurité, à créer une « architecture de confiance avec la Russie », selon l'expression d'Emmanuel Macron. Aujourd'hui, l'Europe est dans une position négative sur ce sujet car sous l'emprise des Américains qui pilotent ses décisions. L'Europe n'apparaît pas assez indépendante et autonome, et donne davantage l'impression d'agir comme le bras armé des États-Unis – le cas des sanctions à l'encontre de la Russie en étant l'exemple le plus probant. Or, il faut une relation de bonne intelligence entre Européens et Russes, même si de nombreux sujets peuvent les diviser, comme dans l'affaire Alexeï Navalny. Néanmoins, la sécurité de l'Europe doit être une priorité car les menaces sur le continent proviennent du flanc est. Il faut construire de nouveaux accords d'Helsinki et retravailler les accords de 1975 autour des préoccupations actuelles. Il apparaît que la doctrine Kissinger, selon laquelle il est important de ne pas voir une puissante alliance s'opérer entre la Russie et la Chine, est plus que jamais d'actualité.

L'alliance pour l'Afrique

Enfin, la quatrième alliance est celle d'une coopération partenariale avec les puissances montantes et notamment la Chine. Nous devons être tous conscients que la sécurité de l'Europe passe en premier lieu par le développement de l'Afrique. L'échec de ce continent voisin est notre plus grave menace. Beaucoup pensent que la déferlante migratoire peut être la fin de l'Europe. Le réalisme nous conduit à penser que seul un partenariat entre l'Europe et la Chine peut créer les conditions financières et culturelles d'un développement de l'Afrique, pour les Africains. Les blocs européen et chinois ont intérêt à s'allier pour coopérer avec elle et lui permettre d'acquérir les moyens financiers de son développement et disposer des savoir-faire institutionnels, de gouvernance et d'organisations locales, nationales et multilatérales, capables de porter et soutenir un développement à l'échelle du continent. Si les expériences et les cultures européennes et chinoises additionnent leurs qualités, et non leurs défauts, à savoir l'ingénierie institutionnelle d'un côté, et la puissance financière de l'autre, d'importants leviers d'actions peuvent être soulevés pour aider l'Afrique à se développer, s'autonomiser et s'affirmer. Cette quatrième alliance doit également s'élargir aux pays émergents pour construire des partenariats globaux à travers le monde. Cette alliance peut tout aussi bien concerner l'Inde, les pays d'Asie pacifique, le Brésil pour la sortie du bolsonarisme, et les pays d'Amérique latine.

L'Europe a toutes les cartes en main. Outre les deux préalables irréductibles que sont la consolidation d'un bloc franco-allemand qui fait continent et l'intelligence collective sur les sujets d'avenir, sans évidemment exclure nos autres partenaires, de l'Europe du Nord, de l'Est et du Sud, une architecture d'alliances est à construire pour réaffirmer la place de l'Europe dans le monde et mieux la protéger. Aujourd'hui, il apparaît clairement que nous devons renforcer notre souveraineté européenne sans toutefois croire à l'utopie de la souveraineté intégrale. L'indépendance exige autant de la souveraineté que de la coopération, c'est-à-dire des alliances maîtrisées et maîtrisables. Ainsi, l'Europe peut protéger ses valeurs et principes démocratiques avec les États-Unis sans pour autant être à la solde des décisions américaines, notamment en matière économique où les rapports entre Américains et Européens sont souvent conflictuels. *A contrario*, dans le relationnel que l'Europe entretient avec la Chine, le rapprochement quant aux principes institutionnels n'est pas réaliste. En revanche, il est possible de construire des projets avec la Chine. L'Europe doit être lucide et prendre conscience que s'ériger en puissance d'équilibre dans un monde en tension consiste à déterminer et distinguer les axes de coopération possibles et impossibles. L'équilibre consiste à chercher des voies de passage régulées par une signalétique qui clarifie les relations. En effet, nous sommes face à un feu tricolore dans nos rapports avec la Chine. Rouge pour tout ce qui concerne les sujets politiques – Ouïghours, Hong Kong, Taïwan – sur lesquels nous avons des désaccords fondamentaux en raison de l'atteinte au respect des droits de l'homme. L'Europe n'est pas d'inspiration communiste ni autoritaire, cela n'échappe à personne. Sur ces sujets, l'accord n'est donc pas envisageable. Orange pour les dossiers concernant le commerce. Tout n'est pas à jeter, il y a du positif et une négociation est possible. Nous avons des intérêts en Chine : nous ne devons pas cacher notre volonté d'aller récolter les fruits de la croissance chinoise sur notre territoire et imposer le principe de réciprocité dans nos échanges commerciaux afin de préserver notre balance commerciale. Vert, enfin, pour la coopération internationale et le multilatéralisme. Nous l'avons vu, chaque fois que les Américains se sont retirés d'instances internationales, notamment sous l'ère Trump, les Chinois en ont profité pour condamner l'unilatéralisme et promouvoir le multilatéralisme. Aussi faut-il discuter sur la nature de ce dernier. Nous devons surtout nous garder de nous aligner sur l'un ou l'autre de nos partenaires, tout en veillant à les faire avancer sur les points qui nous paraissent essentiels pour notre avenir. La réponse de l'Europe à ces défis, c'est la souveraineté européenne. C'est-à-dire notre capacité à en faire une Europe gaulliste, indépendante. Dans ce même état d'esprit, l'insécurité à l'Est, et plus globalement dans toute la partie eurasienne, avec la Turquie et jusqu'à l'Iran, peut nous pousser à construire « une architecture de confiance avec la Russie » pour désamorcer toute velléité et menace. Ces dernières années, le fait nouveau demeure la reconquête diplomatique opérée par la Russie, notamment à travers son action sur l'Eurasie. Dans cette confrontation des leaderships, l'affirmation de l'Europe au travers des alliances qu'elle nouera ne peut découler que de sa capacité à s'ériger en puissance légitime d'une cause internationale consensuelle, la lutte contre le réchauffement climatique et pour la survie de la planète. Sans cette détermination à agir, l'Europe restera indéfiniment sous le joug de la propagande américaine, l'obligeant à entrer dans le gouffre mortifère de l'escalade des tensions et brisant l'idéal d'indépendance qu'elle portait pourtant en elle. L'Europe doit assumer de nouer des partenariats complexes. Ceux-ci le seront *de facto* tant que les régimes politiques différeront car les accords qu'elle conclut avec les États-Unis ne peuvent pas être les mêmes que ceux qu'elle conclut avec la Chine. En revanche, en assumant la défense du régime démocratique avec les États-Unis, elle peut afficher et légitimer son accord de défense politique et idéologique sans que cela l'empêche de nouer des partenariats économiques avec la Chine. La complexité des relations nouées avec les puissances mondiales qui l'entourent ne sera pas toujours simple à gérer mais la crédibilité, la légitimité et la lisibilité de l'action de l'Europe lui permettront d'asseoir son statut de puissance. La Russie saura que l'Europe est un partenaire fiable et pérenne sur les enjeux de sécurité, bien qu'elle ne lutte pas dans le même camp sur les enjeux politiques, de démocratie et de libertés fondamentales. L'Europe doit refuser la pensée manichéenne du tout-américain ou du tout-chinois car cela ne conduirait qu'à sa vassalisation morbide.

Sans cette action, l'Europe reste sous la menace d'une sortie de l'histoire, reléguée au rang de simple puissance moyenne, sans capacité d'influence, à la merci des puissances de premier rang. Ce n'est pas le projet de l'Europe. La construction européenne est une utopie qui a dépassé le cadre de l'idée pour se réaliser concrètement dans le quotidien de centaines de millions d'individus. Elle est sans aucun doute le projet politique le plus ambitieux, le plus humaniste et l'avancée intellectuelle la plus spectaculaire des siècles précédents. Sans ce projet, l'humanité perdrait une pièce essentielle de son système. L'Europe doit rebondir, le monde l'attend, encore. Le 3 février 2021, les 27 États européens ont donné leur approbation pour la tenue d'une conférence sur l'avenir de l'Europe, initialement prévue en mai 2020, dont les travaux sont en cours et se poursuivront durant les deux prochaines années. Ce forum de débats européens doit être l'occasion de mettre sur la table les choix que l'Union devra faire pour retrouver sa stature de puissance et poser les jalons d'un positionnement stratégique autour du consensus climatique et de la définition des nouvelles alliances à tisser avec les autres puissances mondiales. Parce que aucune nation n'incarne mieux que l'Europe l'esprit de paix, notre continent est plus que jamais nécessaire au monde. Les Européens doivent prendre conscience de cette force, leur force.

– Chapitre 3 –

Le pari africain

L'Afrique tout entière doit prendre part à cette nouvelle donne mondiale, une guerre inéluctable des leaderships. Sa participation est impérative. Impérative car, qu'elle le veuille ou non, par sa géographie, son poids démographique, la richesse de ses ressources et de ses matières premières et l'essor de sa jeunesse, l'Afrique comptera comme un pilier de l'équilibre du monde. Elle doit désormais en prendre pleinement conscience et s'y préparer. Comme nous le rappelions, l'Afrique doit assumer une éthique de la singularité, de l'innovation à travers laquelle elle doit s'affranchir du passé des autres pour construire son avenir. Telles sont l'ambition et la vision africaines, seuls antidotes au pessimisme qui s'installe dans les chancelleries.

La fin du consensus de Washington

Pour mettre en application cette ambition et sa vision, l'Afrique doit réfléchir à un positionnement stratégique sur la scène internationale, lui permettant d'asseoir un statut de puissance, qu'elle doit encore conquérir et bientôt assumer et défendre. Depuis 1989, plus de trente ans déjà, les pays africains sont soumis au modèle contraignant du consensus de Washington. Ce dernier repose sur l'idée mère que le développement économique des pays dits « en développement » n'est possible que dans le cadre d'une orientation économique libérale, marchande, privée et de politiques rigoureuses. Il s'agit par exemple d'adopter une discipline budgétaire stricte, de mener des réformes fiscales, d'allouer les ressources financières vers des secteurs à forte valeur ajoutée diminuant les inégalités, de susciter la confiance pour permettre la stabilité monétaire et de procéder à une forte libéralisation de l'économie par le biais de privatisations, d'ouverture au commerce extérieur, de déréglementation des marchés et d'élimination d'un certain nombre de barrières. Toutes ces politiques ont, pendant longtemps, dominé l'idéologie des institutions financières internationales comme le Fonds monétaire international et la Banque mondiale. Elles étaient imposées aux pays africains désireux de recourir à l'aide financière internationale pour sauver ou redresser une économie qu'ils ne parvenaient plus à maîtriser. Cette conception a ancré l'Afrique dans une logique occidentale de rattrapage. Le parcours tracé ressemblait à celui que les pays occidentaux développés se sont imposé à eux-mêmes, omettant parfaitement les disparités profondes qui existent entre leur économie et celle des pays africains. C'est précisément l'enfermement de l'Afrique dans cette idée de rattrapage par une politique libérale et austère qui l'empêche d'exprimer son potentiel et de se développer. La conception même d'un rattrapage est nulle et non avenue dès lors que l'Afrique possède moins de moyens pour investir dans l'avenir que ceux qu'elle est censée rattraper. De plus, ce rattrapage, prôné par certains, nécessite une capacité de contrôle permise par une concentration des pouvoirs que ne possède pas encore l'Afrique. L'entreprise chinoise de développement s'est en premier lieu appuyée sur un pouvoir politique fort, voire absolu, qui a agi comme un catalyseur des forces du pays au détriment de la liberté. Cette logique n'est pas réplicable en Afrique, ni même souhaitable d'ailleurs. L'Afrique aurait donc intérêt à sortir de cette logique et de ce consensus de Washington. En revanche, le continent africain peut trouver d'autres forces dans un consensus qui émerge progressivement et constitue, sans nul doute, l'avenir de notre planète : le consensus de Paris. Fondé sur une éthique écologique, qui vise à concilier développement et préservation de la planète, le consensus de Paris fait ressortir l'aspect humaniste de la mondialisation libérale. L'Afrique pourrait s'inscrire dans cette lignée car elle valorise des atouts qu'elle est la seule à posséder aujourd'hui. L'abondance de soleil, d'eau, de matières premières, d'énergies feront sa force et lui permettront de s'affirmer comme puissance dans un monde où la ressource se raréfie et où la logique de préservation environnementale dominera. L'Afrique peut saisir l'occasion de trouver un rôle mondial dans la guerre des leaderships qui se joue actuellement, non plus comme dernière de la classe selon les critères du consensus de Washington mais comme première de la classe au sein du consensus de Paris. Tel est le positionnement stratégique que l'Afrique pourrait choisir.

Jeunesse africaine, sagesse mondiale ?

La mise en œuvre et la concrétisation de ce projet ne pourront se faire que si l'intégration de ce milliard de jeunes qui arrivent pour prendre part à la vie économique, sociale et politique de l'Afrique, deviennent une priorité du continent. Nous l'avons rappelé, les projections démographiques effectuées par les Nations unies prévoient un doublement de la population africaine d'ici

2050, qui passerait alors de près d'un milliard d'individus à 2,4 milliards. Près de 60 % des habitants du continent auront moins de 25 ans. Le défi est immense. Sans une action résolue en faveur de l'accompagnement de ces jeunes vers l'emploi, des aides sociales et une meilleure représentativité politique, le continent risque d'imploser, avec des déflagrations qui devraient toucher ses plus proches voisins, à commencer par l'Europe et l'Asie. Pour intégrer ce nouveau milliard de jeunes Africains, l'Afrique devra créer 18 millions d'emplois par an d'ici à 2035, ce qui représente un doublement de l'effort produit sur la période 2012-2017 au cours de laquelle près d'une dizaine de millions d'emplois ont été créés en moyenne par an. Cette nécessité oblige l'Afrique à des investissements importants, en matière d'éducation et de formation, d'infrastructures, de qualité de l'emploi, d'innovations et de numérisation de ses activités. Pour cela, elle doit progressivement sortir de l'économie informelle, qui accentue l'emploi précaire, l'insatisfaction des jeunes travailleurs, bride les initiatives et les innovations et suscite un manque de confiance. Aujourd'hui, l'économie informelle demeure la principale source d'emplois, selon la dernière étude de l'Organisation internationale du travail (OIT) parue en 2018. Cette économie représente 85 %[1] de l'emploi en Afrique et 92 % des entreprises du continent. Ces données varient en fonction des régions et des pays mais demeurent très élevées. Les jeunes sont particulièrement concernés : 95 % des 15-24 ans détiennent un emploi informel. Le niveau de qualification est un élément qui pèse lourdement dans la pérennisation de cette économie informelle : 94 % des individus sans éducation de base ont un emploi informel,

1. Kenneth Houngbedji et Claire Zanuso, « Les jeunes et les enjeux des marchés du travail en Afrique », dans Agence française de développement, *L'Économie africaine 2021*, La Découverte, 2021, p. 75-83.

contre 68 % de ceux qui ont achevé l'éducation secondaire et 27 % de ceux qui sont diplômés du supérieur. Plus alarmants encore, les 15-24 ans représentent 40 % des chômeurs du continent. L'intégration de la jeunesse est sans doute l'un des plus grands défis sociaux qui attend l'Afrique et le monde, tant les répercussions peuvent être immenses. Cette intégration est un impératif pour la stabilité du continent et de ses voisins car cette jeunesse, déboussolée, sans perspectives, abandonnée à son propre sort, peut être tentée par la violence, la délinquance, la dissidence, voire, plus grave encore, le terrorisme. L'enjeu est donc de ne pas la laisser abonder les rangs djihadistes qui se nourrissent de la misère humaine en donnant un sens fallacieux à l'existence. En Afrique, 40 % des effectifs recrutés par les groupes terroristes et le crime organisé sont des jeunes chômeurs. La Tunisie a fourni l'exemple que le terrorisme ne se spécialisait pas dans le recrutement de jeunes déscolarisés ou non qualifiés mais prospérait précisément par le recrutement d'individus appartenant à cette frange de la population qui se sent exclue, non intégrée, y compris des individus éduqués et qualifiés mais tenus éloignés du marché du travail. La faculté de développement du terrorisme repose sur sa capacité à offrir une alternative à cette souffrance sociale, en proposant notamment des activités incluantes, rémunérées. Le terrorisme progresse par le biais des défaillances d'emplois, dont proviennent la perte de sens et de repères et le sentiment d'inutilité, mais aussi de rejet à l'encontre de ceux qui sont intégrés. La propagande, l'endoctrinement psychologique fomentés par ces groupes terroristes corrigent l'éducation qui n'est pas toujours suffisamment solide et armée pour résister. Cette situation court le risque de s'aggraver avec la pandémie de la Covid-19 et les restrictions sanitaires qui vont avec. Jusqu'à présent, la pandémie n'a pas provoqué le désastre humanitaire que l'on craignait en mars 2020 pour le continent africain. Pour autant, les mesures de restrictions sont les premières à toucher l'économie informelle qui repose précisément sur le contact humain et la proximité, dans les villages et dans les quartiers. Les conséquences économiques et sociales de cette pandémie peuvent être désastreuses en plongeant les jeunes, et le reste de la population, dans une précarisation accrue. Ainsi, la seule véritable hypothèse de diminution de la pénétration du terrorisme dans la jeunesse africaine est de faciliter son intégration et son inclusion. Cette question devient un défi mondial.

Les deux enjeux clés de la question africaine sont donc marqués par la double nécessité de sortir des logiques du consensus de Washington, pour lui permettre de s'affirmer en tant que puissance capable d'apporter des solutions aux enjeux environnementaux, d'une part, et, d'interpeller le monde pour l'aider à intégrer un milliard de jeunes d'ici 2050, d'autre part. La communauté internationale est légitimement interpelée. La réponse à cette double nécessité doit être le moyen de résoudre les contradictions africaines internes qui se font de plus en plus sentir, et d'apporter une solution structurelle aux enjeux de gouvernance et de sécurité qui constituent le socle de l'affirmation de la puissance africaine.

L'Afrique doit surmonter ses contradictions internes. Ce continent a été et demeure un partenaire privilégié du système multilatéral, car très présent et très actif. L'Union africaine est, à cet égard, l'une des organisations régionales multilatérales les plus vaillantes dans l'ordre international, acceptant de s'engager, et de prendre sa part du fardeau dans les opérations de maintien de la paix, ou de s'approprier l'Agenda 2030 des Nations unies pour élaborer son propre agenda de développement à l'horizon 2063.

Les différentes entités subrégionales qui la constituent (CEDEAO, CEEAC, IGAD, CDAA[1], etc.) ont également fait la preuve de leur efficacité dans l'anticipation des crises. Cependant, les bonnes volontés et actions africaines sur la scène internationale se heurtent aux réalités internes du continent. Le fléau de la violence et les conflits font partie de ses caractéristiques, que le continent africain ne parvient pas à endiguer durablement. La Libye, le Mali, le Niger, le Burkina Faso, le Nigéria, la Somalie, le Soudan, la Centrafrique forment tous des foyers de radicalisation ou de conflits armés qui minent l'essor de la puissance africaine. À titre d'exemple, près de 90 % des Casques bleus déployés par l'ONU dans le monde se trouvent en terre africaine. C'est considérable ! De plus, l'État de droit, la gouvernance, l'économie accusent des retards importants en matière de reconnaissance des libertés, de système judiciaire, d'organisation politique et démocratique, de réduction des inégalités et de la pauvreté, etc. Ces carences internes constituent une vulnérabilité supplémentaire pour tout le continent. Le retour de la logique de puissance dans le monde vient exercer une pression aiguë sur l'Afrique qui se retrouve être le terrain de chasse des grandes puissances venant y nourrir leurs intérêts particuliers au détriment des populations locales. L'un des moyens de sortir de cette impasse consiste à faire éclore un véritable modèle africain de gouvernance. Cette gouvernance, entendue comme la capacité de l'État à fournir les biens et services communs auxquels un individu peut prétendre, constitue le socle incontournable sur lequel reposent tous les progrès futurs. Démocratie, État de droit, réformes constitutionnelles, régime des élections, capacités administratives,

1. Communauté économique des États d'Afrique de l'Ouest (CEDEAO), Communauté économique des États de l'Afrique centrale (CEEAC), Autorité intergouvernementale pour le développement (IGAD), Communauté de développement d'Afrique australe (CDAA).

décentralisation, participation des citoyens, inclusion des femmes et de la jeunesse, intégration des communautés et ethnies au projet de la nation sont autant de dossiers à faire avancer pour un développement proprement africain et sur lesquels ce dernier peut se reposer pour permettre les progrès sociaux et technologiques, l'engagement des entreprises et des citoyens, la sortie progressive de l'économie informelle, la mise au rebut des pratiques de corruption et de mauvaise gestion, et susciter la confiance des populations et des partenaires internationaux. Les événements tragiques de mars 2021 au Sénégal, qui a vu le soulèvement de la jeunesse à la suite de l'arrestation d'Ousmane Sonko, opposant politique au président Macky Sall, sont les révélateurs d'une gouvernance africaine encore trop imparfaite. Ces heurts sont d'autant plus marquants que le Sénégal est considéré comme le pionnier de la démocratie dans l'Afrique de l'Ouest depuis près de quarante ans, et reconnu pour son habituelle stabilité. Ayant eu la grande joie de travailler avec le président Abdou Diouf au sein de l'Organisation internationale de la francophonie (OIF) où je représentais le président Sarkozy, j'ai mesuré les profondes qualités d'un grand leader africain et partagé avec lui l'ambition sénégalaise. Macky Sall, président du pays depuis 2012, a été réélu en 2019 pour un second et dernier mandat, comme prévu par la Constitution. Pour autant, les dernières et récentes joutes politico-judiciaires donnent de la crédibilité aux rumeurs selon lesquelles il aurait l'intention de modifier la Constitution afin de pouvoir briguer un troisième mandat. Cette situation est récurrente en Afrique, mais pas seulement. Déjà en 2019, le prétendant le plus sérieux à la contestation du pouvoir de Macky Sall était Khalifa Sall, maire de Dakar, qui a dû renoncer à la suite d'accusations de détournement de deniers publics. La même arme de déstabilisation semble avoir été utilisée à l'encontre de l'ancien fils du président Abdoulaye Wade, Karim Wade, investi par le Parti démocratique sénégalais, et qui avait dû renoncer en raison de déboires avec la justice. L'arrestation d'Ousmane Sonko, arrivé troisième lors de la dernière élection présidentielle, apparaît comme la goutte d'eau qui a fait déborder un vase déjà bien rempli par l'exaspération de jeunes sans espoir ni avenir, alimentée de surcroît par les restrictions sanitaires liées à la pandémie de Covid-19. Le médiateur de la République sénégalaise, Alioune Badara Cissé, en s'exprimant sur ces événements, a évoqué « cette jeunesse sans perspective vouée à traverser les océans sans bouées de sauvetage », en résonance aux projets d'immigrations conçus par une population qui ne voit plus pourquoi rester dans un pays dont elle estime qu'il ne se soucie pas suffisamment d'elle. Ce soulèvement, qui a provoqué la mort d'une dizaine de Sénégalais et des dizaines de blessés, est l'expression de la volonté des peuples africains d'en finir avec les faiblesses et insuffisances de leurs systèmes de gouvernance. D'importants progrès sont encore à réaliser, et le respect de la Constitution ainsi que les avancées de l'État de droit sont les fondamentaux sur lesquels émergeront les attributs de la puissance africaine. Régler les enjeux de gouvernance et de sécurité qui affleurent dans les sociétés de ce continent poussera les initiatives nationales et internationales à entreprendre les projets d'intégration du milliard de jeunes qui se destinent à entrer sur le marché du travail.

Ce dernier sujet pourrait parfaitement faire l'objet de coopérations spécifiques entre l'Europe, la Chine et l'Afrique, comme nous l'évoquions précédemment. Une coopération partenariale centrée sur la jeunesse, par le biais d'investissements et de financements conditionnés à l'emploi et l'intégration massive des jeunes, permettrait des avancées majeures sur ce défi sensible. Le savoir-faire chinois en matière de zones économiques spéciales peut inspirer un développement africain rapide et adapté aux nouvelles exigences du développement durable. Ce modèle, dont le succès en Chine n'est plus à démontrer, pourrait sans doute être répliqué en Afrique, avec l'aide politique et financière de l'Europe et la Chine, dans quelques régions pouvant former des zones économiques spéciales. On y établirait des conditions avantageuses pour mobiliser les partenaires, les investissements, et contraindre les projets à intégrer la jeunesse à ce développement et promouvoir un développement durable et environnemental. L'Afrique a besoin d'aides, mais seules des aides multilatérales peuvent être globalement désintéressées. L'histoire nous a montré l'importance des contreparties pour toutes les aides bilatérales. En lançant un programme multilatéral « Avenir pour les jeunes africains », la communauté internationale pourrait montrer sa priorité pour l'intérêt de la planète.

Le défi est important mais l'Afrique dispose d'atouts considérables lui permettant de le surmonter et d'en faire une opportunité. Elle doit prendre conscience que le monde lui réserve déjà une place dans la confrontation des leaderships. Elle ne pourra y échapper et doit s'y préparer. Pour peser et compter dans l'équilibre planétaire.

– Chapitre 4 –

La rivalité entre démocraties et régimes autoritaires

Au-delà des grandes puissances continentales, la guerre des leaderships met face à face les différentes conceptions idéologiques et politiques qui sont aux fondements de l'organisation politique des États. Pour nous, Français et Européens, la démocratie est un fait, une quête, un idéal qui tend à se propager et s'appliquer à l'ensemble des nations de ce monde, sans à-coups, sans obstacles. Depuis la fin de la Seconde Guerre mondiale et de la guerre froide qui ont vu triompher le libéralisme américain, l'idéal démocratique a gagné du terrain en Amérique latine, en Afrique, en Asie, en Europe et même au sein des anciennes dictatures de l'Union soviétique qui se sont empressées de rejoindre l'Union européenne pour s'inscrire dans la lignée historique des nations démocratiques.

Cet idéal démocratique était si convaincant lorsqu'il affichait des valeurs et des principes en rupture avec les événements barbares que les dictatures et les régimes autoritaires du XXe siècle avaient provoqués… Il s'appuie sur une liberté constitutionnelle, promouvant et défendant la liberté individuelle, les droits fondamentaux, la séparation des pouvoirs, la liberté de la presse, la raison et l'esprit critique, et parvenant à effectuer la jonction entre les valeurs de liberté et d'égalité. La démocratie, entendue comme l'exercice du pouvoir pour le peuple et par le peuple en la personne de ses représentants élus, est certainement le régime politique qui élève au plus haut point la raison humaine et oblige les citoyens à faire l'effort de se penser, d'échanger, de débattre, d'argumenter, d'écouter et de choisir pour qu'émane de ce foisonnement intellectuel la volonté générale, comme l'exprimait Rousseau. Elle tire son entière légitimité de la participation et de la volonté du peuple. La démocratie est une éthique, un cadre de valeurs et de principes indéfectibles, qui met en son cœur la protection des libertés et droits humains, la participation des citoyens aux décisions qui affectent leur vie, la nécessité des élus du peuple de rendre des comptes sur leur action. Cette démocratie se fonde sur quatre moments principaux et irréfragables[1] : l'élection, qui marque certainement le moment le plus ardent du processus démocratique au cours duquel s'exprime, sûrement avec le plus de force, le bouillonnement intellectuel qui lui est propre ; la délibération, moment de dialogue, de concertation et de consultation visant précisément à faire ressortir les tendances et les volontés des citoyens dans l'espoir d'en dégager la volonté générale ; la décision, par laquelle les femmes et les hommes politiques en responsabilité ont à trancher, ainsi orienter le devenir de la nation, et par conséquent affecter la vie des citoyens ; et enfin, la reddition de compte, qui marque le moment proprement démocratique où les responsables politiques viennent expliquer aux citoyens, de manière directe ou indirecte, les choix qu'ils ont faits et les résultats obtenus.

1. Pierre-Henri Tavoillot, *Comment gouverner un peuple-roi ? Traité nouveau d'art politique*, Odile Jacob, 2019.

Le déclin démocratique

Aujourd'hui, force est de constater que la pratique démocratique recule, s'affaisse, déconcerte, nourrit le dépit et alimente l'apathie. L'attachement à ce régime politique tend à décroître, les citoyens français étant de plus en plus nombreux à estimer qu'un changement de régime est possible ou souhaitable[1]. Dans plusieurs démocraties comme l'Inde, la Turquie, la Pologne, la Hongrie, le sentiment démocratique se délite profondément. Certaines sont, elles aussi, soumises à des pressions de plus en plus fortes et des constats d'échecs probants : la Belgique est restée sans gouvernement pendant un an et neuf mois, entre juillet 2018 et septembre 2020 ; l'Italie vit dans une instabilité politique chronique depuis que deux forces politiques, les populistes de gauche représentés par le Mouvement 5 Étoiles, et l'extrême droite par la Lega, arrivent en tête des scrutins sans dégager une majorité claire pour gouverner ; l'Allemagne est restée sans gouvernement pendant cinq mois à la suite des dernières élections législatives de 2017 alors que les électeurs avaient conforté l'une des dirigeantes les plus reconnues dans le monde ; la France a vu apparaître le retour du spectre de l'extrême droite lors des dernières élections présidentielles que le progressisme et l'attachement à l'Europe sont venus repousser pour être eux aussi battus en brèche par le soulèvement populaire des Gilets jaunes, pendant plus de six mois ; les États-Unis, enfin, ont connu quatre années de populisme particulièrement virulent incarné par Donald Trump. La démocratie est en proie à de très nombreux doutes. Elle doute car elle est fébrile, fragile et qu'elle ne

1. Les études sur l'attachement à la démocratie menées par l'Ipsos montrent que plus du tiers des citoyens estiment aujourd'hui que d'autres régimes valent la démocratie, cette proportion n'était que d'un quart de la population en 2014.

produit plus les effets espérés par les citoyens. Cette fragilité est d'autant plus marquée dans les contextes de crise comme celui que nous traversons actuellement depuis plus d'un an. La pratique démocratique est souvent un processus lent, prudent, sûrement plus rigoureux, par construction car elle est fondée sur le dialogue et la délibération. La crise, par son caractère brusque et menaçant, l'incertitude qu'elle a créée, se plie plus facilement à l'autoritarisme quand la lenteur et la prudence démocratiques empêchent souvent d'agir aussi hâtivement que la situation l'impose.

Cette fragilité démocratique puise sa source dans un certain nombre de défaillances que nous voyons poindre avec de plus en plus d'acuité. Les quatre piliers de la démocratie – élection, délibération, décision et reddition de compte – sont secoués et ébranlés. Nous venons de le décrire, dans de nombreux pays, l'élection ne permet plus de dégager des majorités claires et puissantes, capables de gouverner et de conduire les affaires du pays. Elle mène le plus souvent à un enlisement politique par la recherche d'accords et d'alliances qui détourne les acteurs politiques de leur véritable mission : gouverner et réformer. Dans d'autres États, comme la France, même lorsque le résultat de l'élection est sans appel, comme ce fut le cas en 2017, le spectre de l'illégitimité du candidat vainqueur refait surface au nom d'un vote par défaut qui permet d'écarter le « mal » mais qui n'est pas pour autant un vote d'adhésion. De plus, l'élection a souvent une promesse pour origine. Celle-ci fait partie intégrante de la culture démocratique. Elle est l'élément central d'un accord tacite entre le candidat et l'électeur, le premier formulant des promesses auxquelles le second accepte de croire. Longtemps, ce phénomène a perduré, sans que l'on se soucie de sa réalisation effective et concrète. Charles Pasqua pouvait même dire : « Les promesses n'engagent que ceux qui les reçoivent. »

Cependant, depuis plusieurs années désormais, les citoyens se sont lassés de ne pas voir leur quotidien évoluer alors même qu'ils adhéraient à toujours plus de promesses, et ont exhorté le personnel politique à remplir son devoir et tenir ses engagements. Aujourd'hui, il est courant d'entendre des politiques se réfugier derrière leurs promesses de campagne pour montrer qu'ils agissent et font ce qu'ils ont dit. Mais cet accord tacite est en train de s'effriter progressivement. Ce phénomène de défiance affaiblit la portée de l'élection dans nos démocraties, où la participation décline et le socle électoral s'amenuise. Cela s'est une nouvelle fois vérifié très récemment lors des dernières élections départementales et régionales, de juin 2021, au cours desquelles près de 70 % des Français ne se sont pas rendus aux urnes. Ce signal se détecte également dans la popularité des gouvernants qui s'érode désormais seulement quelques mois après leur élection et contraint les élus à courir derrière une popularité et une adhésion perdues. La délibération est sans doute la sphère dans laquelle la démocratie se sent trop à l'aise. Elle s'y enferme parfois, et s'y réfugie trop souvent. Cette spécialité française de la consultation des parties prenantes, des corps intermédiaires, de la création de commissions, comités, conseils et hauts conseils, observatoires, et autres instances consultatives ou délibératives qui se prononcent sur les réformes et lois en projet au sein du gouvernement, permet à chacun de s'exprimer, d'avancer sa revendication et de recueillir l'avis de tous, sur tous les sujets. Ce processus délibératif est essentiel et fondamental, mais encore faut-il qu'il puisse se faire dans des délais raisonnables, qu'il ne soit pas l'occasion de déverser une litanie de revendications connexes et annexes propres à un groupe ou une minorité, et qu'il puisse censément déboucher sur une décision. Cette dernière constitue le défaut majeur de nos démocraties, enlisées dans des travers bureaucratiques qui empêchent les dispositions prises de s'appliquer telles qu'elles ont été conçues. Cette bureaucratisation est le symptôme de cette inefficacité politique, qui se complaît dans les règles, les normes, les procédures et les formulaires, qui entravent la décision, l'action et la liberté des individus et installent un sentiment de suspicion délétère. Les citoyens ne perçoivent donc plus les changements induits par les décisions politiques, la réalité de leur quotidien est tragiquement la même au fil des élections, des changements et des alternances politiques. Les politiques apparaissent souvent impuissants, notamment sur les questions économiques, ballottés autant que leurs concitoyens par les décisions de délocalisation, de fermeture de sites de production, par la montée du chômage, par un sentiment d'insécurité économique et sociale auxquels ils ne savent plus répondre avec rapidité et efficacité. Les services publics n'apparaissent plus être à la hauteur des exigences des citoyens, notamment en France, avec une école qui montre ses carences dans les classements internationaux, des déserts médicaux et un hôpital fragilisé qui a tout de même mieux résisté à la pandémie que ce que l'on aurait pu imaginer grâce au dévouement et à la vaillance du personnel médical et paramédical. De plus, les décisions sont prises souvent avec le sentiment qu'elles sont une réponse aux revendications de minorités bruyantes, et donc à un intérêt particulier exprimé par une frange de la population. Les citoyens ne perçoivent plus l'intérêt général qui s'exprime au travers de la loi. Ils considèrent que l'intérêt général n'est finalement qu'un intérêt particulier qui s'impose à eux et la dimension générale, voire universelle, qui caractérise la décision politique leur semble s'être évaporée. C'est particulièrement spectaculaire dans la mobilisation contre le « passe sanitaire ». Ce sentiment nourrit la défiance et la contestation de l'autorité politique. Le peuple fait de plus en plus le constat consternant et effrayant de l'inefficacité de ses décideurs publics devant le phénomène de mondialisation qui vient bousculer les repères établis dans nos démocraties et devant la paupérisation de nos services publics qui sont sans cesse rabotés et dépréciés. Enfin, la reddition de comptes est certainement le pilier sur lequel la démocratie réagit le mieux, même si l'exigence de transparence et l'envergure prise par les réseaux sociaux dans le domaine public ont conduit à une dévalorisation de l'action politique, à un dénigrement des élites et à un discrédit des dirigeants, transformant progressivement la démocratie en une surveillance du pouvoir. La révolution numérique, ayant permis l'émergence des réseaux sociaux, a également lourdement affecté notre régime politique qui a perdu sa capacité à convertir la montée des opinions individuelles en débat ordonné, construit, respectueux et intelligible. Les réseaux sociaux ont consacré l'expression de tous, conduit à l'émergence du relativisme en nivelant les opinions de tout un chacun et les analyses sérieuses et approfondies d'experts, alimenté l'expression d'une société victimaire, émotive, se contentant d'affirmations péremptoires, condamnant les individus par un Tweet ou une publication, contournant et bafouant ainsi tous les principes absolus du droit et de la justice. L'effondrement aujourd'hui observable de ces quatre piliers démocratiques impose le constat d'une impuissance politique chronique. La décentralisation s'est, elle aussi, montrée décevante notamment par l'abstention massive aux dernières élections départementales et régionales de l'été 2021. Le partenariat, la contractualisation entre les différents échelons a ajouté de la complexité, voire de l'illisibilité, à l'action engagée, déclenchant désintérêt et indifférence.

Dans ce contexte de relative impuissance politique, la contestation devient plus facile. « La critique est aisée, mais l'art est difficile », prévient l'adage. Les démocraties ne parviennent plus, ou difficilement, à créer du consensus, des accords, des compromis. Le rapport démocratique est désormais une opposition quasi systématique au pouvoir en place. La pandémie de la Covid-19 a montré cet élan de l'opposition pour la critique à tout-va, sur les masques, les tests, l'isolement des personnes contaminées, la vaccination, la nécessité de reconfiner ou de déconfiner. Les oppositions ne tiennent plus des discours construits, empreints de valeurs et de principes qu'elles défendent. Elles ajustent seulement leur propos à l'action gouvernementale pour mieux la critiquer et s'y opposer. De la même manière qu'il y a 67 millions de sélectionneurs de l'équipe de France, toujours prompts à critiquer les choix de Didier Deschamps. Chaque citoyen est désormais le rédacteur en chef de l'information à laquelle il croit et se prétend Premier ministre du gouvernement. Tout cela n'est pas à rejeter, tant nous savons à quel point il peut être utile d'opposer un autre son de cloche à ceux qui prennent les décisions. En revanche, l'opposition systématique et parfois irréfléchie n'apporte rien au débat ni à la prise de décision. Nos démocraties se complaisent, encore une fois, dans des querelles byzantines et des oppositions sempiternelles qui, au fond, les desservent plus qu'elles ne les servent.

Ces oppositions constantes sont également issues de la perte déplorable d'une culture historique du débat et de l'échange constructif qui était au fondement des démocraties, provoquée par l'avènement des réseaux sociaux et l'ère de l'instantanéité. Aujourd'hui, tous les citoyens sont plongés dans cette connectivité ambiante dans laquelle un simple clic, une simple recherche ou demande confèrent le pouvoir d'exiger une réponse immédiate. Les peuples des sociétés démocratiques semblent avoir perdu tout discernement lorsqu'ils exigent de leurs représentants et de leurs élus des réponses aussi rapides que celles qu'ils obtiennent sur leur smartphone et leur moteur de recherche préféré. « Lorsque l'immédiat dévore, l'esprit dérive », nous rappelle Edgar Morin. La politique, l'action publique et le service de l'État et des concitoyens ne peuvent s'exercer dans cette exigence de l'instantanéité, précisément parce que ces activités nécessitent d'exposer des faits, de poser des diagnostics, de formuler des arguments, de proposer des idées, de convaincre, de donner du sens à une action ou un projet. Toutes ces étapes ne peuvent être mises au rebut ou balayées d'un revers de la main, à moins de vivre dans un régime autoritaire. Cette perte du temps long influe énormément sur la capacité des femmes et des hommes politiques à être efficaces, crédibles, à donner du sens et partager des valeurs avec leurs concitoyens. Le sentiment que les problèmes s'accumulent, que l'on ne parvient jamais à les régler, que l'actualité dicte l'agenda politique est la conséquence de ce renoncement à penser la politique dans le temps long et de l'allégeance à l'instantanéité. Pourtant, nos concitoyens sont à la recherche de ce sens qu'ils ont perdu, et sans lequel ils se sentent déstabilisés et en insécurité. Par manque de moyens et faute de volonté, des outils essentiels comme la Datar[1] ou les structures de planification ont été supprimés et avec eux toute une pensée prospective pour notre pays et nos territoires. La création d'un Haut-Commissariat au plan est un signe positif pour remettre au cœur de l'action publique une prise de conscience de notre futur, une dimension prospective, qui permet de penser aux investissements d'avenir et d'orienter la politique actuelle vers des objectifs de long terme. Ce Haut-Commissariat, rétabli en 2020, doit être encore renforcé et étoffé, les moyens mis aujourd'hui à sa disposition sont encore insuf-

1. La Délégation interministérielle à l'aménagement du territoire et à l'attractivité régionale, créée en 1963, a été supprimée en 2014 alors qu'elle était chargée de préparer les grandes orientations politiques du pays.

fisants. Les démocraties doivent renouer avec le temps long, celui qui remettra au centre des débats l'anticipation, la vision, la projection. La crise de la Covid-19 a montré à quel point nos systèmes n'étaient pas préparés aux divers aléas ni équipés pour les affronter. Des années durant, nous avons renoncé à nous préoccuper de ce qui pourrait advenir, considérant que les moyens consacrés à ce type de missions étaient trop importants compte tenu des résultats attendus ou obtenus. Cette crise a sonné l'alerte, interpellant nos élus et nos systèmes et les exhortant à se projeter à nouveau dans l'avenir, afin de redonner un souffle, une ambition et un projet à l'action politique démocratique.

Régimes autoritaires : le pouvoir contre les libertés

L'ensemble de ces défaillances conduit inexorablement à la montée des populismes. Ces derniers s'en nourrissent et les exploitent pour conquérir les voix du peuple qu'il entend représenter pleinement. Les populistes exacerbent les défaillances et difficultés d'un système démocratique qu'ils s'évertuent à dégrader, pour mieux en vivre. Leur seul moyen d'existence réside dans son affaiblissement. Ils instrumentalisent le clivage entre peuple et élites au détriment de ces dernières, en portant le discrédit sur leur capacité et leur action, et faisant régner un soupçon sur tout acteur politique. Ils se revendiquent généralement antisystème alors qu'eux-mêmes en sont souvent les purs produits, mais laissent entendre qu'ils connaissent mieux que leur adversaire les aspirations réelles et profondes du peuple. Leur ambition est de parvenir à la scission, à monter des groupes d'individus les uns contre les autres pour pointer du doigt l'incapacité des élus à faire consensus et à créer de la cohésion. Les populismes représentent une forte déstabilisation de nos systèmes démocratiques mais ont un pouvoir de conviction car ils empruntent une apparence démocratique pour mieux s'attaquer à la démocratie. Ce phénomène touche l'ensemble des démocraties et en sort parfois victorieux. Donald Trump en est le bon exemple. L'ex-Président a montré que, pour le populisme, l'adversaire principal est l'unité nationale, la cohésion sociale. La stratégie est de diviser, de s'appuyer sur une partie du peuple, de la mobiliser et de gouverner pour elle contre les autres. L'Italie de Beppe Grillo, de Luigi Di Maio et de Matteo Salvini en est un autre exemple. Les gouvernances hongroise et polonaise, à travers les figures de Viktor Orbán et Jaroslaw Kaczynski, sont les fers de lance du populisme rampant en Europe. La Russie de Vladimir Poutine et la Turquie de Recep Tayyip Erdogan véhiculent cette même idéologie. La caractéristique commune à tous ces populistes réside dans l'affirmation d'un pouvoir fort, autoritaire, défiant les principes constitutionnels et les droits fondamentaux, au nom de leur représentation soi-disant fidèle des volontés et intérêts des peuples qu'ils gouvernent.

Aujourd'hui, le régime démocratique est affaibli et assailli de toute part par des contempteurs qui s'appuient sur ses défaillances pour mieux exister. Ils sont tentés d'aller découvrir des confins encore inexplorés, prétendant apporter des solutions aux maux qu'ils ont parfois eux-mêmes causés. Ces régimes autoritaires, illibéraux, gagnent du terrain et la pandémie mondiale est un élément de plus qu'ils exploitent pour critiquer la gestion de crise des autorités démocratiques, à la peine parfois, en retard souvent. L'attrait de ces régimes réside dans leur capacité à démontrer leur efficacité grâce à des mesures strictes et autoritaires qui bafouent les libertés individuelles, les droits fondamentaux et se débarrassent des procédés délibératifs et de reddition de comptes pour libérer la puissance politique. C'est cette efficacité, qui fait tant défaut dans nos démocraties, qui rend ces propositions illibérales si séduisantes pour le citoyen. Nos concitoyens doivent toutefois rester lucides sur la régression que de tels régimes feraient encourir à notre humanité. Souffler sur les braises n'a jamais permis d'éteindre l'incendie. Nous devons chercher ensemble le remède à nos maux plutôt que de nous réfugier dans les bras de ceux dont les paroles ne font que remuer le couteau dans la plaie.

Plusieurs modèles se dessinent aujourd'hui. Xi Jinping et Poutine sont évidemment les deux forces autoritaires dominantes, depuis que les États-Unis ont renoué avec l'idéal démocratique dont ils sont les défenseurs. La nature des régimes chinois et russe est pourtant bien différente.

D'une part, Xi Jinping incarne un leadership politique qui correspond au nouveau rôle que la Chine veut jouer dans le monde. Jusqu'aux Jeux olympiques de 2008, le pays jouait la carte de « l'émergence pacifique » dans la discrétion. Depuis cette période, il veut signifier son retour aux premiers rangs des nations du monde et développe de nombreuses initiatives pour diffuser sa puissance (Belt and Road Initiative, Exposition internationale des importations de Shanghai, etc.). La Chine repose tout entière désormais sur la puissance autoritaire du Parti communiste chinois. Xi Jinping en est la figure de proue, incarnant ce leadership.

D'autre part, Vladimir Poutine se maintient au pouvoir grâce à différentes organisations institutionnelles que sa popularité lui a permis de mettre en place. Comme le leader chinois, il s'est attaché à s'octroyer du temps pour diriger la Russie. Sa culture personnelle des réseaux et du renseignement (en tant qu'ancien officier du KGB) lui donne des atouts techniques pour exercer le pouvoir. Il a su également imposer à nouveau la présence et la puissance de la Russie sur la scène internationale, au moment même où les

États-Unis, sous Barack Obama d'abord, puis sous Donald Trump, ont révoqué l'idée d'une intervention systématique dans les affaires du monde. Cette politique russe très active, notamment dans le soutien apporté aux pouvoirs en place dans les pays en ébullition du Moyen-Orient, porte aujourd'hui ses fruits. Ces deux leaders développent chacun une réelle puissance politique assumée et très éloignée de l'esprit démocratique. Pour autant, ils jouent un rôle essentiel dans la marche et l'équilibre du monde. Ils ne sont pas, par ailleurs, dépourvus d'une certaine popularité à l'intérieur des frontières de leurs propres pays.

Plusieurs leaders s'appuient, eux, sur la religion pour conforter leur pouvoir. Selon les périodes, le fait religieux n'a pas toujours dominé, la religion ayant parfois été écartée du pouvoir au profit d'un pouvoir politique temporel, aussi bien en Turquie où la proclamation de la République par Mustafa Kemal Atatürk en 1923 rompit avec le pouvoir islamique, inscrivant la laïcité dans la Constitution et proscrivant l'islam comme religion officielle, qu'en Iran sous l'égide des shahs d'Iran et de Mohammad Reza Pahlavi. Aujourd'hui, le fait religieux revient en force dans l'assise du pouvoir. Le président turc, Recep Tayyip Erdogan a considérablement renforcé le pouvoir religieux de son régime au gré des déconvenues et d'une légitimité démocratique faiblissante. Présentée autrefois comme un exemple de pays parvenant à concilier la démocratie et l'islam, la Turquie est aujourd'hui la plus grande prison pour journalistes du monde et son Président est devenu l'un des chefs de file les plus bruyants de cette dérive autoritaire, populiste et illibérale. Nommé Premier ministre de la Turquie en 2003, il a été élu Président en 2014. L'exercice abusif de son pouvoir a conduit à la tentative de putsch en juillet 2016 par une faction de l'armée turque qui voulait « réinstaller l'ordre constitutionnel, la démocratie, les droits de l'homme et les libertés, assurer que la loi règne à nouveau dans le pays ». Ce coup manqué a conduit le président turc à mener une purge dans le pays, évinçant notamment les bureaucrates islamistes proches des fomenteurs du putsch, renforcé et renfermé son pouvoir autour de sa personne et du fait religieux, pour mieux contrôler le pays. Après 2016, il a réprimé les dissidents, les opposants politiques et la presse et fait voter, non sans difficulté, la réforme constitutionnelle lui attribuant le seul rôle exécutif en supprimant la fonction de Premier ministre. Élu démocratiquement, mais restreignant les libertés, notamment en réprimant celle de la presse et des médias, en se désengageant de la Convention d'Istanbul, traité international réprimant les violences faites aux femmes, Recep Tayyip Erdogan s'avance en chef de file des démocraties illibérales, tenant aussi régulièrement des propos injurieux à l'encontre de l'Europe, de la France et du président Emmanuel Macron. Au contraire de la Turquie, l'Arabie Saoudite a cherché à donner quelques signes, bien timides, d'ouverture. Néanmoins, la rigidité du régime protège ses dirigeants. Ailleurs, après une accalmie due à l'arrivée au pouvoir de Hassan Rohani, l'Iran recommence à diaboliser les États-Unis dans l'espoir d'obtenir un soutien européen à leur revendication de levée des sanctions qui lui sont imposées. Aujourd'hui, c'est également l'Afghanistan qui, après vingt années d'occupation militaire occidentale, est à nouveau gouverné par le fondamentalisme islamique des Talibans. Ces derniers ont repris le pouvoir sur l'ensemble du territoire afghan après le retrait des troupes américaines et souhaitent renouer avec la charia. Ces puissances de la deuxième ligne, elles aussi, sont peu susceptibles d'être influencées par l'esprit démocratique.

Les régimes qui se placent sous l'autorité de l'organisation militaire pratiquent bien souvent un pouvoir autoritaire. En Égypte, la légitimité de l'armée est fondée sur la lutte contre le terrorisme. Ce régime utilise le leadership militaire du maréchal Al Sissi pour se stabiliser. En effet, au cours d'un déjeuner au Sénat, le chef de l'État égyptien avait martelé sa conviction : « Seule une armée peut vaincre le terrorisme. » Cependant, l'autoritarisme ne s'exprime pas toujours par un leadership militaire. En Algérie, le pouvoir militaire est très puissant mais il adopte plutôt une certaine discrétion politique préférant, jusqu'à maintenant, l'influence à la gouvernance. Envoyé spécial du président Sarkozy pour conclure dix grands chantiers de coopération avec l'Algérie, ma plus grande difficulté a été de repérer parmi mes interlocuteurs ceux qui étaient directement connectés avec l'armée. En travaillant avec eux, nous avons pu conclure huit dossiers sur les dix. En Birmanie, l'accord négocié entre le pouvoir militaire et *La Dame*, Aung San Suu Kyi, a volé en éclats lors du coup d'État militaire perpétré le 1er février 2021 à l'encontre de celle qui avait su rétablir la démocratie dans un pays encore instable et violent. La prise de pouvoir par l'armée a cependant suscité la révolte du peuple birman qui exhorte le retour d'Aung San Suu Kyi. Le pouvoir militaire en place réprime avec une violence inouïe ces contestations, tirant de manière éhontée sur la foule et procédant à des arrestations arbitraires de manifestants et de journalistes. Deux mois seulement après le coup d'État, près de 240 civils avaient été tués et 2 500 arrêtés. Dans ces régimes, la pression autoritaire est trop forte et finit bien souvent par l'emporter, terrassant des institutions démocratiques trop jeunes, trop insouciantes, trop vulnérables.

D'autres régimes, plus ou moins démocratiques, sont extrêmement rigoureux quant à l'autorité du pouvoir central, tout en veillant à montrer leur esprit d'ouverture et une réelle modernité, ce qui leur permet d'avoir des résultats plutôt flatteurs. C'est notamment le cas du Maroc, de la Corée du Sud, du Vietnam ou de Singapour.

Enfin, d'irréductibles dictatures résistent encore et toujours à la démocratie. Elles sont encore fréquentes aujourd'hui, notamment en Afrique mais pas seulement. Ces régimes proprement dictatoriaux reposent sur une attitude autoritaire non respectueuse des droits de l'homme sur le plan intérieur, et sur une attitude souvent belliqueuse à l'extérieur. La Corée du Nord, l'Érythrée, le Venezuela ou encore la Biélorussie, en Europe même, dirigée par Alexandre Loukachenko depuis 1994, sont les derniers bastions du règne de l'arbitraire et la domination des uns par les autres.

La réponse démocratique ne peut être que collective

Face à cette montée des régimes contestataires du modèle démocratique, les démocraties ne doivent pas renoncer au combat par lequel elles sont vilipendées. Pour se défendre, les démocraties ne doivent pas s'isoler, mais faire front, ensemble. Elles doivent mesurer leurs différences et s'en enrichir. Le modèle fédéral allemand est, par exemple, bien différent du français fondé sur le principe de l'alternance, en l'occurrence d'un chef et d'une équipe élus pour cinq ans, aux termes desquels le changement est possible. Le modèle israélien fondé sur la représentativité est bien différent tout en étant également démocratique. Les modèles asiatiques leur sont aussi spécifiques, notamment quant à l'exercice de l'autorité. Le sursaut démocratique tant attendu ne verra le jour que si les démocraties, elles-mêmes, prennent conscience qu'elles appartiennent à un même monde, qu'elles partagent leur éthique, et que l'avenir du monde ne peut se passer d'elles. Les formes constitutionnelles des différentes démocraties, à l'Est et à l'Ouest, sont tellement diverses et leurs problèmes tellement voisins qu'il y a de grandes chances qu'un dialogue soit très fertile. Cette initiative ne peut que renforcer les démocraties dans leur nécessaire dialogue avec les autres puissances. Il s'agit de réunir autour d'une même table des alliés qui ne se parlent jamais de leurs difficultés, de leurs blocages, afin de communiquer autour de leur expérience de la gestion de crises. Les démocraties d'Europe du Nord et scandinaves, irlandaise, française, japonaise, israélienne, et bien d'autres encore, doivent se retrouver et échanger pour faire face, se renforcer les unes les autres au nom de la défense du front démocratique. Elles auraient tout à gagner à débattre de la stabilité politique japonaise autour du Parti libéral démocrate (PLD). Ce parti est parvenu à installer sa domination par sa capacité à rester ouvert à une communauté large et inclusive dans laquelle s'exprime une culture politique fondée sur le consensus et se développe une approche pragmatique qui parvient à intégrer les bonnes idées qui vont dans l'intérêt du pays. Elles auraient également tout à gagner à discuter de la capacité encore très forte de l'Irlande à fournir un modèle d'intégration performant, quand la mondialisation, par le flux de migrations et l'insécurité culturelle qu'elle soulève, déstabilise les démocraties. L'Irlande a toujours eu à cœur de ne pas se soumettre à la domination britannique, et en particulier anglaise. Cette démocratie a donc développé des mécanismes puissants de protection de son identité culturelle et est aujourd'hui capable de s'en servir avec intelligence pour intégrer des populations immigrées. À titre d'exemple, les Gaelic Athletic Associations, des clubs sportifs regroupant différents sports traditionnels en Irlande, sont un puissant vecteur d'intégration grâce au sport, au mélange des populations, immigrée et locale, qui favorise l'apprentissage de la langue et l'acculturation à des pratiques proprement irlandaises. L'exemple irlandais démontre qu'il est possible de préserver une culture et une identité forte, avec des systèmes puissants d'intégration, sans que la mondialisation soit systématiquement perçue comme un facteur de désagrégation et d'annihilation et sans que la fermeture et le repli identitaire soient perçus comme les seules solutions viables. Le défaitisme d'un Éric Zemmour est surmontable.

Les démocraties auraient, enfin, tout à gagner à s'inspirer des démocraties d'Europe du Nord et scandinaves dans lesquelles la gouvernance ne s'effectue que par consensus, compromis et accords politiques entre partis d'opposition pour le bien du pays. Par exemple, les pays d'Europe du Nord mettent l'accent sur la responsabilisation des acteurs de la société, tels que les syndicats et organisations professionnelles, les partenaires sociaux, impliqués par le dialogue et la concertation dans l'élaboration des règles qui régiront le droit et les conditions de travail. Ces démocraties parviennent à engager tous les acteurs dans l'action, à leur donner un rôle, à les responsabiliser avec, comme valeurs cardinales, le consensus et l'équilibre. De même, l'expérience des démocraties asiatiques telles que la Corée du Sud serait intéressante à interroger. Il ne s'agit pas d'écraser les cultures de chaque modèle mais de créer une démarche commune de progrès, expression de la nouvelle force des démocraties dans le monde.

Ce dialogue entre démocraties doit être le tremplin vers un sursaut démocratique. Les démocraties doivent être fortes, fières, se tenir droites devant l'adversité car elles sont un acquis vital pour l'humanité, symbole de cette capacité qui lui est propre de s'élever au degré le plus haut dans l'ordre de l'esprit. Représentantes des Lumières, elles ne doivent rien céder face à l'obscurantisme qui pointe. Les démocraties doivent porter un regard lucide et objectif sur leurs défaillances, comme nous l'avons fait ici, afin de répondre aux mieux aux attentes de nos peuples.

– Chapitre 5 –

Le multilatéralisme à l'aune du plurileadership

Le monde a connu au début du XXe siècle des abominations qui ont ébranlé de manière durable son équilibre et les rapports entre les nations qui le constituaient. La concentration d'événements tragiques, leur violence inouïe et « l'inimaginable régression de l'humanité à un état de barbarie qu'on croyait avoir oublié depuis longtemps[1] », selon les mots de Stefan Zweig, ont été à la fois l'expression de l'ignominie la plus abjecte que l'homme pouvait contenir en lui et le moyen de réveiller la plus belle part d'humanité contenue en chacun de nous, qui a permis de mettre un coup d'arrêt à l'expansion de cette violence. Cette humanité, remplie de ce dégoût de la haine qu'elle couvait, s'est révélée dans le combat contre le fascisme et le nationalisme en bâtissant un ordre international solide, fait de solidarité entre les nations qu'il unissait. Les trente années de guerre et d'horreur ont fini par laisser leur place à trois quarts de siècle de multilatéralisme sain et pacifié.

1. Stefan Zweig, *Le Monde d'hier. Souvenirs d'un Européen*, 1942.

Le multilatéralisme fait son âge

Le multilatéralisme qui s'est imposé dans la seconde moitié du XXe siècle comme régisseur de la société internationale est issu du pacte originel établi par la Charte des Nations unies, signée à la fin de la conférence de San Francisco, le 26 juin 1945. Ce pacte et ceux qui en découlent, à l'instar des accords de Bretton Woods, donnent naissance à de grandes institutions qui ont permis de pérenniser les rapports de paix : l'ONU, le Gatt, le FMI, la Banque mondiale, l'Unesco, l'OMS, la FAO. Ces institutions se sont rapidement multipliées dans tous les secteurs jugés pertinents et ont parfois évolué, le Gatt étant devenu l'OMC. De plus, l'élaboration de la Convention cadre des Nations unies pour les changements climatiques (CCNUCC), signée lors du premier Sommet de la Terre à Rio en 1992, a permis de reconnaître l'existence des dérèglements climatiques et d'introduire la tenue des Conférences des parties, dont la COP21 a débouché sur les Accords de Paris sur le climat en 2015. Des institutions régionales sont également nées de ce foisonnement pacificateur, comme l'OEA sur le continent américain, la Ligue arabe, l'Union africaine, le Conseil de l'Europe, l'Union européenne, l'Asean, le Mercosur, et bien d'autres. Près de 400 organisations internationales et intergouvernementales existent aujourd'hui. Cette prolifération témoigne d'une prise de conscience profonde, d'un état d'esprit enclin à prendre en compte et légitimer la présence de l'autre pour obtenir la paix et la prospérité. Le multilatéralisme ne fonctionne que par l'acceptation que chaque intérêt particulier se vaut et mérite d'être entendu. Cette conscience de l'autre et cette volonté de paix nécessitent une force d'âme, une humilité sincère, pour parvenir à reconnaître que l'échange, le dialogue, le débat améliorent les décisions davantage qu'ils ne les détériorent. C'est la reconnaissance que l'humanité se bonifie et s'enrichit au contact des autres plus qu'elle ne s'appauvrit, que l'hybridation la renforce plus qu'elle ne l'affaiblit. Ce multilatéralisme a été utile, il a permis des avancées exceptionnelles, son succès est incontestable.

En 2021, l'organisation multilatérale fête ses 76 ans. Oui, l'Organisation des Nations unies est une personne âgée, donc à risque, et donc prioritaire sur la liste des individus à protéger. La pandémie qui a secoué le monde a bien failli emporter avec elle ce multilatéralisme, essoufflé et présentant de nombreuses comorbidités. En somme, l'ordre multilatéral, au sortir de cette crise majeure, n'est jamais apparu aussi bousculé, ébranlé, menacé. Le bouleversement du paysage politique et géopolitique a rendu, à certains égards, ce système désuet, avec un manque flagrant de leadership. Les tensions que nous avons mises en exergue tout au long de ce chapitre en sont les exemples les plus frappants. L'incapacité de l'ONU à faire respecter le droit international et à régler la crise syrienne, dont nous fêtons tristement le dixième anniversaire en 2021, la guerre au Yémen, le problème palestinien, la question du traitement des Ouïghours en Chine, sont autant d'éléments qui viennent alimenter le constat d'une inefficacité croissante du système multilatéral et qui poussent de nombreuses nations à s'en détourner, cherchant par elles-mêmes leur propre sphère d'influence et de communication. C'est le cas notamment des puissances émergentes, acteurs mondiaux ou régionaux, comme la Chine, la Russie, la Turquie, l'Arabie Saoudite, l'Iran, l'Inde, le Brésil, le Mexique, l'Afrique du Sud ou le Nigéria, qui contestent l'universalité de ce multilatéralisme, portant haut, selon eux, les intérêts des pays du Nord, sans permettre à ceux du Sud de peser autant qu'ils le voudraient sur la scène diplomatique. Le monde aujourd'hui se structure à nouveau en pôles de puissances qui se disputent le leadership mondial. Le système multilatéral en souffre, il est à la peine, car il n'a pas su s'adapter à ce changement profond. Cette inadaptation à un monde en recomposition autour de puissances monde donne l'impression d'une perte de légitimité, qui se traduit en particulier par des difficultés à trouver des accords, par l'utilisation répétée du droit de veto, par un découragement des envoyés spéciaux sur le terrain, nourri du manque d'impact de leur travail, et aussi par l'attitude parfois hostile de certaines grandes puissances à l'égard de principes qu'elles ont elles-mêmes autrefois participer à forger, mais qu'elles bafouent et dénigrent avec cynisme aujourd'hui. Cette défiance grandissante à l'encontre du système onusien s'accompagne d'un relent de souverainisme, voire de nationalisme. L'ordre international fondé en 1945, reposant sur des principes démocratiques, de liberté, de libre-échange, de mondialisation, est contesté en premier lieu par ceux qui s'en sentent victimes et s'estiment lésés par un phénomène qu'on leur a imposé. Les discours et programmes populistes portés à travers le monde, au premier rang desquels se trouvait le slogan « *America First* » de Donald Trump, sont l'expression de ce rejet viscéral du mouvement de globalisation et de libre-échange qui est tenu pour responsable de la désindustrialisation, du chômage, de la perte de pouvoir d'achat et de la paupérisation des services publics. L'idée selon laquelle la mondialisation et le multilatéralisme ne sont sources que de progrès et de prospérité ne fait plus l'unanimité car elle se heurte à des situations économiques et sociales désastreuses qui font le lit du populisme et du nationalisme, et alimentent le repli sur soi et la haine de l'autre. La sortie du Royaume-Uni de l'Union européenne est la manifestation récente la plus marquante de la contestation et du rejet d'un projet multilatéral au nom d'un repli sur soi souverainiste et parfois démagogique. Par ailleurs, à ce changement dans la structuration du monde s'ajoutent la diversification et la complexité des défis du XXIe siècle qui s'imposent à la société internationale. La question de la sauvegarde de la planète et de la gestion des dérèglements climatiques, les enjeux du numérique, en matière d'accessibilité et de sécurité avec la multiplication des cyberattaques, l'apparition et l'intervention d'acteurs non étatiques à la puissance démesurée, capables de rivaliser avec des États, rendent le multilatéralisme vulnérable face à la propension et l'ampleur des problématiques à gérer et traiter. La crise du coronavirus a certainement porté l'estocade au système multilatéral, en offrant le spectacle désolant de gouvernements ayant fait le choix de l'individualisme et dont les décisions non concertées ne reposaient même pas sur les consignes énoncées par les agences internationales spéciales, comme l'OMS. À l'heure de la mondialisation et du flux incessant d'individus d'un bout à l'autre du globe, la pandémie mondiale aurait dû inciter les décideurs publics à davantage de dialogue, de concertation, de cohérence dans leur prise de décisions et dans leurs actions. Au lieu de cela, les réflexes égoïstes et l'instinct national ont prévalu. La réponse multilatérale ne s'est pas imposée naturellement. Il a fallu attendre plusieurs semaines, et des gouvernements démunis face à l'ampleur de la crise et à la catastrophe humaine, pour que les initiatives multilatérales soient reconsidérées.

Cette situation donne une résonance particulière aux mots qu'Antonio Gramsci emploie dans ses *Cahiers de prison* (1983) : « Le vieux monde se meurt, le nouveau tarde à apparaître et dans ce clair-obscur surgissent les monstres. » Pour autant, les problématiques soulevées précédemment témoignent de la nécessité de détenir un système multilatéral fort et légitime, capable d'adresser avec vigueur les enjeux du nouveau siècle. Les puissances publiques nationales, prises individuellement, ne possèdent plus les moyens suffisants pour faire face à ces défis colossaux : crises financières, terrorisme, changement climatique, révolution numérique et technologique, pandémie sanitaire, flux migratoire sont tout autant de défis que seule une organisation multilatérale peut parvenir à traiter. Dès lors, le multilatéralisme doit être rétabli et aussi réformé. Mais cela suppose une volonté commune et globale qui fait défaut aujourd'hui car les principes de base du fonctionnement multilatéral se sont perdus. Le multilatéralisme est d'abord et avant tout une éthique. Félix Houphouët-Boigny aimait à rappeler en Côte d'Ivoire que « la paix, ce n'est pas un mot, c'est un comportement ». Dans ce monde où les réseaux sociaux façonnent l'esprit manichéen de nos populations, où la nuance est impossible et disqualifiante, où les querelles byzantines sur la justesse sémantique des mots employés l'emportent sur le fond des idées, où le débat argumenté s'efface devant les opinions catégoriques et idéologiques, le multilatéralisme est mis à l'épreuve. Nos décideurs et gouvernants doivent réapprendre à échanger et à parler la même langue, celle de la paix, car le multilatéralisme suppose et présuppose que les nations soient prêtes à parler avec celles dont les idées et les principes divergent des leurs. Il faut que les nations acceptent de se retrouver autour d'une même table pour discuter, échanger, dialoguer, s'écouter. Le silence, l'absence de débat, c'est la mort du multilatéralisme. Il s'agit d'entreprendre un véritable effort collectif pour renouer avec les principes élémentaires du multilatéralisme et lui redonner son élan et sa vitalité. Ce système n'est pas lui-même exempt de tout reproche : la complexité des enjeux, la pression de plus en plus pesante sur la conduite des travaux, les difficultés concrètes pour parvenir à un consensus ont nourri un travers bureaucratique qui a éloigné le monde diplomatique onusien des réalités des citoyens et du projet politique qu'il dessinait pour eux. L'enlisement de ces acteurs dans des pratiques surannées a empêché de trouver les solutions adaptées aux enjeux et de susciter l'espoir et la confiance nécessaires aux institutions pour leur donner les moyens d'agir avec succès. Aussi faut-il procéder à une refonte conséquente du système multilatéral pour lui redonner un souffle, une grammaire et une efficacité réelle.

L'ouverture à la société civile

Trois actions précises et concrètes peuvent être menées. La première consiste à relancer la gouvernance mondiale par l'inclusion des nouvelles parties prenantes, telles que la société civile, les femmes, la jeunesse. L'incapacité du système actuel à appréhender simultanément les différents enjeux du monde est en partie due à une insuffisante ouverture de ce système à ceux qui comptent de plus en plus dans nos sociétés. Aujourd'hui, la société civile, les citoyens ne jouent que le rôle de victimes. Ce sont eux qui sont menacés directement par la guerre, le terrorisme, les catastrophes naturelles, les difficultés économiques et sociales. Ils sont encore trop peu les acteurs d'une vie internationale qui doit esquisser les grands traits d'une paix durable et stable. Le système multilatéral doit prendre garde à ne pas être aveugle devant le ressac qui secoue, parfois violemment, les démocraties. La demande grandissante des peuples à prendre la parole, à s'exprimer, à participer davantage à la prise de décisions qui façonnent leur avenir, conjuguée à l'accélération de la circulation de l'information donnant aujourd'hui à tout un chacun la possibilité de savoir ce qui se passe ici et là, contribue à bousculer les démocraties, et le multilatéralisme doit également apporter une réponse à cet état de fait. Il ne s'agit pas pour autant de succomber prestement aux chants des sirènes militantes de la démocratie pleinement participative, mais les nations, ensemble, doivent mener cette réflexion autour d'une meilleure inclusion des citoyens à leurs travaux politiques et diplomatiques. Des frémissements sont à noter : le multilatéralisme a commencé à associer les représentants de la jeunesse aux concertations dans le domaine du changement climatique. La capacité à rassembler la jeunesse autour du projet multilatéral constitue la clé de voûte de la pérennité du système. Dans des régions du monde où, nous l'avons vu précédemment, les jeunes représentent une part importante voire majoritaire de la population, et dont la maigreur des perspectives offertes, souvent obstruées par les problématiques et difficultés immédiates de court terme, pousse certains dans les bras de mouvements radicaux, dissidents, parfois terroristes et guerriers, il est impératif que les organisations internationales puissent aller à leur rencontre et leur donner l'espace d'expression qu'ils demandent. Ce même impératif est tout aussi vrai pour le rôle que doivent jouer les femmes dans la diplomatie, les interventions en faveur de la paix qui concernent l'ensemble des domaines des politiques publiques, que ce soient la sécurité, l'emploi, la santé, l'environnement ou l'éducation. Cette première initiative revitaliserait l'action multilatérale et pourrait susciter une nouvelle adhésion, grâce au vent d'optimisme et d'espoir qu'elle déclencherait et dont le multilatéralisme actuel manque cruellement.

Innovation et prévention

La deuxième action à engager est celle d'un effort vers plus de prévention et d'anticipation. C'est par ailleurs l'une des priorités que le secrétaire général de l'ONU, António Guterres, s'est fixées dans son agenda politique. D'aucuns admettent l'idée qu'il est préférable d'arrêter à la source l'amorce d'une crise plutôt que de s'épuiser à éteindre l'incendie. Cela est d'autant plus vrai qu'aujourd'hui la complexité des conflits auxquels nous assistons, avec leur lot d'enjeux enchevêtrés et inextricables faisant courir le risque d'un engrenage irréversible entre les parties, corrobore l'idée de privilégier l'action rapide dès l'apparition des sources de tensions. En revanche, dans les faits, l'effort d'agir concrètement dans une optique de prévention des conflits suscite souvent le scepticisme. En effet, ce scepticisme provient du fait que toute proposition, aussi valide soit-elle, fait peser sur le pays qui la met en œuvre le risque d'une accusation d'ingérence dans les affaires intérieures d'un autre pays. Il est tout de même nécessaire de rappeler ici que l'action préventive, bien loin de constituer une ingérence déplorable, est une condition de la protection, voire de l'affirmation, de la souveraineté des États. L'enlisement des conflits entraîne bien souvent des interventions extérieures, des examens et décisions prises en Conseil de sécurité des Nations unies, l'implication de médiateurs pour recréer du dialogue, et parfois des sanctions. Toutes ces actions entreprises au nom de la résolution des conflits conduisent finalement à déposséder les États concernés de leur souveraineté. Nous avons la responsabilité collective de dépasser l'opposition entre la validité théorique et la frilosité pratique pour éviter tout immobilisme dont les conséquences pourraient être dommageables pour tous. Pour cela, il pourrait être envisagé de constituer auprès du secrétaire général des Nations unies une unité dédiée à la gestion de crises, composée de femmes et d'hommes de tous les continents, capables de se mobiliser avec rapidité dès qu'un embryon de tension apparaît. Mobilité, réactivité et disponibilité sont les maîtres mots de cet effort vers plus de prévention et d'anticipation qui devrait caractériser cette unité de gestion de crises. Cela offrirait une possibilité de médiation sur le terrain au moment le plus judicieux, et soulignerait l'attention que les organisations internationales accorderaient aux acteurs sur le terrain. Une étude de 2018, menée par les Nation unies et la Banque mondiale, indique que les économies budgétaires qu'engendrerait la prévention comme mode d'intervention prioritaire s'élèveraient en moyenne à 5 milliards de dollars, en option basse, et jusqu'à 70 milliards de dollars, en option haute. Ce sont des efforts que l'ONU a choisi de promouvoir depuis 2006 à travers le Fonds de construction de la paix, qui est doté d'un budget de 500 millions de dollars. Pour autant, le système multilatéral répare bien plus qu'il ne prévient, les opérations de maintien de la paix et d'assistance humanitaire ayant atteint plus de 12 milliards de dollars de dépenses. L'action préventive représente certainement une révolution mentale pour de nombreuses nations participantes au multilatéralisme, mais ce dernier ne peut s'en remettre uniquement à une action *ex post*. Il en va de sa crédibilité et de son efficacité pour l'équilibre et la paix du monde.

Régionalisation de la gouvernance mondiale

La troisième action, et non des moindres, consiste à repenser le fonctionnement de la gouvernance mondiale. Aujourd'hui, les négociations internationales sont profondément marquées par l'irruption des enjeux de politiques internes, et les préoccupations domestiques s'invitent de manière régulière dans les débats diplomatiques. Le système multilatéral ne doit pas se défausser de cette responsabilité et doit prendre conscience que les discussions et les décisions prises à son niveau ont un effet direct sur la vie des citoyens. Dès lors, la gouvernance mondiale doit mieux prendre en compte l'effet d'interpénétration entre les sphères internationale et domestique pour éviter de donner le sentiment d'une organisation désincarnée, non représentative des intérêts et des préoccupations des citoyens. Les grandes problématiques aujourd'hui sont des phénomènes, certes globaux, mais dont la résonance dans le quotidien des citoyens peut être absolument tangible : immigration, changement climatique, commerce, défense, développement durable sont autant de sujets qui ne peuvent être abordés et négociés sans soupeser l'importance des implications qu'ils peuvent avoir dans la vie des citoyens. C'est pourquoi il est sans doute pertinent d'insuffler une réflexion autour de la décentralisation de l'action et de la gouvernance multilatérales. Cette décentralisation, en donnant davantage d'importance et de poids aux organisations multilatérales régionales, permettra au multilatéralisme de récolter les fruits d'une connaissance plus locale des enjeux, source d'une plus grande efficacité. Cette forme de décentralisation s'est particulièrement illustrée en matière de prévention des crises par le concours d'organisations régionales telles que l'Union africaine qui est intervenue pour éviter les affrontements à la suite d'élections présidentielles en république démocratique du Congo et en Gambie, ou lorsque le Premier ministre éthiopien s'est vu confier une mission de médiation lors du soulèvement au Soudan en 2019. Sur le terrain des politiques de développement et de sécurité, en particulier la lutte contre le terrorisme en Afrique subsaharienne, le G5 Sahel (Mauritanie, Mali, Burkina Faso, Niger et Tchad) a su mettre en œuvre des actions positives et a montré que le multilatéralisme à l'échelon africain était une importante source de progrès. L'idée est donc de ne pas toujours se rendre à New York pour régler l'ensemble des problèmes, certains pouvant se régler directement sur place, au niveau régional. Cela n'exclut pas pour autant la nécessité d'obtenir un arbitrage des Nations unies, comme la France le réclamait pour donner mandat à la force armée du G5 Sahel afin qu'elle puisse bénéficier des financements de la communauté internationale et légitimer son action et ses opérations. L'Union africaine est ainsi parvenue à se doter d'une réelle capacité de médiation diplomatique et de forces de maintien de la paix qui lui ont permis d'asseoir son rôle malgré toutes les difficultés qui impactent la stabilité et la sécurité du continent.

Dans le sillage de cette forme décentralisée de gouvernance mondiale, il pourrait très bien être envisagé d'introduire de grandes conférences régionales, ou continentales, en amont des grands raouts diplomatiques mondiaux. Cette décentralisation permettrait aux États voisins au sein d'un même continent de se rencontrer autour d'une table pour échanger leurs points de vue afin de préparer les conférences mondiales à New York. Le processus régional est déjà en développement en Asie comme en Europe et en Afrique. Cette nouvelle organisation et cette configuration nourriraient le débat diplomatique mondial en lui conférant une dimension concrète, ancrée dans la réalité des spécificités des peuples et du quotidien des citoyens. Ces réunions régionales préparatoires aux grands rassemblements diplomatiques permettraient également de trier les enjeux purement régionaux que les nations peuvent résoudre entre elles par la négociation et l'échange, et ne faire ainsi remonter que les enjeux nécessitant un réel arbitrage au niveau international. En revanche, le pilotage politique de la transformation de la gouvernance mondiale est extrêmement délicat, car il consiste à impliquer les membres dans une réflexion sur leur propre rôle dans cette gouvernance, avec la perte potentielle des privilèges hérités des accords de 1945, et donc la limitation de leur puissance réformatrice. L'exemple des réformes avortées du Conseil de sécurité est parlant. Les chances sont relativement minces d'assister à la formulation de propositions de réformes par les pays aujourd'hui décideurs. Le système multilatéral se trouve donc face à un piège dont il est pourtant impératif de sortir pour lui assurer une pérennité. Toutes ces questions prennent une dimension autrement plus délicate lorsqu'elles ont trait à la situation du Conseil de sécurité de l'ONU, qui se trouve être dans une impasse flagrante. La situation chaotique qui se déroule en Birmanie, à la suite du coup d'État impulsé par les généraux de l'armée birmane, est le triste témoignage d'un Conseil de sécurité qui ne joue plus son rôle de décideur capable de résoudre les conflits, n'étant plus que le théâtre d'un affrontement idéologique entre grandes puissances. Cette situation est assez inextricable. Les cinq membres permanents ne prendront jamais le risque de s'aventurer dans une réforme qui pourrait les faire tomber du piédestal sur lequel ils sont élevés depuis trois quarts de siècle désormais. Pour autant, le Conseil de sécurité peut-il s'exonérer de la parole de l'Inde ? Peut-il s'exonérer de la présence et de la représentation de l'Afrique ? Plusieurs pistes peuvent s'envisager, du moins théoriquement. La première consiste à réformer le Conseil de sécurité de l'ONU dans le sens d'une décentralisation. L'organisation multilatérale s'organiserait d'abord en pôle de grandes régions, Amérique du Nord, Amérique latine, Europe, Afrique, Moyen et Proche-Orient, Asie et Océanie. Cette organisation décentralisée se refléterait ensuite au sommet de la pyramide, au sein du Conseil de sécurité, où ne siègeraient plus des nations mais des représentants de régions continentales. Cette solution aurait l'avantage de mettre l'accent sur des enjeux concrets que l'on retrouve au niveau régional et local. Elle obligerait également les États d'un même continent, ou d'une même région, à discuter, trouver des compromis, décider ensemble, afin d'être les mieux représentés possible et de faire entendre leur voix lors du Conseil de sécurité. Des solidarités continentales se créeraient, rapprochant des pays qui aujourd'hui ne tentent même pas de dialoguer. De plus, chaque pays serait représenté au Conseil de sécurité par l'intermédiaire d'un représentant tournant ou permanent, au choix de la gouvernance régionale. Cette configuration annulerait les oppositions de façade entre grandes puissances qui s'expriment par l'usage abusif du droit de veto. Aujourd'hui, le Conseil de sécurité est gouverné par ceux qui y ont recours, ceux qui s'opposent. La diplomatie se fait donc désormais par la négative, dans le blocage, la contestation, l'empêchement, le refus et dans l'opposition systématique et idéologique à la puissance rivale. Les discussions ressemblent parfois davantage à un concours d'égo, dans une confrontation stérile de leaderships, qu'à de véritables discussions ou négociations diplomatiques. C'est le phénomène que nous retrouvons sur le sujet birman entre la Chine et les États-Unis. Cette solution apparaît toutefois très compliquée, notamment en raison de la sacralisation du siège de membre permanent au Conseil. L'idée que l'Union européenne pourrait bénéficier d'un seul et unique siège au sein du Conseil ferait face à une vague de stupeur et d'indignation, notamment en France. D'aucuns rappelleraient, à raison, qu'aujourd'hui, depuis le Brexit, la France est le seul pays y représentant l'Union européenne. La France n'est absolument pas prête à céder son siège car elle en tire une très grande partie de sa légitimité sur la scène internationale. Ainsi, il y a une forme de sacralisation du siège de membre permanent qu'il serait peut-être de bon ton d'essayer de rationaliser. On se souvient de l'écho retentissant que la fausse rumeur d'un partage de ce siège entre la France et l'Allemagne avait suscité dans l'opinion nationale, en 2019, témoignant de l'extrême sensibilité de cette question alors même que les Français sont assez peu informés des positions et actions de la France dans ce cadre diplomatique. Une seconde piste de réflexion consisterait à élargir le cercle des membres permanents du Conseil, partant du postulat que les cinq puissances régnantes ne sont pas représentatives de l'équilibre du monde. Il pourrait être envisagé de passer à dix membres permanents avec deux représentants par continent, le soin étant laissé à des organisations régionales de déterminer les nationalités de ces deux participants.

L'organisation non gouvernementale Leaders pour la Paix mène une réflexion approfondie, sous le pilotage de l'ambassadeur Pierre Vimont, pour rénover le multilatéralisme. Elle démontre régulièrement dans son rapport annuel que la gouvernance mondiale a besoin d'un leadership organisé et légitime pour être en mesure d'imposer les stratégies de dialogue à tous les belligérants. Elle s'attache aussi à démontrer que la paix ne tombe pas du ciel mais constitue un travail qui se construit et donc s'apprend. C'est pourquoi, la fondation Leaders pour la Paix s'implique pour créer partout dans le monde des « écoles de paix » et ainsi ne pas laisser le monopole de la pensée aux nombreuses « écoles de guerre » qui parsèment la planète.

Le constat est clair : le multilatéralisme est en bout de course au moment même où des tensions resurgissent, des conflits se dessinent, des enjeux majeurs apparaissent. Il faut retrouver confiance dans ce système, lui redonner les moyens d'être efficace et d'agir au service des nations et des citoyens. Nous n'avons jamais eu autant besoin du multilatéralisme. Prenons-en conscience. Le constat est dressé et partagé. Les solutions sont sur la table. Un travail ardu de persuasion est à mener pour entraîner les nations vers cette voie de réforme. Un leadership multilatéral fort est nécessaire pour surmonter la guerre des leaderships.

Partie III

LE POLITIQUE N'A PAS LE MONOPOLE DU LEADERSHIP

En 1988, lorsque je venais d'être fraîchement élu président du conseil régional de Poitou-Charentes, succédant à Louis Fruchard et René Monory, un événement marquant m'a fait prendre conscience de la volonté parfois embarrassante du politique à s'arroger le monopole du leadership. La nouvelle nous était parvenue quelques semaines auparavant : une entreprise américaine souhaitait s'installer sur les bords de la Charente, à quelques encablures seulement de l'océan Atlantique, en Charente-Maritime, dans la belle et historique ville de Rochefort. L'entreprise avait annoncé vouloir créer environ trois cents emplois. Une aubaine. Mieux encore, une victoire politique. Et quelle victoire ! Une entreprise américaine choisit Rochefort et le littoral charentais pour s'installer et créer des emplois. Nous ne pouvions espérer mieux. La bataille pour l'emploi et contre le chômage est un invariant du combat que tout responsable politique aime à scénariser pour montrer son action, son engagement, sa détermination et surtout son leadership. La décision a donc été prise d'organiser une grande cérémonie pour annoncer la nouvelle.

Devant un parterre d'élus, de représentants syndicaux des salariés comme du patronat, et devant les citoyens, à l'époque où, insouciants, nous pouvions encore organiser de grandes réunions publiques conviviales et chaleureuses, le maire, Jean-Louis Frot, le président du conseil départemental, François Blaizot, moi-même en qualité de président du conseil régional, le ministre de l'Intérieur, Philippe Marchand, ancien élu du département, avons pris successivement la parole pour exprimer notre fierté, vanter les atouts innombrables de cette région et de ce bassin d'emplois, et hisser haut l'étendard de l'action publique et politique qui avait permis un tel résultat. Jean-Louis Frot expliqua, tout d'abord, que l'excellence des services municipaux qui avaient su dynamiser la ville et l'équiper avec des voies et réseaux divers performants avait permis à cette entreprise américaine de trouver son bonheur dans la zone industrielle rochefortaise. François Blaizot lui succéda au micro pour expliquer que la vitalité et la qualité des infrastructures du département avaient convaincu cette entreprise que la Charente-Maritime était le lieu idéal pour son implantation. Prenant la suite, je m'avançai au pupitre, du haut de mes quarante ans et de mes premières semaines d'exercice à la présidence de la région, pour expliquer avec bonheur et aplomb que la transformation de la politique de la formation professionnelle dans la région avait considérablement amélioré la qualification des travailleurs, et que leur excellence était désormais reconnue par-delà l'Atlantique puisqu'une entreprise américaine en avait eu vent et était venue s'installer sur le littoral charentais pour profiter de cette main-d'œuvre de qualité, très bien formée. Philippe Marchand, ministre de François Mitterrand, a pris à son tour la parole pour faire l'éloge des services de l'État et de son administration déconcentrée, vanter les mérites de la Datar, du travail des ambassadeurs, le tout ayant permis de faire connaître la région jusqu'aux États-Unis et de déboucher sur de nombreuses créations d'emplois. Après ces prises de paroles successives, orateurs et membres de l'auditoire s'apprêtèrent à rejoindre la table du « Pineau d'honneur » installé pour fêter les emplois nouvellement créés, lorsque le chef d'entreprise concerné par la cérémonie, et qui avait été, disons-le, quelque peu marginalisé par les élus locaux et officiels de l'État appliqués à célébrer la victoire politique de cette opération, demanda la parole pour nous remercier. L'homme, élancé, avança vers le pupitre, et avec une force tranquille prononça cette phrase qui vint remettre les choses en ordre : « Si vous saviez le bonheur qui est le mien de créer 300 emplois… dans ma ville natale ! »

Je saisis à ce moment-là la façon si particulière et si propre au politique de préempter la question du leadership, en s'attribuant des décisions et mérites qui reviennent parfois à d'autres. Ce fut une expérience importante dans la prise de conscience de la pluralité du leadership. Ce dernier n'est pas proprement politique. Il appartient aussi à la société civile, et notamment au monde économique et aux entreprises, mais aussi, et de plus en plus, aux femmes et à la jeunesse qui viennent s'imposer comme des piliers structurels du leadership. De manière plus conjoncturelle, un leadership de circonstance peut aussi s'installer et prendre de l'importance en fonction des événements et de leur déroulement, à un moment bien précis. On se souvient par exemple d'un José Bové qui réussit à être la star d'un ou deux Salons de l'agriculture. Le leadership est à la fois une solitude mais aussi un partage au sein de tous les groupes actifs de la société.

– Chapitre I –

Patrons et politiques

Toutes les grandes puissances entretiennent avec le monde économique et ses chefs d'entreprises des relations particulières, complexes, souvent frontales, occasionnellement amicales. Cela s'apparente régulièrement à des relations concurrentielles à l'intérieur d'une même équipe. Il s'agit en réalité d'une démonstration de force entre deux mondes aux valeurs, principes et éthiques souvent différents, mais aux intérêts en partie communs. Chacun veut s'imposer mais sait pertinemment qu'il ne peut s'affranchir irrémédiablement de la relation avec l'autre. La femme ou l'homme politique, dans le combat qu'ils mènent pour l'emploi, ont besoin du soutien des entreprises qui sont les premiers acteurs de la politique de l'emploi. Les entreprises également, pour la défense de leurs intérêts, pour la conquête de marchés internationaux, ont besoin d'entretenir une relation de proximité avec le monde politique.

En France, la dialectique entre politique et entreprise est encore plus trouble qu'aux États-Unis ou en Chine. On se souvient des relations difficiles entre de Gaulle et le patronat. En effet, la France est marquée par des divergences culturelles, voire idéologiques, une relation à l'argent et au profit ambiguë et peu assumée, qui conduisent à l'incompréhension et parfois au mépris entre les deux sphères. Je me souviens d'échanges médiatiques vigoureux entre Matignon et le Medef : à l'occasion d'un différend à propos de la politique sociale de mon gouvernement, le président du patronat, Ernest-Antoine Seillière, avait commencé un propos critique par : « Ce pauvre M. Raffarin. » Ma réponse allait alors de soi : « Je ne partage pas l'avis de ce riche M. Seillière. » Les trois derniers présidents de la République française – Nicolas Sarkozy, François Hollande et Emmanuel Macron – ont tous expérimenté cette dialectique puissante. Nicolas Sarkozy, le 6 mai 2007, le soir de sa victoire présidentielle, organise une réception au prestigieux restaurant des Champs-Élysées, le Fouquet's, avec de nombreuses personnalités du monde économique – Bernard Arnault, Vincent Bolloré, Martin Bouygues, Serge Dassault, Alain Minc, François Pinault, etc. – suscitant de vives critiques dans les médias et dans l'opinion. Il fut immédiatement affublé des étiquettes de « président des riches » et de président « bling-bling », avec toute la sémantique péjorative que ces expressions comportent. De son côté, François Hollande, dans un autre registre, contribua à exacerber cette dialectique lors de son discours du Bourget, le 22 janvier 2011, en déclarant : « Mon véritable adversaire, il n'a pas de nom, pas de visage, pas de parti, il ne présentera jamais sa candidature, il ne sera jamais élu et pourtant il gouverne. Cet adversaire, c'est le monde de la finance. » Cette phrase deviendra même un slogan politique qui, sans doute, a permis à la gauche et à une majorité de Français d'accorder leur crédit à ce candidat du Parti socialiste. Enfin, Emmanuel Macron a été la cible d'attaques lors de l'élection présidentielle de 2017 en raison de son passé de banquier d'affaires au sein de la banque Rothschild & Co.

Il était alors le représentant de cette finance honnie que beaucoup de Français ne veulent pas voir associée au monde politique. Pour autant, des liens étroits unissent les chefs d'entreprise et les dirigeants politiques, la plupart d'entre eux étant sortis des mêmes écoles, appartenant aux mêmes promotions et entretenant donc des liens personnels forts au-delà des apparences. Les rigoureuses procédures sur les conflits d'intérêt, chapotées par la Haute-autorité pour la transparence de la vie publique (HATVP), compliquent les allers-retours entre la sphère publique et la sphère privée. Toutefois, certains leaders entrepreneuriaux sont parvenus à entrer en politique et à s'y imposer à l'instar de René Monory, plusieurs fois ministre sous le septennat de Valéry Giscard d'Estaing et président du Sénat (1992-1998) ; Thierry Breton, grand dirigeant d'entreprises françaises, devenu ministre de l'Économie et des Finances entre 2005 et 2007, aujourd'hui Commissaire européen en charge du marché intérieur et de la vaccination ; ou encore Christine Lagarde, que j'avais repérée comme brillante avocate aux États-Unis, entrée en politique en 2005, pour devenir la première femme ministre de l'Économie d'un pays du G8, première femme à diriger le Fonds monétaire international en 2011, et première femme à présider la Banque centrale européenne, en 2019. On peut également citer Bernard Tapie, entrepreneur, dirigeant notamment l'équipementier Adidas et le club de football, l'Olympique de Marseille. Le champion des allers-retours est sans doute Yves Galland, fondateur d'une belle agence de publicité, devenu président du Parti radical, parlementaire, puis dirigeant d'Europ Assistance, Generali, Boeing Europe… Au total, peu de patrons ont réussi une belle carrière en politique. Pourtant les tentations sont multiples. Les plus avisés ont compris que les deux emplois n'exigeaient pas les mêmes qualités et ont donc préféré, pour avoir de l'influence politique, posséder un grand média tel que *Le Monde*, *Libération*, Canal+ ou *Les Échos*. Dans le sens inverse, les hauts fonctionnaires et dirigeants politiques sont plus nombreux à rejoindre le monde économique. Nicolas Sarkozy a, entre autres, rejoint le conseil d'administration du groupe hôtelier Accor et, franchement, il faut être un bon manager en leadership pour réussir à mettre d'accord trois de ses amis en très forte rivalité tels que Arnaud Lagardère, Vincent Bolloré et Bernard Arnault ! François Fillon, après sa défaite à l'élection présidentielle de 2017, a rejoint la société de gestion d'actifs Tikehau Capital en qualité de senior advisor et membre de l'International Advisory Board. François Baroin a, lui aussi, rejoint la banque d'affaires Barclays où il opère en tant que conseiller extérieur. Arnaud Montebourg s'est également lancé dans le monde entrepreneurial, en investissant dans des start-up et en lançant la marque Bleu Blanc Ruche avec laquelle il produit du miel français, après avoir prôné la démondialisation et voué un culte au colbertisme. Beaucoup de grands patrons français sont également issus de la haute administration française. C'est le cas de Louis Schweitzer (Veolia et Renault), Gérard Mestrallet (Engie), Louis Gallois (PSA et Airbus), Jean-Bernard Lévy (EDF), Stéphane Richard (Orange), Serge Weinberg (Sanofi), Augustin de Romanet (Groupe Aéroports de Paris), Pierre-André de Chalendar (Saint-Gobain), Jean-François Clamadieu (Engie, Solvay), Alexandre Bompard (Fnac-Darty, Carrefour), etc. Toutefois, l'influence de l'Ena a diminué dans les milieux économiques du grand patronat. Ils ne sont plus que 10 % à en être sortis contre 25 % il y a une dizaine d'années. Cet instantané de la situation montre la complexité de la dialectique entre politique et entreprise en France.

Une nouvelle fois, celle-ci est beaucoup moins complexe aux États-Unis ou en Chine, et tranche évidemment avec la situation française. Dans l'empire du Milieu, nous l'avons vu, le Parti a repris la main sur le pays et son contrôle est presque entier sur la vie du pays. Le patronat répond donc aux ordres du Parti et du gouvernement chinois. Le cas récent de Jack Ma, fondateur de la société Alibaba, en est un exemple parlant. Après une apparition au cours de laquelle il avait critiqué les autorités de régulation financière chinoises, le P-DG d'Alibaba était sorti des radars, sans que personne ne sache où il avait bien pu passer. Il n'est réapparu que plus de deux mois après. Jack Ma est l'une des figures économiques les plus emblématiques en Chine et dans le monde. Pourtant, sa puissance est relative par rapport à l'autorité du Parti, qui contrôle, décide et utilise le patronat pour atteindre ses objectifs politiques. Aux États-Unis, les rapports sont encore différents et bien plus consensuels. Outre-Atlantique, les dirigeants d'entreprises possèdent un rôle politique très important et très influent. Tout grand patron peut être conseiller du Président. Certains sont membres du Conseil économique national, ou du Conseil des exportations, auxquels les grands patrons américains participent et où ils conseillent directement le président des États-Unis. Nous en avons eu un bon exemple au moment de l'annonce du retrait des États-Unis de l'accord de Paris, qui a débouché sur la démission d'Elon Musk, le fondateur de Tesla et de SpaceX, du Conseil économique de la Maison Blanche. Lors du drame de Charlottesville en 2017, qui a vu s'affronter les suprémacistes blancs et les antiracistes causant la mort d'un manifestant, l'absence de condamnation du président Trump, renvoyant les deux camps dos à dos, avait déclenché la furie des grands patrons qui décidèrent de quitter le Conseil économique de la Maison Blanche où ils siégeaient. Tel a été le cas de Kenneth Frazier, le patron de l'industriel pharmaceutique Merck, ou encore de Brian Krzanich, le P-DG d'Intel. Cette situation démontre la proximité avec laquelle politique et entreprise agissent et participent à un projet politique commun, dès lors que les deux partis trouvent un accord sur une ligne directrice.

Des tensions culturelles entre les deux sphères

Les sphères politique et économique entretiennent des relations nécessaires mais souvent discordantes, révélant des tensions souvent liées soit à des divergences culturelles, soit à des manques de crédibilité réciproque.

Les décideurs politiques n'aiment pas dire « non » car cela est souvent mis à leur débit dans les comptes que tiennent les électeurs. Ceci est d'autant plus vrai sur les sujets de société. Lorsque les thématiques du droit à mourir dans la dignité, ou de l'élargissement des moyens et des conditions de la filiation gagnent l'opinion comme actuellement, un décideur politique peut difficilement dire « non » sans que cela soit perçu comme une position réactionnaire et entravante pour l'avancée des droits de l'homme. Il s'agit par ailleurs d'un véritable enjeu pour les responsables politiques que le philosophe Pierre Manent soulève à juste titre dans son ouvrage *La Loi naturelle et les droits de l'homme*[1]. Pour éviter cet écueil, les décideurs politiques essaient de faire dire par d'autres le « non » qu'ils ne peuvent pas prononcer. En politique, ce « non » est une peau de chagrin que l'on exhibe seulement dans les circonstances qui exigent du courage. Le chef d'entreprise, lui, est en permanence confronté à des défis souvent imprévus. Il a donc le devoir de les surmonter et de faire sans cesse de nouvelles propositions dans le but d'améliorer sa performance, son offre, son image ou son

1. Pierre Manent, *La loi naturelle et les droits de l'homme*, PUF, 2018.

positionnement. Pour cela, il doit donc faire des choix et trancher, toute décision reposant éminemment sur ses seules épaules. Un chef d'entreprise est davantage amené à dire « non » que « oui » pour conduire son entreprise sur la voie du succès. Cette culture du « non » et du « oui » découle de la différence intrinsèque des autorités pratiquées dans les deux sphères. La femme ou l'homme politique doivent sans cesse chercher à convaincre, à rassembler, à fédérer, à rechercher l'adhésion du plus grand nombre autour de leur pensée et de leurs idées. Cette posture les oblige à ne pas être radicaux et à trouver le point d'équilibre qui permet de trouver un certain consensus. En revanche, le chef d'entreprise est dans une posture hiérarchique par rapport à ses équipes. Il peut, et doit, compter sur l'obéissance de ses salariés quant aux décisions qu'il prend. Sa capacité à décider et trancher peut être davantage catégorique que dans la sphère politique. De plus, les deux sphères agissent dans un rapport à la temporalité absolument différent. Le responsable politique, plus particulièrement le président de la République, ne connaît sa véritable part de marché qu'une fois tous les cinq ans. Entre-temps, ce ne sont que des indications à prendre avec des pincettes car les sondages ne font pas l'élection. La part de marché du politique est seulement celle qui est obtenue un certain dimanche entre 8 heures et 20 heures, le jour du rendez-vous. Nous l'avons vu lors des dernières élections. Un an avant l'élection présidentielle de 2012, personne n'imaginait François Hollande, que certains qualifiaient de « Monsieur 3 % » en rapport avec les intentions de vote que les instituts de sondage lui créditaient, en mesure d'accéder à l'Élysée. De même en 2017, l'éphémère ministre de l'Économie du quinquennat Hollande, Emmanuel Macron, semblait bien loin de pouvoir remporter sa toute première élection lorsqu'il annonça sa candidature à la présidentielle en novembre 2016. Bien avant eux encore, lors de l'élection présidentielle de 1981, Valéry Giscard d'Estaing était crédité de 35 % d'intentions de vote au premier tour, en janvier 1981, et à près de 28 % à la mi-avril. Les mêmes sondages le donnaient vainqueur avec 54 % d'intentions de vote au second tour, en janvier. Or, le jour du rendez-vous, le dimanche du deuxième tour, le 10 mai 1981, Valéry Giscard d'Estaing perdit l'élection présidentielle. Dans l'autre sphère, au contraire, l'entreprise évalue constamment sa part de marché, au gré des contrats qu'elle conclut ici et là, et parvient à mesurer et évaluer son parcours en temps réel. Pour les uns la courbe est continue, pour les autres brisée. La temporalité est donc un facteur extrêmement différencié selon les deux univers. La source de la légitimité varie également, que l'on se trouve dans la sphère politique ou économique. Une élection se gagne à la fois sur la personnalité d'une ou d'un candidat et sur son projet, sa vision du futur, finalement sur une promesse. Dans l'entreprise, l'actionnaire, le salarié, le client ou le banquier fondent leurs analyses sur les résultats. C'est le pronostic qui prévaut en politique lorsque les réalités s'imposent dans le monde de l'entreprise. Marketing du rendez-vous contre marketing du parcours !

Ces tensions, nées d'une divergence culturelle dans l'approche que chacun des deux mondes peut avoir de la réalité, sont accentuées par la faiblesse des crédibilités que chaque sphère accorde à l'autre. Le monde politique n'est pas un exemple de gestion managériale et peine parfois à adopter une posture pragmatique liée à la performance. À la source du management politique se trouve, dans tout régime démocratique, une élection qui désigne une ou un candidat. Toutefois, ce candidat n'est pas toujours le plus expérimenté, le plus compétent pour la fonction, car l'art de briguer un poste et celui de l'exercer sont souvent radicalement différents. Cela a pu se constater après l'élection des candidats

La République en Marche (LREM) à l'Assemblée nationale, où de nombreux députés découvraient le fonctionnement d'un Parlement au sein d'une démocratie. L'élu est parfois décevant par rapport au candidat. En outre, la source de la décision n'est pas toujours clairement identifiable : Président, Premier ministre, Conseil des ministres, Conseil de défense selon les circonstances, Parlement, Conseil constitutionnel ou Conseil d'État, administration, collectivités territoriales, etc. Cette complexité tend parfois à effriter la puissance de la sphère publique. Il y a souvent plus d'un an entre la prise de décision et son annonce en Conseil des ministres et son application réelle. L'information est dispersée. De plus, le pouvoir politique n'est pas toujours un exemple dans sa fonction d'employeur car il fonde sa décision, dans la majorité des cas, sur la confiance liée notamment au pouvoir de réseau, très fort, qui réside au sein de la sphère publique. La fidélité peut l'emporter sur la compétence. Les nominations et les collaborations se choisissent parmi les réseaux. C'est ainsi que des promotions de l'Ena sont devenues célèbres. Les collectivités territoriales ne sont pas en reste, également vivement critiquées pour leur gestion des ressources humaines, notamment au sein des structures de l'intercommunalité. De son côté, l'État semble avoir une plus grande aptitude à gérer le court terme que les moyen ou long termes. La politique joue beaucoup avec le calendrier. Mon ami Jean Chrétien, alors Premier ministre du Canada, me confia dans sa chaleureuse confiance qu'il proposait les textes les plus difficiles en janvier… lorsque les températures avoisinent les - 30 °C. Dans la rue, les manifestants sont moins nombreux ! En France, les lois publiées au Journal officiel début août sont aussi nombreuses, la trêve estivale étant particulièrement respectée… sauf en cet été 2021 lors duquel le passe sanitaire a mobilisé des dizaines de milliers de citoyens les samedis du mois d'août. La crise de la Covid-19 a aussi révélé les failles de gestion des gouvernements, qui peinent à adopter un raisonnement stratégique et logistique efficient. Partout dans le monde, la gestion des gouvernements a été fortement critiquée. Il arrive que le pouvoir ait plus de malice que de sens de l'organisation. En France, les discussions sur le stock de masques, le nombre de lits de réanimation, la quantité disponible de respirateurs, la gestion des médicaments, la mise à disposition et l'accessibilité des tests, l'acheminement et la production des vaccins ont été objets de critiques et ont montré les difficultés de l'appareil d'État à agir avec souplesse et pragmatisme et à raisonner en matière de performance et d'efficacité. Dans ces domaines, la sphère publique a de nombreuses leçons à tirer du modèle entrepreneurial.

Aussi l'image des politiques est-elle sévèrement détériorée dans les milieux du management. La réciproque est également vraie, le politique se méfiant des leaders économiques et de leurs moyens d'action. Le Mouvement des entreprises de France (Medef) est souvent perçu comme l'organisation professionnelle des patrons, et des grands patrons, plutôt que celle des entreprises et notamment des PME. Lorsque j'étais ministre des PME entre 1995 et 1997, une responsabilité dont je garde un souvenir très chaleureux, j'avais mesuré combien les petites entreprises se sentaient orphelines en matière de leadership. Le Medef n'était pas leur maison. Sa représentation partielle affaiblit sa crédibilité et l'image de ses représentants en souffre. Ceci est d'autant plus manifeste que l'expérience a montré que la présence d'un Premier ministre lors d'un congrès du Medef déclenche automatiquement sa baisse dans les sondages ! Théorème que j'ai moi-même éprouvé à la suite de ma participation à l'assemblée générale du Medef en janvier 2003, à Tours. Jacques Chirac m'avait prévenu : « Jean-Pierre, ne va pas au Medef, tu vas perdre 5 points ». Je lui avais répondu que j'avais besoin des patrons pour faire « ma » réforme de la formation professionnelle. J'y suis allé la leur expliquer. Ils m'ont bien accueilli et… j'ai perdu 5 points. Cette histoire révèle que les représentants du patronat sont enfermés dans une caricature sociale. Être un vrai leader, ce n'est pas seulement représenter ou être un porte-voix, mais aussi entrer dans le cœur des citoyens. Il ne suffit pas de servir les intérêts des mandants, il faut aussi être dans la séduction et l'empathie vis-à-vis de la société. Or, les figures du patronat présentent souvent un leadership froid, qui ne s'embarrasse pas de parler ou de vouloir conquérir le cœur de nos concitoyens. Force est de constater que leur leadership est éphémère. Peu se souviendront de l'action par exemple des anciens présidents du Medef. Pierre Gattaz a sans doute eu une notoriété plus importante que ses prédécesseurs, car son action a épousé celle du politique et du gouvernement de l'époque. En effet, Pierre Gattaz s'est avancé sur le registre de la promesse, avec la volonté exprimée publiquement de créer un million d'emplois sur cinq ans pour donner suite aux différentes mesures accordées aux entreprises sous le quinquennat de François Hollande. Cette promesse et le kit de communication qu'il a déployé pour la faire prospérer n'ont pas réussi à convaincre les Français mais ont participé à créer un début de lien entre le syndicat et l'opinion publique. L'actuel président, Geoffroy Roux de Bézieux, semble prendre un virage plus sociétal que syndical, ce qui devrait rapprocher les Français des entreprises.

Toutefois, au-delà du Medef, nous assistons en France à une grave crise des corps intermédiaires. Les structures consulaires, telles que les chambres de commerce et d'industrie, les chambres des métiers et de l'artisanat et la chambre d'agriculture, sont affaiblies politiquement et financièrement. Ces chambres jouent pourtant un rôle actif de représentation, de veille et d'accompagnement des entreprises qu'elles représentent. Leur déclin fragilise la représentation publique des entreprises, des entrepreneurs, des agriculteurs, des artisans et commerçants. Nicolas Sarkozy et Emmanuel Macron, sans que François Hollande ne modifie le cours des choses, ont remis en cause les corps intermédiaires et voulu passer outre en s'adressant directement aux citoyens, aux entreprises ou aux salariés. Cette crise des corps intermédiaires est une des causes de la crise du leadership que nous connaissons aujourd'hui. Les corps intermédiaires sont des rouages nécessaires entre la base et le sommet, et leur marginalisation conduit à une égalisation des paroles et des compétences. Cette situation a ceci de néfaste qu'elle conduit à élaguer la confiance placée dans les dirigeants politiques, car l'horizontalisation et la déconstruction de la hiérarchie à l'œuvre par l'affaiblissement de ces corps empêchent la transmission et la délégation de la confiance. Cette fragilité des corps intermédiaires affecte aussi naturellement le Parlement dont le rôle devient trop faible, et qui ainsi laisse le président de la République seul face aux Françaises et aux Français. Le leadership s'incarne par cette confiance qu'un peuple, un groupe, des comités et des organisations diverses confient à une femme ou un homme. Aujourd'hui, cette délégation est bloquée car l'aplatissement des niveaux hiérarchiques retient la confiance dans les niveaux les plus bas, là où les individus ne veulent plus être représentés, ni que certains ou certaines parlent en leur nom. La légitimité et la crédibilité des institutions représentatives sont souvent remises en cause. Les contestataires ont aujourd'hui la possibilité de s'exprimer directement, de prendre la parole et de dire eux-mêmes ce qu'ils pensent et ce qu'ils ont à dire. Or, la profusion des paroles tend à rendre inaudibles les propos et conduit le plus souvent à l'absence et au refus d'écoute, à l'opiniâtreté, à la brutalité, au vulgaire, à l'insulte et à tout ce qui est plus facile que le raisonnement structuré et charpenté. Nous avons alors un besoin impérieux de renouer avec nos corps intermédiaires dont la marginalisation pèse sur le fonctionnement de notre démocratie. Ils sont les articulations d'un corps social qui, lorsqu'elles font défaut, court le risque de fractures.

Des forces de rapprochement inéluctables et indispensables

Le monde politique et celui de l'entreprise doivent trouver les voies d'un rapprochement pour mettre leurs forces au service du bien commun. Pour cela, il faut surmonter les trop nombreuses incompréhensions. La crise de la Covid-19 pousse à ce rapprochement entre entreprises et politiques, en raison de la rareté des ressources et du besoin de coordination nécessaire à la réalisation des projets et des ambitions. Selon mon expérience, les lieux de discussion entre les deux parties sont extrêmement rares. L'exception n'est autre que l'avion présidentiel au cours d'une visite d'État. C'est en effet l'endroit où la coopération entre les mondes économique et politique est au zénith, où l'altitude rassemble et tout le monde joue groupé. Les relations des entrepreneurs avec leur président de région sont, elles aussi, souvent bien structurées. Par exemple, Alain Rousset, en région Nouvelle-Aquitaine, associe de près les entreprises de taille intermédiaire (ETI) à sa politique économique. Cette tradition doit être relayée par une relation plus approfondie et plus pérenne qui serait profitable pour l'économie de tout le pays, pour l'emploi et nos concitoyens. L'Association française des entreprises privées (AFEP), présidée par Laurent Burelle, s'emploie aussi avec succès à institutionnaliser cette relation.

Les plans de relance français et européens obligent à une proximité entre le public et le privé, car les milliards injectés dans l'économie pour relancer l'activité, transformer des chaînes de production, relocaliser, investir dans les énergies vertes et les transitions, nécessitent d'être dirigés vers les projets, les activités et les entreprises qui en ont le plus besoin et qui opèrent déjà sur le terrain. Dès lors, c'est l'ensemble de la chaîne d'approvisionnement qu'il faut repenser et améliorer afin que l'argent public injecté dans la transformation de notre économie parvienne efficacement et utilement aux entreprises dans les territoires. Cela nécessite donc d'exercer un rapprochement en vue d'une meilleure coopération entre les deux sphères. De plus, les enjeux actuels sont immenses sur les plans économique et environnemental. Changement climatique, numérique, emplois, inégalités, mobilité sociale constituant tout autant de défis auxquels la France ne pourra faire face seule. Les transformations que ces défis imposent – la fin du mois avec la fin du monde, l'environnement et la croissance, le numérique et la mobilité sociale, etc. – obligent la sphère publique à partager le fardeau avec le monde de l'entreprise et définir les rôles pour mieux pouvoir les surmonter. Ce rapprochement s'est d'ailleurs déjà en partie opéré, notamment sous l'impulsion du président de la République, Emmanuel Macron, avec la création de plusieurs dispositifs visant à mieux coordonner l'action politique et l'action entrepreneuriale. Le lancement de la French Tech, du Sommet et de la charte Tech for Good, du One Planet Summit, de Choose France sont autant de moments qui ont participé, dans le domaine de l'économie numérique, de la transition énergétique, de la lutte contre le changement climatique, de l'attractivité de la France, à un rapprochement et une action coordonnée entre les décideurs politiques et les chefs des plus grandes entreprises mondiales. Grâce au sommet Choose France que le président de la République a mis en œuvre à partir de 2018, en réunissant à Versailles tous les grands leaders économiques mondiaux pour les convaincre d'investir en France, les investissements directs ont bondi pour faire de notre pays, en 2019 et 2020, la nation européenne la plus attractive, devant l'Allemagne et le Royaume-Uni. Dans un contexte sanitaire qui a redonné une dimension toute symbolique aux notions de souveraineté et de relocalisation, l'attractivité du territoire devient un objectif économique prioritaire. Ce dernier ne peut donc être atteint que par un lien fort entre sphères publique et économique.

Aujourd'hui plus encore, ce sont les logiques de réseaux qui vont permettre de nouer des accords et des partenariats solides et pérennes. Les grands forums mondiaux, réunissant les leaders politiques et les leaders économiques, prennent naturellement de l'importance et permettent à chacun de se positionner, de concrétiser des alliances, de séduire, d'introduire une dose de relations personnelles pour faciliter les échanges et les partenariats. Tel est le cas du forum de Davos, World Economic Forum, qui réunit depuis cinquante ans les patrons et les chefs d'États les plus puissants du monde. C'est un endroit irrésistible pour que les grands de ce monde se rencontrent, se parlent, échangent, nouent des relations personnelles et tentent de faire avancer leurs modèles. Toutefois, chantre du capitalisme et de la mondialisation libérale, le forum de Davos n'est pas l'endroit dans lequel les présidents français se sentent le plus à l'aise vis-à-vis de leur opinion publique, toujours méfiante lorsque le sujet des profits est en débat. Nicolas Sarkozy, en 2010 et 2011, François Hollande en 2015, Emmanuel Macron en 2018 s'y sont rendus pour échanger avec leurs homologues et avec les plus grands patrons. Mais Jacques Chirac en son temps interdisait à ses ministres de s'y rendre, préférant que la France soit représentée à Porto Alegre pour le Forum social mondial. Plusieurs organisations rassemblent aussi différents types de leaders : le club de Madrid réunit d'anciens chefs d'États et de gouvernement de pays démocratiques de tous les continents ; la Trilatérale réunit 400 leaders mondiaux issus de la politique ou du business ; le groupe de Bilderberg réunit tous les ans des leaders d'horizons différents, surtout d'origines européenne et américaine ; Leaders pour la Paix se positionne comme une maquette indépendante, en modèle réduit du Conseil de sécurité de l'ONU. Une quarantaine de leaders s'y rassemblent pour trouver ensemble des issues à des tensions créatrices d'impasses diplomatiques.

Les cultures entrepreneuriale et politique sont ainsi fondamentalement distinctes. Les crises et les exigences du leadership peuvent cependant les rapprocher. Quels que soient les efforts pour améliorer la compréhension entre les deux univers, il restera que l'exigence de sensibilité, essentielle au profil politique, ne s'accorde pas forcément à celle d'efficacité, essentielle au profil entrepreneurial. Le sens politique est bien différent du talent de l'entrepreneur. L'attachement aux valeurs qui fonde le leadership politique ne se situe pas sur le même plan que la création de valeur dont émane le leadership entrepreneurial. Cependant, le rôle des sociétés civiles dans les décisions politiques s'affirme toujours plus grandement. « Le social va plus vite que le politique », nous dit le professeur Bertrand Badie. Les deux leaderships doivent cependant vivre ensemble.

– CHAPITRE 2 –

Choisir une cheffe !

Un leadership de plus en plus puissant a émergé depuis quelques années désormais et devient structurel. Il s'agit du leadership des femmes. Ce dernier est l'aboutissement d'un phénomène d'une puissance et d'une rapidité telles qu'il n'a été anticipé par personne. Nous avons basculé dans un moment où les relations et l'égalité femmes-hommes sont devenues déterminantes et ont conduit à la construction d'un discours global des femmes.

Le leadership féminin est originellement un leadership de la cause. Les femmes se sont battues pour leur droit dès la Révolution française, en 1791, sous l'égide d'Olympe de Gouges : « La femme naît libre et demeure égale à l'homme en droits[1] », et aujourd'hui encore, dans certaines régions du monde, certaines doivent se battre pour obtenir des droits équivalents aux hommes. Comme en Afghanistan où l'arrivée des Talibans au pouvoir remet en cause vingt années d'émancipation et de libération de la femme. Dans notre histoire de France, de nombreuses femmes ont assumé des leaderships d'exception : Jeanne d'Arc, Marie de Médicis,

1. Article 1er, *La Déclaration des droits de la femme et de la citoyenne*, 1791.

Aliénor d'Aquitaine, etc. Dans l'époque moderne, ce leadership de la cause s'est progressivement transformé avec l'apparition et l'émergence du débat public. Des voies, des figures, des icônes, des femmes incarnant un leadership se sont adressées à leurs contemporains. Simone de Beauvoir, Gisèle Halimi, Simone Veil en sont de beaux exemples.

Ce changement de paradigme est, par ailleurs, assez caractéristique de l'évolution des mentalités, qui en l'espace de trente années sont passées de l'indifférence à l'égard des femmes à l'idée que Simone Veil, Gisèle Halimi ou Joséphine Baker puissent entrer au Panthéon. Alors que personne alors n'aurait même pu l'envisager, nous assistons aujourd'hui à l'expression d'une volonté farouche d'y accueillir ces figures qui ont marqué la France et la cause des femmes. Dans la construction d'un leadership, le temps est une variable décisive. La maturation de l'engagement et du soutien populaire, qui permet à une cause de devenir un enjeu national et lui donne un destin propre, est un processus lent et long, qui nécessite de la patience et de l'abnégation, car toute cause juste finit inéluctablement par être portée et soutenue.

Le leadership au féminin

Lorsqu'on évoque le sujet du leadership des femmes, une question récurrente se manifeste : existe-t-il un leadership proprement féminin ? Tous les 8 mars, je lis des tribunes qui répondent *non* à cette question. Ma conviction est que la réponse est *oui* ! Et mon expérience et mes nombreuses collaborations avec des femmes, dans les entreprises où j'ai travaillé mais aussi dans ma vie politique, que ce soit sur les bancs du Parlement, au sein des gouvernements auxquels j'ai appartenu ou que j'ai formés, dans les bureaux exécutifs des partis politiques, au sein de mes cabinets ministériels ou aujourd'hui encore dans la gestion des fondations[1] que je préside, me soutiennent dans cette pensée. Sur le plan international, le talent féminin s'est exprimé à la fois dans les mouvements contestataires puissants et dans la médiation, en Afrique notamment. À titre d'exemple, les femmes ont joué un rôle historique lors de la révolution tunisienne. À cette époque, j'ai rencontré à Tunis un bel exemple de cette énergie positive en discutant avec les membres de l'association Tunisiennes fières. Nous avons alors volontiers proposé à leur leader Donia Kaouach, avec qui je travaille toujours, de devenir directrice générale de Leaders pour la Paix.

J'ai souvent salué en tant que Premier ministre la grande qualité du travail ministériel de toutes mes équipières. J'ai sincèrement apprécié la singularité de chacune de leur leadership. Michèle Alliot-Marie, Claudie Haigneré et Roselyne Bachelot sont des femmes bien différentes, mais toutes les trois dotées d'un leadership indiscutable. J'entends et je lis donc certains et certaines décréter, catégoriques, que le leadership féminin n'existe pas. Le prétendre comme je le fais serait, selon eux ou elles, enfermer la femme, la réduire, nourrir les stéréotypes sexistes et la renvoyer sans cesse à son unique statut de femme. Je maintiens que les deux sont vrais : certes, il ne faut pas enfermer la femme dans des stéréotypes. En revanche, il est faux de prétendre que le leadership d'Angela Merkel est identique à celui d'Emmanuel Macron. Le leadership de Christine Lagarde, par exemple, se rapproche bien plus de celui d'Angela Merkel que de celui de Mario Draghi. Il faut donc soulever la question et ne pas craindre de l'affronter, en s'appuyant sur des exemples. Dans ma carrière, j'ai rencontré des femmes qui possédaient un certain nombre de caractéristiques qui n'étaient pas celles que l'on prêtait traditionnellement à la puissance et au pouvoir tels que les

1. La fondation Leaders pour la Paix et la fondation Prospective et Innovation.

affiche le leadership masculin. Dire cela, ce n'est pas refuser l'accès des femmes à des positions traditionnellement attribuées aux hommes. Certaines femmes ont des caractéristiques qui rapprochent leur leadership de celui des hommes – Marine Le Pen et Ségolène Royal en sont des exemples – tout comme il existe des hommes dont le leadership peut s'apparenter à un leadership dit féminin. Au contraire, c'est reconnaître l'unicité du genre féminin, c'est lui attribuer la capacité à s'affirmer, à être indépendant, c'est lui donner de la force et de la confiance, c'est l'exalter et l'ériger comme une alternative crédible aux dérives d'un leadership dit masculin. Je l'affirme donc : il existe une forme de management des personnes qui relève d'un leadership de nature proprement féminine.

Ma conviction sur ce sujet est confortée par l'excellent livre *Women and Leadership : Real Lives, Real Lessons*[1], coécrit par Julia Gillard, ancienne Première ministre d'Australie, et Ngozi Okonjo-Iweala, cofondatrice de Leaders pour La Paix et directrice générale de l'OMC. Les auteures ont obtenu d'importantes contributions telles que celles de Jacinda Ardern (Première ministre néo-zélandaise), Christine Lagarde, Michelle Bachelet (ancienne présidente de la république du Chili) et bien d'autres.

En septembre dernier, le pape François, lors de la réception de la délégation Leaders pour la Paix que je conduisais, a confirmé son engagement en faveur des femmes pour « un accès égal au leadership ». Concernant la pandémie, il est allé encore plus loin dans son appréciation de la situation : « Les pays dont le président ou le Premier ministre est une femme ont, dans l'ensemble, mieux réagi, et de manière plus rapide, que les autres, en prenant des décisions claires et en les communiquant avec empathie ». Telle est la force d'un leadership féminin.

1. Julia Gillard et Ngozi Okonjo-Iweala, *Women and Leadership : Real Lessons*, MIT Press, 2021.

Ségolène Royal, contre-exemple du leadership féminin

Ce leadership féminin s'exprime, selon moi, par quatre caractéristiques : premièrement, un pragmatisme qui trouve sa source dans une sorte de méfiance du théorique. Sur ce paramètre, les femmes sont moins attentives aux propos du discours qu'à son objet. Il y a dans le leadership féminin une recherche insatiable de la rationalité.

Deuxièmement, la capacité à dire rapidement les choses, y compris des réponses négatives, si bien que l'usage du « non » devient acceptable. Il est acceptable parce que souvent direct et argumenté. Les femmes disent rarement un « non » sec. Au contraire, elles l'expliquent et le rendent intelligible. L'exemple qui me vient est celui de Claire Fountaine. Présidente de Fountaine Pajot Catamarans, ancienne dirigeante des équipes de France de voile, elle dirige aujourd'hui près de 800 personnes. Elle me rappelait qu'elle était parvenue à rester amie avec beaucoup de dirigeants de clubs nautiques auxquels elle avait dû fermer les portes des Jeux olympiques. La bonne gestion des réponses négatives est souvent une qualité féminine. En revanche, j'ai vu un certain nombre d'hommes politiques démis de leur fonction gouvernementale à l'occasion d'un remaniement, qui n'ont jamais reçu un coup de téléphone, ni du président de la République ni du Premier ministre. Au fond, le leadership féminin, contrairement parfois au leadership masculin, cherche à rendre le négatif acceptable. Cette capacité peut s'appeler du courage, mais elle tient surtout à la volonté d'être franc et direct. Cette franchise prend le plus souvent sa source dans rejet des manœuvres dilatoires, là où le leadership masculin cherche parfois à éviter les obstacles. Ce dernier cherche une forme de facilité pour ne se consacrer qu'à l'essentiel, par exemple en délaissant le ministre sortant au profit de l'accueil de l'entrant, alors que les femmes sont, de ce point de vue, plus attentive à la gestion du « non » et de ses conséquences. Elles sont donc particulièrement attentives à la relation directe, qui ne doit pas être une relation enrobée ni trop maquillée. Par le leadership masculin, les hommes font souvent croire à un environnement amical, favorable, et enrobent la relation des charmes de la séduction. Or, lorsque vient le retour à la vérité, la déception est au rendez-vous. C'est l'une des fragilités, me semble-t-il, du président Macron. Il séduit ses interlocuteurs qui, après une entrevue, considèrent avoir réussi à capter son attention et à le convaincre. Mais s'ils s'aperçoivent que le sujet n'avance pas, ils se rendent compte *a posteriori* qu'ils s'étaient mépris sur ses réelles intentions.

La troisième caractéristique repose sur une communication mieux maîtrisée, davantage centrée sur le résultat que sur la promesse. Chez les hommes, la communication est souvent surpuissante, mâtinée d'une personnification très forte dont découle une importante exposition. La femme se protège davantage dans sa communication. Elle est généralement plus sobre, plus pragmatique, centrée sur le résultat, moins ambitieuse dans la mesure où volontés de promesse et de séduction transparaissent moins. Pourtant, la promesse est la pierre angulaire de la vie politique car elle nourrit la complicité entre l'élu et l'électeur. C'est une des raisons pour lesquelles, pendant très longtemps, les femmes ont été mal à l'aise dans une vie politique qui reposait essentiellement sur cette construction. La promesse est une thématique de communication, qui permet de se positionner et donc de remporter une partie des suffrages. Cette communication plus sobre, mieux maîtrisée, moins autocentrée, est proprement féminine. Elle est plus moderne, moins « ancien monde » que celle démonstrative de la valorisation et de la puissance masculine. En revanche, il existe des femmes championnes de la communication masculine. La plus forte de toutes est certainement Ségolène Royal. Cette dernière se fait filmer, en 1992, au lendemain de son accouchement, avec sa nouveau-née dans les bras. Si les hommes avaient les ressources biologiques pour faire de même, ils seraient assurément très nombreux à l'imiter ! Ségolène Royal avait adapté la communication masculine à la femme. C'est la championne toute catégorie en la matière. Son audace, son culot et les libertés qu'elle prend avec les faits étonnent même ses compétiteurs masculins. Dans la Vienne, nous avons eu une bonne expérience du leadership féminin et, disons-le clairement, notre préférence se porte sur une femme de conviction et d'action : Édith Cresson ! Dans un registre opposé à celui de Ségolène Royal, la dirigeante la plus influente et certainement la plus talentueuse d'Europe, celle que le monde envie, Angela Merkel, adopte une communication tout en sobriété. La chancelière allemande n'a même pas de compte Twitter, à une époque où les dirigeants des puissances mondiales font de la politique en 280 caractères. Elle ne fait aucune personnification communicationnelle, ne s'exprimant pas sur le moindre déplacement ou la moindre réunion auxquels elle a pris part. Enfin, la quatrième et dernière caractéristique réside dans la plus grande capacité des femmes à diversifier leurs équipes, par rapport aux hommes. Souvent, dans les équipes masculines, parce qu'il y a des tensions, des compétitions de leadership, la première qualité recherchée est la loyauté. Dans les équipes dirigées par des femmes, c'est la compétence qui l'emporte sur tout autre critère. Là aussi, acceptons l'idée que les frontières sont poreuses, mais généralement un homme cherche à constituer des équipes qui vont lui être loyales et donc lui apporter sécurité et protection. Chez les femmes, l'exposition étant plus modérée, il y a davantage besoin de collaborateurs qui produisent des idées et de la solution.

Ces quatre caractéristiques font se dessiner un leadership proprement féminin. Je mesure l'aspect schématique de mon analyse. En somme, la femme ne se fait pas dévorer par son image. Dans nos démocraties hypermédiatisées, la figure politique vit en permanence à côté de sa propre caricature. En général, le leader se trouve enfermé dans cette image de synthèse qu'il a en partie construite avec soin, mais, que ses concurrents et les médias ont largement contribué à cocréer. À côté de lui marche cette caricature que les autres manipulent également. Le problème est que souvent l'opinion publique connaît mieux la marionnette que l'original. Au contraire, la sobriété féminine rend la femme plus libre et plus détachée de son image médiatique. Je vois, dans l'exemple de Danone, qu'Emmanuel Faber est resté enfermé dans son personnage de défenseur de la responsabilité sociale et environnementale, ne parvenant plus à prioriser les performances économiques et à convaincre ses actionnaires. À l'inverse, aujourd'hui nous voyons bien que ni Angela Merkel, ni Kamala Harris, ni Christine Lagarde, ni Ursula von der Leyen ne sont enfermées dans un schéma de pensée ou de communication. Anne Hidalgo, par exemple, s'enferme dans un positionnement politique et médiatique qui rejoint celui de la gent masculine. Sa majorité plurielle, à l'ancienne, a un côté déjà-vu qui assurément la pénalisera. Aujourd'hui mieux vaut être « Libre » que socialiste.

Valérie Pécresse, autour de la table

En revanche, le leadership de Valérie Pécresse émerge, me semble-t-il, sur les bons canaux d'aujourd'hui. D'abord, il se situe dans le registre du sérieux : études, expériences, famille politique, tous les marqueurs sont au vert. La légitimité d'une présidence de région, récemment renouvelée, est forte. Sa majorité est diverse mais soudée. Valérie Pécresse a donné la preuve de sa fiabilité. Son cerveau chiraquien cohabite aisément avec l'autre hémisphère sarkozyste : elle peut aussi bien parler aux militants LR qu'à ceux qui ont quitté le parti. Son degré de crédibilité est assez fort par rapport à la concurrence. Son projet me paraît « libéral-conservateur », ce qui doit être en phase avec une majorité de Français. Que fera-t-elle de son leadership ? Difficile à dire car plusieurs opportunités vont s'ouvrir à elle. Sa relation avec Emmanuel Macron sera déterminante. Quels que soient les aléas des candidatures, probablement sera-t-elle autour de la table de notre avenir.

De la politique au business

La maîtrise de leur exposition publique permet à des femmes politiques de réussir brillamment leur reconversion dans les entreprises. C'est notamment le cas pour Anne-Marie Idrac ou Anne-Marie Couderc qui ont rejoint des profils plus entrepreneuriaux tels que celui de Patricia Barbizet ; trois exemples de vraies leaders.

Sur la scène internationale, deux femmes incarnent brillamment ce leadership, dans des styles pourtant totalement différents : Angela Merkel et Kamala Harris.

Angela ou le leadership de la sobriété

Dans les démocraties, les leaders compensent parfois un déficit d'approbation par un excès de communication. Angela Merkel n'est pas tombée dans ce piège. Il faut dire que tout au long de sa présence à la tête de l'Allemagne, pendant trente ans au Bundestag et pendant seize ans à la chancellerie, elle n'a pas beaucoup connu l'impopularité.

Au cours de ses quatre mandats en qualité de chancelière, la part des Allemands approuvant son travail n'est jamais descendue au-dessous de 50 %, et elle a souvent dépassé les 80 %. Le plus frappant encore est que le surnom que lui donnent les Allemands est « Mutti », maman.

Cette popularité politique est-elle la cause ou la conséquence de sa sobriété politique ? Probablement les deux. Les Allemands apprécient sa relative discrétion naturelle et la gratifient également d'avoir compris que la politique à l'allemande n'est pas semblable à la politique française. À Berlin, on se méfie des envolées lyriques. Avec mon expérience de la relation franco-allemande, j'ai ainsi appris à comprendre qu'un silence signifie souvent un désaccord. Remarquons toutefois que les institutions allemandes, d'une part en plaçant le Parlement en faiseur de chanceliers et, d'autre part, en ne positionnant pas le chancelier comme un Premier ministre, obligent ce dernier à une certaine réserve, à la conciliation, au collectif et donc aux coalitions. La vie politique allemande est ainsi moins individualiste que la nôtre. La modération de la communication a une première vertu aujourd'hui : le leader peu bavard apparaît moins égocentré, plus attentif aux autres.

Ajoutons que la pratique des coalitions, très fréquente en Allemagne, oblige les leaders à une nécessaire tempérance en les contraignant à tenir compte les uns des autres. Angela Merkel a conduit, avec succès, des coalitions avec les socialistes, les libéraux ou les verts, au niveau national comme au niveau provincial. Aujourd'hui, socialistes et conservateurs gouvernent ensemble 14 Länder. Son management des coalitions, fondé sur le respect des accords qui les ont fondées et sur un leadership ferme mais humble, a toujours permis à Angela de tirer profit des résultats des coalitions qu'elle a initiées. C'est d'ailleurs pourquoi les socialistes sont de plus en plus réservés quant aux accords politiques avec elle. L'éducation est-allemande n'a pas entraîné Angela sur les chemin de l'exubérance. Pas plus que sa relation avec son père, pasteur. Au-delà de ses qualités personnelles, on peut penser que la chancelière, comme beaucoup de femmes, exerce une pratique en partie féminine du pouvoir : très tournée vers l'action, très exigeante sur la fiabilité et plus attachée aux résultats qu'à l'idéologie. Sa loyauté et sa proximité avec l'industrie automobile sont un exemple de la solidité de ses alliances. Lorsqu'elle était candidate à la chancellerie contre Gerhart Schröder en 2004, Jacques Chirac et moi nous étions réparti les rôles : le Président traitait avec le chancelier et le Premier ministre avec Angela. Elle m'est alors apparue comme très responsable au point de me sembler très prudente pour une candidate. Elle était déjà presque en fonction. Malgré sa rivalité avec Schröder, elle veillait à ne pas exporter leur compétition en France. Loyale à la relation franco-allemande, son premier geste de chancelière fut de venir voir Jacques Chirac à Paris, sans lui reprocher sa proximité avec son adversaire et désignant l'Allemagne comme la destinataire finale de l'amitié de Jacques Chirac.

Angela Merkel est-elle l'incarnation du leadership féminin ? Elle en est en tout cas une grande figure. On pourrait définir ce leadership comme l'alliance d'une cohérence de convictions et d'une sobriété de comportement. Les convictions d'Angela Merkel sont profondément en harmonie avec la pensée allemande de ce début de siècle. La perspective est indiscutablement européenne. La priorité est la puissance de l'économie allemande, et notamment son industrie. En politique, le pragmatisme doit dominer l'idéologie. En économie, la règle d'or est celle des grands équilibres. Stratégiquement, il ne faut pas se laisser dévorer par l'immédiat et sacrifier le long terme. La cohérence de cette pensée est affichée par son sérieux. En faisant de ce dernier un paramètre majeur du leadership féminin, on ne peut s'empêcher de rapprocher deux personnalités aux histoires différentes mais à l'ambition commune : Angela Merkel et Simone Veil. J'ai l'intuition que, si ces deux grandes dames – auxquelles on peut ajouter Christine Lagarde – avaient exercé des responsabilités européennes simultanément, la construction européenne aurait davantage avancé. La clarté de leurs choix et la détermination de leur volonté auraient tracé pour l'Europe une route plus droite. L'Europe y aurait gagné en sérieux. Ce continent est sans doute un espace privilégié pour le leadership au féminin. Angela Merkel nous aura permis de transpercer quelque peu la boîte noire du pouvoir des femmes leaders.

Ainsi, son comportement est en harmonie avec ses convictions. Elle ne brutalise pas, ne bouscule pas. Elle est paisiblement ferme. Je me souviens de ma première visite dans son bureau à la chancellerie. Elle est sortie en me disant : « À la Chirac ou à la Sarkozy ? » Elle me laissait le choix du degré d'intimité : le baise-main de Chirac ou la chaleureuse embrassade de Sarkozy. Angela est réservée mais décidée. Je n'ai connu que Nicolas Sarkozy pour lui faire accepter ce qu'elle n'était pas encline à accepter. Politiquement, elle a un haut sens de la fidélité. J'ai vu le niveau de confiance qu'elle accordait à Joseph Daul, le président français du groupe PPE au Parlement européen. Joseph pesait plus que bien des dirigeants français de haut niveau.

Ce leadership féminin n'est évidemment pas dépourvu d'ambition mais elle reste maîtrisée. Au bout de quelques mois de présidence, Emmanuelle Macron a vite eu des ambitions internationales avec de grands discours sur l'Europe, les routes de la soie ou le dialogue indopacifique. Angela s'est faite plus discrète et, allant passer une semaine par an en Chine, elle limitait son objectif aux bons résultats de son industrie dans l'empire du Milieu. L'inflexion qu'elle a donnée à la politique africaine de l'Allemagne n'a pas été tapageuse mais bien réelle. Davantage par sa ténacité et son endurance que par ses initiatives et ses propositions, elle s'est construit une image de leader européen et mondial. Pour le leadership féminin, la notion de temps est importante. Évidemment, le charme n'est pas innocent dans toute cette réussite, tout comme le charisme. Celui d'Angela Merkel réside dans le naturel avec lequel elle exerce sa fonction. Elle produit beaucoup d'ondes de confiance. Sa prévisibilité est un atout. Elle rassure.

Kamala Harris, un leadership présidentiel en construction

D'autres formes de leadership féminin utilisent davantage les atouts de la communication. Parfois, l'action domine les messages comme c'est le cas par exemple de Christine Lagarde. Parfois aussi, c'est la communication personnelle qui domine l'image comme dans le cas de Michelle Obama. Pour Kamala Harris, il y a peut-être un mélange des deux. Sa force personnelle est rayonnante et communicative, mais son action passée donne de la légitimité à cette force. Je me souviens avoir montré cette vidéo virale à mes étudiants de ESCP : naturelle, en jogging sur une pelouse bien verte, lunette de soleil façon rockstar, téléphone à l'oreille, Kamala Harris félicite Joe Biden, le Président fraîchement élu, avec un éclat de bonheur communicatif : « *Wedidit Joe ! Wedidit*[1] ! » Cette vidéo est la meilleure illustration du charisme, concept si difficile à définir mais qui sur ces images devient si facile à saisir. Le charisme, comme son étymologie l'indique, est une grâce et, au moment précis où elle est filmée, Kamala Harris rend grâce si ce n'est à son Dieu, du moins à son Président, Joe Biden.

1. *Nous l'avons fait Joe, nous avons réussi !*

Classiquement, un bon leader doit avoir un passé rassurant et un avenir prometteur. Kamala coche les deux cases. Le socle de tout destin en Amérique, c'est la famille. Celle des Harris est à l'image même de la famille américaine d'aujourd'hui : recomposée, multiraciale, pluriconfessionnelle, avec des origines métissées. La solidarité semble forte à l'intérieur de cette communauté. À l'américaine, l'image est idéale. Chacun trouve sa place, même les anciens conjoints. C'est important dans la politique outre-Atlantique : le Président trouve son énergie au sein de sa famille. Même son surnom familial, Momala, est devenu public. La dimension affective est affirmée, photographies à l'appui.

Pour rassurer, la carrière apporte ses preuves : études et expérience. Le parcours est particulièrement qualifiant, composé d'une formation universitaire de juriste, une expérience de procureur de San Francisco puis de Californie et enfin, de sénatrice depuis 2017. Cette « Obama Girl » a tous les atouts pour crédibiliser son aptitude à assumer la charge pour laquelle Joe Biden l'a choisie. Première femme afro-américaine vice-présidente des États-Unis, elle a gagné son premier label avant même d'entrer à la Maison Blanche. Barack Obama avait fait encore mieux en obtenant le prix Nobel de la paix du fait de sa seule élection. Kamala a fait ses preuves mais son leadership a tout de suite été propulsé par son destin.

Elle semble destinée à devenir la première femme présidente des États-Unis d'Amérique. Ce pronostic s'est d'abord établi par ses interventions lors de la primaire démocrate, dans laquelle elle affirmait clairement son ambition d'être la présidente de tous les Américains. Elle voulait convaincre qu'avec son expérience de procureur et son talent d'expression « elle était la mieux placée pour faire le procès de Donald Trump ». Et lors du débat des candidats, elle a montré qu'elle avait la pugnacité de son ambition au point de fragiliser son futur Président. Sa proximité avec Barack Obama lui attribue aussi cette qualité de présidentiable, que l'ancien Président lui reconnaît bien volontiers. Disons également qu'il réside un élément qui place la vice-présidente sur orbite présidentiel : l'âge de Joe Biden. À soixante-dix-huit ans, l'actuel leader a peu de chances de s'engager pour un second mandat. La porte est donc entrouverte.

Cet avenir prometteur est l'atout de Kamala Harris. Tout ce qu'elle va entreprendre risque de prendre une importance spécifique. Elle a la capacité de faire rêver l'Amérique en partageant les succès de Joe Biden et en se tenant à l'écart de ses éventuels échecs. Avec son profil de procureur sévère et de personne chaleureuse, représentante des minorités mais aussi des institutions, avec la gravité de son ambition mais aussi son grand sens de l'humour, sa palette de séduction est large. Un leader a toujours besoin d'une promesse. Celle de Kamala Harris est forte : devenir la première femme, de surcroît afro-américaine, présidente des États-Unis. Difficile de faire plus fort étant donné notre époque. Ce type de promesses résiste bien à la déception car la fonction faisant la femme comme elle fait l'homme, tant que la personne n'a pas complètement les pouvoirs de sa fonction, elle reste prometteuse. L'exemple d'Aung San Suu Kyi est de ce point de vue limpide. Alors que « The Lady » a déçu l'Occident par ses cinq années de cohabitation avec les militaires, le peuple birman lui accordait une très grande confiance tant qu'elle n'assumait pas les pleins pouvoirs.

Parmi les femmes leaders de la politique mondiale, il est un domaine où Kamala Harris doit pouvoir être médaille d'or, c'est l'humour. Cette forme de communication est particulièrement performante quand elle est maniée par un leader qui peut en faire une technique de rapprochement ou une féroce ligne de rupture. À Donald Trump qui dans un Tweet feignait de regretter que Kamala renonce à la primaire et donc qu'elle lui manquerait, l'ex-procureur général répondit sèchement : « Ne soyez pas inquiet, monsieur le Président, on se reverra à votre procès. » Trump a dû regretter de l'avoir titillée.

Kamala Harris porte un leadership « tout neuf » sur la scène mondiale. Que va-t-elle en faire ? Une opportunité peut se présenter dans cette période trouble. En effet, alors que la pandémie a accéléré les dérives nationalistes, un consensus autour de la nécessité de protéger la planète apparaît. Les jeunes de tous les pays ont maintenant la planète comme horizon politique. Les leaders politiques peignent aussi leurs perspectives en vert. Pour surmonter les égoïsmes nationaux, il faut une cause universelle : la survie de la planète en est une. Par ses implications personnelles passées sur ces sujets, Kamala Harris pourrait avoir à la fois la légitimité et les talents pour assumer cette mission. Le monde pourrait avoir besoin d'elle.

Encore mieux que la parité, l'alternance

Il est très important de valoriser ce leadership féminin. Il apporte la touche de diversité nécessaire à l'amélioration constante des phénomènes à l'œuvre. Alterner les leaderships masculin et féminin peut donner de la respiration au management. Et je crois que certaines structures devraient valoriser ce leadership féminin, moins par la parité que par l'alternance. Je pense que l'idée d'une parité, c'est-à-dire le partage ou le métissage du pouvoir, est le plus souvent positive. En revanche, lorsqu'il y a deux cultures, il faut qu'elles puissent s'épanouir. Or, ces leaderships s'expriment différemment, et la composition des équipes en est fortement impactée. Par exemple, Virginie Morgon, présidente d'Eurazeo, a imposé à ses équipes, lors des comités de recrutement où sont annoncées les embauches, de systématiquement préciser lorsque les hommes sont choisis de justifier ce choix s'il y avait des candidatures féminines. Dans la sphère publique, Christine Lagarde recourt aux mêmes procédés quant à ses recrutements. Ce sont leurs caractéristiques managériales propres, leur vision des choses, mais elles le font par conviction. Il est certain que les hommes ont d'autres méthodes, d'autres convictions, d'autres caractéristiques. Par exemple, on demande souvent s'il n'est pas temps qu'une femme devienne secrétaire générale des Nations unies. Il se trouve, et il faut le marteler, que les très nombreuses agences de l'ONU, à Genève, à l'Unesco, à l'OMC désormais, sont dirigées par des femmes. Ces femmes ont des managements très utiles et très efficaces. Pour autant, après le mandat d'Audrey Azoulay à l'Unesco, peut-être faudra-t-il nommer un homme. Comme il faudrait également nommer une femme à la fin du mandat d'António Guterres, pour créer du mouvement. Je pense que la meilleure idée n'est pas celle de la parité, mais celle de l'alternance qui permet de la diversité dans le management. Elle donne de l'ouverture et fait circuler l'air à l'intérieur de l'organisation. De plus, elle permet de faire émerger des leaders qui se seront préparés à occuper la fonction tout au long du mandat en cours. Si une entreprise a pour objectif de faire apparaître des leaders, elle aurait tout intérêt à pratiquer l'alternance, au lieu de mettre une femme à côté d'un homme, car ce n'est pas le numéro 2 qui influence le plus le cours des choses. Le poste de secrétaire général des Nations unies est généralement confié à d'anciens responsables politiques qui ont occupé d'éminentes fonctions, généralement de premier plan, dans leur pays respectif. António Guterres, l'actuel secrétaire général, est un ancien Premier ministre portugais. Ban Ki-Moon, son prédécesseur à l'ONU, fut ministre sud-coréen des Affaires étrangères. Malheureusement, les femmes ont toujours du mal à accéder aux plus hautes responsabilités politiques et gouvernementales, ce qui les empêche aussi d'occuper les plus hauts postes des organisations internationales. En revanche, en introduisant le principe d'alternance qui conduirait, par exemple, à annoncer en amont la nomination d'une femme lorsque le mandat d'António Guterres sera arrivé à son terme, il est certain que des femmes de grande qualité prépareront leur candidature avec détermination et confiance, et brigueront le mandat sans peur de l'échec et sans autocensure. L'idée d'alternance permet aux leaders, féminins ou masculins, de construire leurs projets et de mûrir leurs idées, tout en garantissant l'inclusion et la diversité dans la représentation politique. Il est impératif d'égaliser les expériences afin que la ressource féminine soit aussi nombreuse et variée que la masculine. Pour y parvenir, aucun choix ne paraît plus fort que celui d'imposer l'alternance dans les institutions dans lesquelles il est possible de le faire, en l'occurrence dans celles où les représentants sont nommés, telles que dans les grandes organisations internationales, à l'ONU et dans ses agences, dans les institutions de l'Union européenne, mais aussi dans les administrations centrales d'État, par exemple. Des grandes entreprises pourraient également décider d'appliquer cette mesure, à commencer par les entreprises publiques où la direction est généralement duale, composée d'un président non exécutif et d'un directeur général exécutif. Le principe d'alternance pourrait alors consister à imposer une représentation duale de la direction exécutive et non exécutive, et / ou à institutionnaliser, par des règles, la succession des leaders masculins et féminins au gré des renouvellements de mandats. Cette idée favorisera, à coup sûr, la préparation des individus, déterminante dans le choix final du leader. L'homme doute peu de ses capacités et peut entretenir l'illusion sur ses véritables compétences. Une femme, en revanche, pose souvent des limites à son ambition. L'alternance, par la préparation des leaders qu'elle induit, met sur un pied d'égalité les deux leaderships. Elle libère et débride l'ambition des femmes. Elle provoquera la diversité et sera source de création et d'innovations, au profit du bien commun.

– Chapitre 3 –

La jeunesse, catalyseur du changement

Un troisième groupe issu de la société civile tend également à structurer le leadership moderne : la jeunesse. À défaut d'expérience, elle puise sa légitimité dans la révolte. La pandémie, ayant imposé de nombreuses contraintes aux jeunes, a provoqué un certain réveil politique de la jeunesse. Les mouvements de jeunesse existent depuis toujours. Ils ne sont pas constamment audibles mais parviennent sans cesse à s'exprimer, à faire entendre leur voix dès lors qu'ils se fédèrent autour d'un thème et d'un leader. L'Union nationale des étudiants de France (Unef), créée en 1907, a mené d'innombrables combats, souvent d'importance, et nourri un vivier de leaders de la gauche française. Les mouvements politiques de jeunes, sorte d'antichambre du futur leadership des partis politiques, ont également constitué des voies de formation et d'émergence au niveau national. J'ai moi-même été membre du Mouvement des jeunes giscardiens, au sortir de l'ESCP. De nombreux jeunes ont ainsi servi la campagne présidentielle de Valéry Giscard d'Estaing et constitué une équipe qui, une trentaine d'années plus tard, alimentait la République de personnalités de premier plan : Dominique Bussereau, Marielle de

Sarnez, Pascal Clément, Henri Giscard d'Estaing, Patrick Poivre d'Arvor, Marc-Philippe Daubresse, Patrick Gérard, Xavier Lebray, et bien d'autres recteurs, préfets, ambassadeurs, etc. Ces mouvements, qui se cantonnaient le plus souvent à la sphère nationale ou locale, étaient de véritables écoles du leadership où l'on apprenait le sens et la prise de responsabilités, l'éloquence et la prise de parole en public, la capacité à débattre et à exposer ses convictions, à gérer des équipes, à creuser les sujets techniques et à acquérir une forme d'expertise sur les enjeux politiques du moment. L'observation de ces organisations montre qu'elles ont été d'autant plus responsabilisantes et formatrices pour les jeunes qui y participaient qu'ils suivaient leur propre logique interne, indépendamment de la maison mère. Des tensions entre groupes et courants rendaient les réunions et les débats bouillonnants. Les velléités de tout un chacun à exercer les postes à responsabilités au sein de la structure donnaient lieu à de belles joutes et performances oratoires, tout en obligeant les membres à démontrer leur capacité et leur potentiel. Cela exigeait un important travail personnel.

La planète, objet politique pour les jeunes

Aujourd'hui, nous assistons à deux mouvements de fond qui viennent bousculer cette approche linéaire de la formation des leaders. Tout d'abord, nos sociétés sont marquées, comme nous l'avons vu plus haut, par un déclin des corps intermédiaires, les partis politiques en étant leurs représentants les plus directs, en sont les plus grandes victimes. Dans le dernier baromètre de la confiance en politique (février 2021), établi par le Cevipof, les partis politiques constituent l'organisation dans laquelle les Français ont le moins confiance, juste après les réseaux sociaux. Dès lors, ces organisations qui autrefois étaient vitales au renouvellement, à la revitalisation et à la régénérescence de notre démocratie, se voient amputer de leur principal vivier : les citoyens, et en particulier les plus jeunes. Les formes d'expression, d'engagement, de prise de position et d'exposition peuvent se faire en dehors des partis politiques et les jeunes l'ont compris. Ainsi, ces entités peinent à faire émerger de nouveaux talents et de nouveaux leaders, capables d'apporter du sang frais à la classe politique, de lui donner un autre souffle. Ensuite, ce phénomène s'accompagne d'une internationalisation du mouvement de la jeunesse. Ces dernières années, notamment sous l'égide de Greta Thunberg, ces organisations ont pris une dimension internationale spectaculaire. Elles ont démontré leur capacité à détenir et exprimer une puissance en elles-mêmes, sans organisation professionnelle les chapotant, lorsqu'elles trouvent une cause plus grande qu'elles et parviennent à la défendre au niveau international. Greta Thunberg, par exemple, n'est pas le simple ressort du soulèvement de la jeunesse sur les questions climatiques, c'est avant tout la démarche qu'elle a proposée au monde entier, avec les grèves lycéennes et étudiantes, qui a mobilisé sa génération et suscité l'envie de mener le combat, chacun à son échelle. En France, d'importantes manifestations et grèves étudiantes se sont déroulées à travers tout le pays, souvent avec le soutien implicite des professeurs. Ce fut l'une des premières fois que ces manifestations sortaient précisément du cadre des problématiques étudiantes, du statut de la jeunesse dans la société, des conditions salariales et d'emploi des jeunes, etc. Ces manifestations organisées par Youth for Climate[1] prennent une tout autre dimension : la jeunesse fait entendre sa voix pour prendre à bras-le-corps une cause qui concerne tout le monde : l'avenir de la planète, sa défense et sa préservation. La jeunesse est alors passée

1. Également nommée Fridays for Future.

d'une lutte de classe à un combat prospectif et visionnaire, dans lequel ils sont des millions à travers 125 pays dans le monde à s'être reconnus, quels que soient leur nationalité, leur pays de résidence, leur statut, de Shanghai à New York, de New York à Paris et de Paris à Rio.

Greta Thunberg est parvenue à construire une démarche dont elle a assuré un leadership extrêmement soigné. En effet, cette jeune Suédoise de dix-huit ans, élue personnalité de l'année 2019 par le *Times* à seulement seize ans, a réussi le pari de s'imposer comme figure de la lutte contre le réchauffement climatique sans pour autant dévorer la cause qu'elle défendait. Elle n'est pas devenue le sujet du rassemblement. Elle a scrupuleusement veillé à n'être toujours qu'une intermédiaire entre les militants qu'elle fédérait, la jeunesse du monde entier, et la cause climatique pour laquelle tous se mobilisaient. Elle était la porte-parole singulière d'une jeunesse révoltée contre l'inaction des dirigeants face à « la plus grande crise à laquelle l'humanité doit faire face », selon ses mots. Cette voie était portée dans des institutions internationales où les jeunes n'étaient que très rarement, pour ne pas dire jamais, conviés à s'exprimer : à l'ONU, au sein des Parlements nationaux, devant des parterres d'experts, de personnalités, de responsables politiques, etc. Ainsi, par ce combat, la jeunesse intègre la planétisation comme nouvel objet politique et réussit à faire consensus au-delà des barrières et des frontières. Aujourd'hui, les jeunes, qu'ils soient à Paris, à New York, à Londres, à Shanghai, à San Francisco, à São Paulo, à New Delhi ou à Stockholm, sont sur une même longueur d'onde grâce à la planétisation, et ce quels que soient les continents, les nationalités, ou les courants de pensée. Ce mouvement de cohésion et de rassemblement a été possible car un véritable leadership s'est exprimé et qu'il a donné, par le biais de Greta Thunberg, une voix grave, à l'opposé du discours de séduction, qui a su instaurer un levier de transformation et de dialogue avec les grands de ce monde. Ce leadership doit faire l'objet d'une attention toute particulière dans les années futures, afin de l'entretenir, de lui permettre de se développer, de lui conférer une capacité d'action. Il est certainement celui qui peut légitimer une adhésion des opinions publiques à un socle de valeurs et de principes qui garantirait des progrès en matière de gouvernance. Il peut également avoir une puissance suffisamment forte pour fabriquer du consensus et engager les différentes parties prenantes responsables vers plus de progrès sur les questions communes. Au minimum, il offre aux jeunes leaders une formidable école des responsabilités.

Cette jeunesse, sereine et confiante, peut constituer la clé de voûte de la création d'une nouvelle qualité d'échanges entre les différents pôles de puissance du monde, car la mentalité des jeunes s'est mondialisée et qu'ils ont pour eux – ce que n'ont plus les États et les puissances publiques – la force du consensus. Il nous faut toutefois être lucides, le consensus ne sera jamais réellement global. Il faut parvenir à en créer des bouts, et la planétisation en est un.

La génération COVID

La crise du coronavirus ne doit pas être un frein à l'expansion du leadership de la jeunesse. Nous avons une responsabilité collective à redonner confiance et espoir à la jeunesse afin de dissiper au plus vite l'atmosphère de fatalité, presque de défaitisme, qui semble régner aujourd'hui. Le ton, les expressions, les mots employés sont souvent négatifs, déprimants. Les articles, débats, émissions, les commentaires n'évoquent ce sujet qu'en utilisant la négation, le pessimisme. « Génération Covid », « génération perdue », « génération sacrifiée », « diplôme sans valeur », « victimes économiques », « chômage des jeunes », « détresse étudiante ». Oui, notre jeunesse souffre. Elle s'inquiète. L'idée qu'elle se faisait d'un monde déjà chancelant s'est évaporée en l'espace d'une année, le temps de l'irruption d'une pandémie. Les étudiants que je côtoie, ou rencontre, à ESCP ou à la China Europe International Business School (CEIBS) de Shanghai me le disent : les perspectives offertes à la jeunesse les angoissent précisément car elles sont minces et sombres. Mais certains d'entre eux m'ont glissé une partie de la solution : « Nous avons besoin que vous nous aidiez à regagner confiance en nous. » Espoir, succès, confiance, positivité doivent être les maîtres mots à utiliser pour parler de notre jeunesse, pour parler *à* notre jeunesse. Nous ne pouvons plus évoquer ces centaines de milliers de jeunes, ni s'adresser à eux, en adoptant des postures et des propos mornes, parfois morbides. Notre responsabilité, en tant que dirigeants politiques, directeurs d'établissement, professeurs, dirigeants d'entreprises, managers, recruteurs, parents, est de tendre la main à cette jeunesse ébranlée par le doute. Nous devons la réenchanter, lui redonner sinon du rêve, du moins de l'ambition et, surtout, les conditions d'accés à cette ambition. Tous nos efforts doivent être dirigés vers ce but, celui d'accompagner les jeunes, de leur accorder notre confiance, de leur donner confiance en eux, de leur dire et de leur montrer que nous croyons en eux, et surtout que nous avons besoin d'eux. Car nous avons besoin de notre jeunesse. La décennie 2020 est une décennie clé dans l'histoire de l'humanité. Des changements radicaux vont s'opérer, sur le plan environnemental, numérique, entrepreneurial et social. Au bout de cette décennie, en 2030, 85 % des emplois seront entièrement nouveaux, en raison de la montée en puissance du digital et de l'intelligence artificielle. Plus spécifiquement dans le domaine pour les énergies renouvelables, l'Agence internationale pour les énergies renouvelables (Irena) estime que plus de 20 millions d'emplois seront créés dans ce secteur d'ici 2030, et plus de 40 millions d'ici 2050. Aujourd'hui, le secteur emploie 11,5 millions de travailleurs à travers le monde. Notre jeunesse, *digital native* et soucieuse de l'avenir climatique de notre planète, impulsera ces changements. Les jeunes représentent un atout décisif dans la vitesse de transformation et d'adaptation des entreprises aux métiers et au monde de demain. En délaissant les jeunes, la société court à sa perte car, comme le disait François Mitterrand en son temps : « Si la jeunesse n'a pas toujours raison, la société qui la méconnaît et qui la frappe a toujours tort. » Cette prise de conscience de l'indispensabilité de la jeunesse commence à poindre. Des grands dirigeants d'entreprises, des acteurs et actrices de la société civile, des scientifiques, tous appellent à la mobilisation collective pour la jeunesse et à l'organisation des états généraux qui lui seraient consacrés. C'est le signe que la société dans son ensemble a besoin de nos jeunes. Les plus grandes entreprises leur font confiance. C'est un signal fort que nous devons relayer auprès de nos élèves, de nos étudiants, dans les écoles et les universités, pour leur donner de l'espoir et les mobiliser à nouveau autour de notre avenir, et de leur avenir. Il faut également valoriser la période dramatique qui vient de s'écouler et à laquelle notre jeunesse a résisté avec un courage et un aplomb exceptionnels. Elle a largement fait preuve d'innombrables compétences – d'adaptation, d'autodiscipline, de résilience, d'anticipation, de création et d'imagination – durant tous ces mois de pandémie. Là encore, ce sont des atouts sur lesquels la société doit s'appuyer pour conduire le changement avec efficacité. Notre responsabilité est aussi de donner confiance à notre jeunesse, dans ses aspirations et sa vision du monde. Les jeunes, aujourd'hui, sont mus par le sens qu'ils donnent à leur action, et à celle de l'entreprise, l'association ou l'organisation pour lesquelles ils œuvrent au quotidien. Ils veulent se sentir libres d'agir, avec des circuits de prises de décisions raccourcis, car ils éprouvent le besoin d'obtenir des résultats, de constater leur application et leurs effets. À ce titre, de plus en plus de jeunes sont attirés par l'entrepreneuriat, par l'univers des start-up ou encore par des structures de proximité dans leur territoire, qu'ils conçoivent comme le temple de l'action concrète et directe, et où ils matérialisent l'utilité qu'ils peuvent avoir dans la société. Un message d'espoir doit leur être adressé. La France est devenue, en 2020, le premier écosystème start-up de l'Union européenne, devant l'Allemagne, mais derrière le Royaume-Uni. Les start-up françaises ont levé 5,4 milliards d'euros lors des 620 levées de fonds effectuées, soit une hausse de 7 % par rapport à 2019. Malgré la crise que nous traversons, l'attractivité de la France demeure. C'est un formidable message d'espoir pour notre jeunesse qui peut garder confiance en ses rêves et ses ambitions de transformer le monde. L'entrepreneuriat est indispensable aujourd'hui. Il est un levier d'émancipation, de quête de sens et de réalisation des idéaux. Nous devons encourager, encore, nos jeunes, nos étudiants à se lancer, à créer, à inventer, à innover, sans cesse, sans relâche. Une fois encore, en France, la dynamique est solide. Malgré la crise, dans un climat de fortes incertitudes, marqué par des vagues de confinement et de couvre-feu, l'Insee note une augmentation de 4,5 % du nombre de créations d'entreprises sur l'année 2020. Le président de la République reconnaissait, en octobre 2020, la dureté d'avoir 20 ans en 2020. Devenir soi, se réaliser, aujourd'hui, est d'une réelle complexité. Partager, échanger, discuter, s'ouvrir aux autres et à de nouveaux horizons, rencontrer, toutes ces activités du quotidien, dont l'importance est incommensurable pour un jeune de 20 ans, sont freinées. Nos jeunes ont un réel besoin de *reliance*, d'être reliés et liés les uns aux autres. Le philosophe Edgar Morin aime à définir cette notion comme « le partage des solitudes acceptées et l'échange des différences respectées ». Ils en ont besoin car c'est ainsi qu'ils se stimulent, qu'ils développent une émulation créatrice, qu'ils se forgent leur caractère, préservent leur part d'insouciance, et cultivent leurs idéaux. Ne laissons pas cette fascinante force d'âme se ternir et s'évanouir dans les méandres du doute. En cette vingt-et-unième année du XXIe siècle, mobilisons-nous pour elle. Nous avons besoin de nos jeunes. Donnons-leur confiance, car la décennie 2020 sera la leur. Pour eux, d'abord, qui se prendront en main, et pour nous qui leur laissons des problèmes non résolus mais qui savons que le moteur de l'humanité, depuis des millénaires, c'est l'énergie que met une génération à trouver des solutions aux problèmes laissés par la précédente.

Le leadership de la jeunesse doit être préservé et avoir une perspective. Il est un cristal à polir et à valoriser. Nous devons l'encourager, quitte à ce qu'il soit parfois dérangeant. Il n'y a pas de leadership de la jeunesse qui ne soit pas quelque peu irritant. C'est même sa force.

– Chapitre 4 –

Le leadership de circonstance

Au-delà des leaderships structurels que nous venons de détailler, il en existe d'autres qui interviennent dans le débat public de manière circonstanciée. Ceux-ci naissent de ce que nous évoquions plus haut, à savoir la marginalisation des corps intermédiaires, de l'aplatissement des niveaux hiérarchiques, donnant le sentiment que tout le monde détient la compétence pour gérer, administrer, décider et conduire des politiques publiques.

De Raoult à Zemmour, le leadership éphémère

La pandémie mondiale de la Covid-19 a fait émerger un leadership sanitaire, dont la crise a illustré les faiblesses et mis en lumière les failles que contenait le discours d'expertise alors que ruisselait sur ce corps de métier le prestige de l'expertise et du savoir. Ce leadership sanitaire révèle les limites du leadership de circonstance. En effet, une somme de compétences ne suffit pas à former un leader et le faire émerger au sein du cénacle d'experts. La crise du coronavirus a permis au personnel médical de prendre la parole, d'être fortement exposé, d'afficher sa science, son savoir, son expertise et sa compétence à un moment où citoyens comme dirigeants politiques étaient tous dépassés par la vague d'incertitudes qui submergeait notre société. Leurs interventions successives et incessantes ont pu donner de l'assurance, un sentiment de maîtrise, face à l'ignorance collective à laquelle ce virus nous confrontait. Pour autant, ce flot de paroles et de discours ininterrompus pendant des mois n'a pas permis de faire émerger un chef, un leader capable de coordonner les positions, de fédérer, de rassembler, d'affirmer une forme de puissance ou d'influence. Didier Raoult, éminent professeur de médecine de Marseille, spécialiste des maladies infectieuses et microbiologiste, a tenté d'incarner ce leadership par le biais d'une proposition de traitement du virus de la Covid-19. Son look, son franc-parler et son expertise reconnue internationalement réunis formaient un cocktail permettant d'endosser ce rôle de chef de file du leadership sanitaire. La publication d'un ouvrage au moment de ces prises de position publiques, la création d'un compte officiel sur les réseaux sociaux, notamment sur Twitter, ses apparitions télévisées fréquentes participaient d'une stratégie de communication et d'influence mûrement réfléchie. Pour autant, le débat sur l'hydroxychloroquine qu'il a imposé dans le débat public a sorti le leadership sanitaire du cadre médico-social dans lequel il était jusqu'alors confiné. Ce débat, devenu national par les prises de position politiques et médiatiques, a créé un engouement qui a conduit à la neutralisation réciproque et à l'affaiblissement des légitimités. En effet, la dimension politique qu'a prise le débat sanitaire a fait émerger différents acteurs du monde médical et sanitaire, détenant tous des titres et des fonctions porteurs de légitimités, formidables. La controverse scientifique s'est alors progressivement transformée en une compétition des légitimités, au cours de laquelle les approbateurs et les contestataires s'affrontaient, sans que personne, ni citoyen ni dirigeant politique, ne puisse discerner le vrai du faux, ni la raison de l'opinion. La neutralisation et l'affaiblissement des légitimités scientifiques qui se sont ensuivis ont eu raison du leadership sanitaire. Trop de leaders tue le leadership. Le Pr Jean-François Delfraissy, président du conseil scientifique chargé d'éclairer le président de la République et le gouvernement sur l'évolution de la crise et les mesures à prendre pour l'endiguer, a également tenté de représenter et d'incarner un leadership sanitaire. Dans le milieu politique, les nombreux médecins, aujourd'hui élus, ont aussi essayé de prendre la lumière et de s'imposer en recours, à l'instar du Pr. Philippe Juvin, maire LR de La Garenne-Colombes et chef de service des urgences à l'hôpital européen Georges-Pompidou. Pour autant, l'incarnation est extrêmement difficile, car il ne suffit pas d'avancer des théories et des expertises pour devenir un leader. Le leadership est éminemment politique et nécessite une stratégie d'influence, une ligne de communication, un socle d'adhérents. On ne peut devenir un leader que si l'on parvient à s'affranchir du rôle d'intermittent du leadership. Par ailleurs, c'est ce que Patrick Pelloux était parvenu à faire en 2003, lorsque j'étais Premier ministre, au moment de la canicule qui a frappé notre pays. Comme je le détaille dans l'un de mes précédents ouvrages, *Je marcherai toujours à l'affectif*[1] ,il a réussi à sonner le tocsin et à mobiliser, rassembler et fédérer autour de lui à un moment où Jean-François Mattéi, alors ministre de la Santé, pensait qu'il criait au loup suite à des arbitrages défavorables. La maladresse du ministre lors de son intervention télévisée et l'action puissante et effrénée de Patrick Pelloux, portant l'étendard du leadership de circonstance et nous enjoignant d'agir, a contribué, avec les

1. Jean-Pierre Raffarin, *Je marcherai toujours à l'affectif*, Flammarion, 2012 p. 291.

efforts du gouvernement à mobiliser le pays en plein mois d'août. Ainsi, un plan puissant a pu être engagé, mobilisant plus de 50 milliards d'euros sur vingt ans.

Pour en revenir à la crise du coronavirus, la neutralisation des légitimités et l'absence d'incarnation de la cause par un leader a démontré que la défaillance ne provenait pas d'un manque de compétence technique et d'expertise. La défaillance réside précisément dans l'incapacité d'un corps médical omniprésent dans les médias à créer un lien de confiance suffisamment fort avec les Français pour susciter l'adhésion et la mobilisation, et faire émerger des leaderships. D'un point de vue politique, la crise sanitaire que nous avons traversée est particulièrement intéressante à penser. De tout temps, de très nombreux leaders de circonstance ont émergé, Coluche ou Daniel Balavoine, à la fin des années 1980, Marc Blondel ou José Bové, dans les années 1990-2000, ont pu les incarner. Aujourd'hui, les crises des Gilets jaunes et du coronavirus sont marquées par leur absence d'incarnation, et leur manque de véritables leaders porteurs de la cause. Cela vaut pour la société civile comme pour la classe politique, qui n'a pas réussi à se positionner comme un autre pôle de gestion de la crise. Les oppositions s'affichent comme des antipôles et non comme d'autres pôles. Or, l'adhésion, la mobilisation, le rassemblement sont plus puissants dans le second cas que dans le premier, car être un leader ce n'est pas seulement être anti, c'est avant tout représenter une éthique, un cadre de valeurs et de principes, une certaine vision et proposer une sortie de crise. C'est délivrer un message, donner des perspectives, dans lesquels les individus peuvent se reconnaître et auxquels ils peuvent adhérer. Pourtant, dans ce leadership de circonstance sanitaire, tout était réuni pour que le leadership s'affirme : compétence, expertise, légitimité, crédibilité, autorité. Or, rien de tout cela n'a servi. Ce constat renforce notre argument sur l'aspect délétère d'une horizontalisation des mouvements et de la société. Le corps médical n'a précisément pas fait corps, du moins politiquement et médiatiquement, durant la pandémie. Les médecins médiatiques ont été individualistes, voulant attirer sur eux la lumière au détriment de leurs collègues. Les plateaux télé peuplés de médecins généralistes, urgentistes, réanimateurs, infectiologues, virologues, immunologues, parfois des médecins issus de la même spécialité mais appartenant à des structures hospitalières différentes, ont préféré débattre *contre* plutôt qu'*avec* les autres, présentant le spectacle de la confusion et des désaccords qui a porté préjudice au leadership sanitaire. Cela ressemblait trop à la politique.

N'est-ce pas ce qui menace précisément notre société ? Que ce soit en politique, au sein des mouvements syndicaux, ou dans la société civile, les réseaux sociaux et le microscope médiatique ont créé une dispersion de la parole et impriment aujourd'hui une communication individualiste, qui refuse la verticalité et l'autorité. La relation entre le leader et son soutien, qui prévalait par le passé, est sans doute aujourd'hui annihilée par la confusion des rôles. Désormais, les nouvelles technologies de l'information et de la communication ont donné l'opportunité aux followers d'être leaders dès lors qu'ils communiquent, s'expriment et se positionnent sur les sujets. Finalement, la rareté reste une valeur. Nous pouvons être inquiets pour le leadership de circonstance. Contrairement au leadership de la jeunesse ou à celui des femmes, qui s'appuie sur des causes nobles et puissantes, le leadership circonstancié ne parvient pas facilement à s'imposer, à représenter cette source de confiance pour des groupes ou des citoyens. Dans plusieurs pays tels que l'Italie, l'Ukraine ou Israël, des leaders politiques ont pu apparaître en peu de temps et, en général, pour un temps court. Cela reste toujours possible dans les périodes de grande lassitude et la France n'en est pas à l'abri. Éric Zemmour tente le pari. Les professionnels sont nécessairement sceptiques, tant la campagne présidentielle est exigeante.

À Tokyo, les médailles du leadership

Le sport et la culture sont deux autres domaines dans lesquels des leaderships peuvent éclore du talent, de la personnalité, de la singularité, de l'éclat d'individus qui ont, lors d'un événement, marqué l'opinion. En football, par exemple, les bons entraîneurs expriment un leadership authentique. Sir Alex Ferguson a tout dit sur le sujet dans son livre *Leading : manager pour gagner*[1]. Les coachs constituent l'élément par lequel les forces des individualités démultiplient la puissance du groupe. Le rôle du chef n'est donc pas de montrer sa force ni d'être le plus fort, au contraire. Il s'agit de révéler le potentiel de chacun, de se servir des forces à disposition pour renforcer le collectif. L'entraîneur de football est un fédérateur, un agrégateur de forces, un catalyseur. C'est un leadership de transmission. Les grands entraîneurs de football que l'on connaît ont parfaitement intégré cette dimension, et ceux qui parviennent à obtenir de bons résultats sont ceux qui ont pleinement investi leur rôle de transmetteur : ils ne tentent pas de dévorer de leur exubérance la force du collectif. Des personnalités comme Zinédine Zidane, Didier Deschamps, Arsène Wenger sont des entraîneurs qui ne bavardent pas à outrance et qui ont adopté une philosophie du retrait et de la discrétion. Il est intéressant de noter que la récente déception de l'équipe de France de football à l'Euro 2021 correspond à une phase de faiblesse du leadership de Didier Deschamps, révélée par les polémiques internes à l'équipe, relatives par exemple au

1. Alex Ferguson, avec Michael Moritz, *Leading : manager pour gagner*, Marabout, 2016.

choix du tireur des coups de pied arrêtés. En revanche, les médailles françaises à Tokyo dans les sports collectifs et les épreuves par équipe ont fait apparaître chez les coachs une vraie expertise du leadership.

La montagne comme la mer forgent également des leaders. Ce dernier 15 août, écoutant à la fête des Guides de Chamonix les discours successifs des leaders de l'alpinisme et le sermon de monseigneur Rougé, évêque de Nanterre qui présidait la messe, je mesurai la proximité entre le guide, le pasteur et le leader. Tous les trois, malgré les dangers, connaissent le chemin de la bonne destination. Le pèlerin de Saint-Jacques que je suis a expérimenté le besoin de réconfort du chef dans certaines épreuves. Le capitaine de notre équipe s'appelait Marc Laffineur. Les grands marins sont aussi des exemples parlants. Des champions d'envergure, dont la jeunesse a été marquée par des exploits remarquables, ont révélé pour la suite de leur carrière de puissantes qualités de leaders. Je pense notamment à Jean-Claude Killy et à Annie Famose. Mais aussi, parmi les marins, à Isabelle Autissier et Maud Fontenoy.

L'art, une voie d'accès au leadership

Le milieu culturel – dont nous avons partagé pleinement la souffrance du confinement et qui est d'autant plus vive dans cette France, patrie de la raison, du savoir et de la culture – est également un domaine de révélation du leadership.

Johnny Halliday, par exemple, est un leader qui fédère, qui regroupe des individus pourtant opposés. Sa mort a peu affecté son leadership car il vit, encore et toujours, dans le cœur de ses fans. L'artiste survit à sa mort quand les émotions qu'il crée restent vivantes bien au-delà de celle-ci. Claude Brasseur, Catherine Deneuve, Alain Delon, Romy Schneider, Jean-Paul Belmondo, Brigitte Bardot, Jean

Rochefort, Marion Cotillard, Jean-Pierre Bacri ne sont pas seulement des talents, mais également des personnalités qui créent ou ont créé autour d'eux un socle de valeurs, de messages, de principes et qui ont avec leur communauté, un rapport de transmission et de puissance irréductible. En France, des troupes comme celle du *Splendide*, avec Josiane Balasko, Christian Clavier, Michel Blanc, Thierry Lhermitte, Gérard Jugnot, ou encore plus ancienne, celle composée de Jean Rochefort, Claude Brasseur, Guy Bedos, Jean-Pierre Marielle, Jean-Paul Belmondo, ont marqué l'esprit des Français et leur époque. À travers eux, c'est aussi une certaine idée de la France, ses mœurs, son art de vivre, ses manières, ses traditions, qui s'expriment et se transmettent aux Français. Le talent de ces acteurs et actrices leur a permis de dévoiler au monde une certaine France et sont parvenus, par leur authenticité, à susciter l'inspiration, l'admiration, voire l'adoration du public. La liberté de ton d'un Jean-Pierre Bacri, l'insolence d'un Éric Cantona, le dilettantisme d'un Jean Rochefort, la détermination et l'engagement d'un Coluche, l'audace de Catherine Deneuve dénonçant les dérives du mouvement #Metoo, la passion d'une Brigitte Bardot défendant la vie animale, celle d'une Carole Bouquet luttant pour la protection de l'enfance, ou encore d'une Marion Cotillard engagée dans la lutte contre la réchauffement climatique recouvrent en eux une vision du monde, une manière d'aborder la réalité de nos vies. Et c'est en cela, aussi, qu'ils sont des leaders au-delà de leur talent et que l'histoire les retient dans la mémoire collective. Finalement, le leader est celui qui parvient à pénétrer le cœur des individus qu'il veut toucher et à s'y loger avec ses convictions et ses messages. Mon ami Richard Texier m'a appris que l'œuvre aimée ne s'oublie pas. Elle a son propre leadership.

Tout au long de l'histoire, de nombreux écrivains et penseurs ont été de véritables leaders. Victor Hugo est sans doute celui dont l'influence fut la plus puissante, comme l'a démontré hier la mobilisation populaire pour ses obsèques et le prouve aujourd'hui encore sa notoriété internationale. Les leaders de l'engagement (Émile Zola, Raymond Aron, Jean-Paul Sartre, Claude Lévi-Strauss, Roland Barthes), tout comme ceux de la sagesse (Montaigne, Pascal et, plus récemment, Michel Serres, Edgar Morin, Luc Ferry) ont largement contribué au rayonnement de la culture française. Si l'influence des leaders de la culture est si puissante, c'est parce que la sensibilité, le talent, la clarté, la connaissance sont encore, dans l'univers culturel, sources de respect malgré les controverses, les désaccords ou les polémiques. Sans respect, il n'y a pas de leadership.

Il est un domaine culturel où le mot « chef » est d'un usage quasi sacré : la cuisine. Joël Robuchon, chef en son temps le plus étoilé dans le monde, désignait ses anciens apprentis devenus chefs comme ses disciples. Le chef en cuisine est un créateur. Il invente des plats, il crée la carte, il conçoit son environnement propre. Il manie l'autorité avec le personnel et la séduction avec le client. C'est un homme de rigueur dans le choix des produits, mais aussi dans la qualité de sa gestion. Il incarne sa cuisine et il est souvent la marque de son établissement. Il connaît la culture de la gastronomie mais aussi la simplicité de la cuisine. Artistes et entrepreneurs, les chefs français font rayonner le savoir-faire du *bien manger* français dans le monde entier. Alain Ducasse est assurément le plus chef des chefs. Des femmes de qualité telles que Hélène Darroze, Anne-Sophie Pic, Dominique Crenn et beaucoup d'autres participent brillamment à ce rayonnement. Le public français se passionne pour les émissions de télévision qui mettent en scène nos grands chefs. Dans ce secteur, il n'y a pas de déficit de leadership. En période de pénurie de touristes étrangers, nous en sommes presque à nous demander s'il n'y a pas plus de chefs que de clients dans nos grands restaurants parisiens. Avec le nombre d'écoles de cuisine qui se créent en France, nous n'en manquerons pas non plus à l'avenir. L'essentiel est que les jeunes comprennent que la qualité première des grands chefs est de savoir se faire aimer. Dans le milieu, les rivalités sont fortes mais, au fond, l'amitié y est généreuse. C'est une valeur de la France.

Partie IV

LA PERSONNALITÉ DU LEADER

Le leader est avant tout une personnalité singulière. De grands traits, dessinés par des adjectifs et qualificatifs légèrement génériques peuvent servir à dépeindre ceux que l'histoire a couverts d'un manteau de responsabilités et de l'onction de la représentation populaire. Toutefois, chaque leader est unique car les caractéristiques, qualités, styles, aptitudes qu'il réunit forment sa personnalité unique. À chacun sa mise en équation des différents paramètres.

Sans dresser le portrait-robot du leader idéal, certaines spécificités reviennent régulièrement lorsqu'on évoque sa figure. Tout d'abord, ce sont des qualités : la légitimité, la créativité, le courage, l'écoute. La *légitimité* est la source de crédibilité du leader, qu'il obtient le plus souvent par les compétences qu'il a développées, qu'elles soient académiques ou professionnelles, par l'autorité naturelle ou acquise qu'il dégage, ou bien par simple opportunisme lui permettant d'exposer une légitimité. L'élection est souvent la légitimité la plus pure. La *créativité* constitue la part d'originalité du leader, celle qui lui permet de se différencier et s'imprimer dans le cœur de son audience. Cette créativité s'exprime par son imagination, ses idées, sa vision, son lyrisme, son goût du futur, ou sa sensibilité au changement. Ici réside sa singularité. Le *courage* est l'attribut qui donne de la grandeur et une stature au leader, qualité par laquelle l'audience l'identifie comme un individu capable d'exercer des responsabilités que le commun des mortels ne souhaite pas endosser. Le courage se dévoile au travers des prises de risques, des convictions, de la volonté, de l'ambition, de la rigueur et de la lucidité de celui qui en fait preuve. *L'écoute* est l'une des qualités les plus précieuses, celle dont découle d'innombrables autres qualités, notamment émotionnelles, liées à l'affect, à la confiance, à la sincérité, à l'inspiration. L'écoute est l'une des conditions pour que le leader reste pragmatique, réaliste, et qu'il ne se perde pas dans la solitude inhérente à ses responsabilités. À l'école, on doit apprendre à écouter.

Ce sont ensuite des domaines d'action dans lesquels le leader est relativement performant : la stratégie, l'influence, les réseaux, l'exécution. La *stratégie* est souvent le domaine réservé du leader car c'est à lui qu'incombe la responsabilité de montrer le chemin, d'ouvrir la voie et de donner un sens à l'action qu'il mène. *L'influence* est également nécessaire pour permettre de constituer un réseau de soutiens et d'adhérents prêts à défendre le projet et les actions. L'influence est permise par une maîtrise de la communication et de son image ainsi que par son charisme, son pouvoir de séduction, mais aussi par la qualité de ses propositions. Les *réseaux* sont essentiels pour permettre au leader de s'entourer d'individus loyaux et capables de mettre en œuvre logistiquement la stratégie décidée. La force du réseau fait la force du leader. *L'exécution* est le chemin par lequel le leader démontre son efficacité, son organisation, sa discipline et son attachement à faire ce qu'il dit et ce qu'il promet.

Enfin, un leader ne peut exister sans la base qui le porte et l'accompagne. Il lui faut donc répondre aux attentes de ses soutiens et faire preuve d'espoir, de stabilité, de confiance, de considération. *L'espoir* représente le lien qui unit le leader et sa base autour d'un idéal commun. Le leader doit donc constamment maintenir la flamme de l'espoir, ne jamais s'en départir et risquer ainsi de créer la déception. La *stabilité* est l'expression de la sécurité, de la sérénité, de la tempérance et conforte le choix et le soutien d'un socle d'adhérents. La *stabilité* n'est pas contraire au mouvement. La *confiance* constitue certainement le lien le plus fort qui relie le leader à ses soutiens, et qui se nourrit de son honnêteté, de sa fiabilité et de sa loyauté. Ce lien, unique, doit être attentivement préservé car le moindre effritement représente une menace pour l'équilibre et la pérennité du leader. La *considération* est un lien empathique et respectueux du leader à l'égard de sa base. Il donne le sentiment aux soutiens qu'ils ont de l'importance pour lui. La considération a un effet multiplicateur très important sur le moral, l'engagement et la cohésion des troupes.

Ces caractéristiques, loin de constituer une photographie irréfragable, esquisse les grands traits qui composent la personnalité du leader. Au-delà, elle se définit, en particulier en France, à travers une histoire qui se conte en trois temps : la formation et le parcours académique, la communication et l'éloquence, la relation affective et l'humour. Les leaders sont en général capables de conquérir le pouvoir. Il en existe cependant qui sont passés à côté du pouvoir ou qui ne l'ont fréquenté que modérément. Dans ma famille, nous pratiquions le culte de Pierre Mendès France, au gouvernement duquel mon père avait participé. Au regard des qualités qui lui ont été reconnues, le parcours de PMF aurait pu être plus dense. Il a cependant créé autour de lui un exceptionnel réseau de fidélité. Ceux qui ont appartenu à son gouvernement sont restés liés malgré la diversité de leurs opinions. Mon père, élu de centre droit, envoyait toujours son petit chèque à PMF pour le soutenir dans ses campagnes électorales à Louviers ou à Grenoble. Jacques Delors, vrai leader européen, est aussi passé à côté de la présidence de notre République. Citons aussi Philippe Séguin qui a manqué de multiples marches vers le pouvoir mais dont ceux qui se réclament de lui restent nombreux. Il faut dire que l'ancien maire d'Épinal avait inventé une étiquette qui ratissait large : « le gaullisme social ».

– Chapitre i –

Le leadership du diplômé

En France, il est de bon ton que le leader soit une personnalité diplômée, passée par les meilleures écoles de la République. La formation, le diplôme, le parcours sont des éléments nécessaires à la constitution d'un leadership, car ils donnent du crédit à celle ou celui qui les arbore. Ce sont des gages sur lesquels reposent la crédibilité, la légitimité, la confiance. Cela se vérifie d'autant plus facilement si nous nous penchons sur le parcours de nos sept derniers présidents de la République, de Georges Pompidou à Emmanuel Macron. Quatre d'entre eux ont été formés à feu l'Ena[1] (Valéry Giscard d'Estaing, Jacques Chirac, François Hollande, Emmanuel Macron). Tous, à l'exception de Valéry Giscard d'Estaing, ont occupé les bancs de Sciences-Po Paris. Georges Pompidou était normalien, Valéry Giscard d'Estaing polytechnicien. Trois ont également fait un passage à l'Université française (Nicolas Sarkozy, François Hollande et Emmanuel Macron). Cette rapide photographie de la formation et des diplômes des leaders politiques français, dont les enseignements peuvent être similaires dans le monde économique du grand patronat,

1. L'École nationale d'administration qui deviendra l'Institut national du service public (INSP) au 1er janvier 2022.

reflète la *diplomite* française, ce culte voué aux diplômes, à la formation, et à ce qui relève du parcours académique. Les élites françaises sont encore fortement structurées par cette caractéristique. Le poids des promotions reste ainsi puissant. Ces dernières constituent une marque indélébile gravée dans le parcours de celui ou celle qui en ont fait partie. La plus connue est sans doute la promotion Voltaire de l'Ena, de 1981, où l'on retrouve François Hollande, Ségolène Royal, Michel Sapin, Jean-Pierre Jouyet, Renaud Donnedieu de Vabres, Dominique de Villepin, Henri de Castries, etc. Nous pouvons l'observer encore aujourd'hui : trois personnages de l'État, un ministre, un député et un préfet, issus des mêmes écoles, voire des mêmes promotions, peuvent se retrouver à l'occasion du déplacement du ministre dans la circonscription et la région respectives des deux autres. Dès lors, un sentiment d'entre-soi se développe car l'élite française devient homogène, uniforme, ayant suivi les mêmes parcours, et accédant à un statut par la seule force des diplômes qu'elle a obtenus, et ce pour le reste de sa vie professionnelle. Cette puissance du diplôme et du réseau académiques ne signifie pas pour autant, comme certains voudraient le prétendre, qu'il n'y a que du négatif à en retirer, car le modèle académique français des grandes écoles est sans doute l'un des meilleurs au monde, où des milliers d'étudiants français et internationaux rêvent de pouvoir un jour se former et qu'il faut impérativement préserver. Pour autant, l'exacerbation du parcours académique, ou du moins la reconnaissance *a priori* de la compétence et de la qualité d'un individu à l'aune de son seul diplôme peut conduire à créer un fossé entre une élite surdiplômée et un peuple français qui éprouve, de plus en plus, une forme de condescendance de la part de ceux qui les représentent. Le manque de diversité est souvent plus reproché que le niveau de qualité.

Toutefois, comme le veut l'adage, à toute règle son exception. En effet, si la norme est emprisonnée par le diplôme, nous pouvons être fiers des contre-exemples et de notre capacité à faire émerger des talents qui ne répondent pas de prime abord aux codes académiques que leur ambition ou leur fonction exigent. De grands leaders français ayant occupé de hautes fonctions à la tête de l'État n'avaient pas obtenu les diplômes requis. Ainsi, René Monory (1923-2009), ancien maire de Loudun, président du conseil général de la Vienne et du conseil régional de Poitou-Charentes, plusieurs fois ministre sous le septennat de Valéry Giscard d'Estaing, à l'Industrie et à l'Économie, mais également à l'Éducation nationale, puis président du Sénat, n'était titulaire que d'un brevet industriel lui ayant permis de reprendre le garage de son père dans lequel il avait commencé à travailler à l'âge de quinze ans. Son surnom confirmait son leadership : « le shérif ». C'est aussi le cas de Pierre Bérégovoy (1925-1993), titulaire d'un certificat d'études et d'un brevet d'enseignement industriel, qui a commencé comme ouvrier ajusteur-fraiseur dans une usine à Déville-lès-Rouen, et qui fut ministre des Finances et Premier ministre sous les septennats de François Mitterrand. C'est également un Bernard Tapie, titulaire d'un diplôme de technicien en électronique, qui par son caractère, sa verve et une sacrée dose de culot parvient à devenir un entrepreneur renommé, dans le sport avec l'Olympique de Marseille ou en affaires avec Adidas, et dont l'engagement lui a permis d'accéder aux plus belles fonctions de serviteurs de l'État, de député à ministre de la Ville, en passant par conseiller général des Bouches-du-Rhône et député européen. Je pense aussi à la regrettée Marielle de Sarnez qui a dirigé le cabinet du ministre de l'Éducation nationale sans avoir son baccalauréat.

Nicolas Sarkozy dirige comme il marche, en force

Des présidents de la République toujours en vie, un seul détonne par son parcours académique. Nicolas Sarkozy n'a pas fait l'Ena. De cette soi-disant faiblesse, il a fait une force. Force qui caractérise un leadership bien spécifique. Nicolas Sarkozy a évidemment de l'autorité. Il sait être brutal mais il sait aussi câliner son monde. Il est vraiment capable de chaleur humaine. Pour convaincre, sa palette d'intervention est large : à celui qui lui résiste, il n'hésite pas à faire peur mais, au fur et à mesure de l'ouverture de son interlocuteur, il dose sa part d'affectif. Jamais ses yeux ne s'arrêtent sur quelqu'un avec qui il est en froid. En revanche, celui ou celle avec qui il est en paix peut compter sur sa fidélité, c'est-à-dire sur des gestes qui affichent, aux yeux de tous, son amitié.

Nicolas dirige comme il marche, en force. Alain Duhamel a encore vu juste : c'est « la marche consulaire ». Il est toujours dans le camp de la force, même en dehors de la vie politique, que ce soit dans la loge de Johnny ou dans les vestiaires du PSG. Chez lui, il ne s'agit pas d'opportunisme. Quand il soutient, son engagement est indéfectible. Sa force est prévisible. Carla a contribué à l'expression de ce leadership de la force. Son « sans faute » à l'Élysée a renforcé le sentiment de professionnalisme de ce couple présidentiel. La communication du président Sarkozy n'est pas à prétention universelle, elle est plutôt manichéenne. Pour élargir son camp, il s'en prend souvent à des adversaires virtuels, peu représentés dans son public et qui jouent le rôle de repoussoir. « Je ne serai jamais du côté de "ceux qui pensent" que la sécurité n'est pas une priorité. » Quelquefois le rôle du repoussoir est clairement identifié : « On dit l'omniprésent, je préfère cela au roi fainéant. » La force peut s'exprimer au premier degré, par la brutalité : « Casse-toi, pauvre con ! » Ou au second degré, par l'humour ou l'ironie. À un ministre, élu rural : « Oh tu as un costume neuf… tu l'as acheté dans ta ville ? » Cette force a assurément un réel pouvoir de conviction. Combien de fois, à l'occasion des réunions de parlementaires à l'Élysée, les invités du Président arrivaient septiques et repartaient convaincus.

La capacité de rassembler est indiscutablement une caractéristique du leadership de Nicolas Sarkozy. Nicolas fait du Sarkozy, il est authentique.

Au sein de mon gouvernement, alors qu'il était en tension permanente avec le président Chirac, il n'était pas le plus difficile de mes ministres. Nicolas est direct. Il dit ce qu'il veut, avec force, mais il ne joue pas au billard. L'authenticité est une qualité de son leadership. Le socle de ses supporters est important, pas toujours majoritaire, mais le camp reste uni. Cela est démontré à chaque sortie, que ce soit pour une légion d'honneur, une séance de signature en librairie ou un concert de Carla. Les scores exceptionnels de ses livres confirment la solidité de son socle de sympathisants. Tout cela est savamment entretenu. Physiquement, Sarkozy est en mouvement. Si le président Obama l'a trouvé un peu agité, c'est parce qu'il « ne tient pas en place ». Ce n'est pas un passif, l'immobilité l'ennuie. Pas question dans les meetings d'écouter, assis au premier rang, les orateurs qui le précèdent. Il entre en scène pour entendre les derniers mots du discours précédant le sien. Pas de fatigue inutile à traverser la salle. Pas de chemise froissée en montant sur scène. Pas d'intérêt excessif pour le discours des autres. Son goût du mouvement est autant physique (à vélo, en jogging, etc.) que politique. Le leadership de Nicolas Sarkozy a développé la stratégie des réformes simultanées, une véritable innovation. Jusqu'ici les réformes étaient plus ou moins échelonnées tout au long d'un calendrier parlementaire particulièrement soigné. Nicolas Sarkozy tenait à lancer plusieurs réformes à la fois pour disperser les réactions, et surtout les oppositions. La cadence gouvernementale effrénée espère ainsi créer des espaces pour agir, même si d'autres se révèlent bouchés. Un théorème du Sarkozysme quant au leadership pourrait être : « C'est en mouvement que le leader évite de devenir une cible. » La logique de rapport de force qui caractérise cette approche génère deux attitudes qu'il faut rendre compatibles : d'abord, il faut incarner la force, voire une certaine brutalité ; ensuite, il faut être capable de négocier. Je me souviens de m'être opposé fermement à son projet d'augmentation de la TVA pour les parcs de loisirs. J'ai d'abord reçu une belle volée de bois vert avant d'obtenir satisfaction.

Si cette nature de leadership est très typée quant aux attitudes, c'est que d'une manière générale la compétence n'est pas contestée. On peut discuter les opinions et les décisions mais la connaissance des dossiers, la capacité de travail et le sens de l'action sont reconnus. Avec le temps qui passe, on mesure combien le leadership de Nicolas Sarkozy reste créateur de fidélité. L'objectif est davantage la mobilisation d'une partie que le rassemblement de tous.

Notre République est ainsi absolument capable d'accorder sa confiance à des profils atypiques, à des personnalités qui se sont construites sur et par le terrain et qui ont mis leur expérience au profit d'un leadership personnel fort. Dans la dynamique de construction de la France de 2030, certainement que cette logique puissante du diplôme et du parcours académique devra accepter de composer avec une autre logique, complémentaire, capable de faire émerger des talents dont les parcours sont moins linéaires. Toutefois, je pense que nous n'effacerons jamais totalement cette composante inhérente au modèle républicain français qui, qu'on le veuille ou non, comporte toujours quelques relents monarchiques. « Le meilleur d'entre nous », Alain Juppé, avait toutes les qualités pour devenir un excellent président. Sa non-élection fut sans doute le signe des nouvelles attentes dont Emmanuel Macron a profité. Il manque au débat public. Il nous manque. Peut-être Édouard Philippe relaiera-t-il la flamme ?

– CHAPITRE 2 –

Le leadership éloquent

Le leader français est souvent un grand orateur. L'éloquence fait partie de ses caractéristiques indispensables, en particulier en France. Angela Merkel, par exemple, n'est pas reconnue et admirée pour son talent oratoire, malgré l'éloquence de son leadership.

Les grands orateurs français sont de natures très diverses. Ils peuvent être giscardiens, très pédagogues, rationnels, d'un style presque professoral. Ils peuvent également être mitterrandiens, prenant le ton de l'avocat, s'enflammant quand il le faut, se couchant sur leur tribune pour être au plus près de ceux à qui ils s'adressent et les convaincre. On trouve également l'orateur de la raison portée à son sommet, tel un Robert Badinter montant à la tribune de l'Assemblée nationale pour défendre son projet d'abolition de la peine de mort : « Cette communion d'esprit, cette communauté de pensée à travers les clivages politiques montrent bien que le débat qui est ouvert aujourd'hui devant vous est d'abord un débat de conscience et le choix auquel chacun d'entre vous procédera l'engagera personnellement[1]. »

1. Robert Badinter, Garde des Sceaux, Discours sur l'abolition de la peine de mort à l'Assemblée nationale, 17 septembre 1981.

Nous connaissons également l'orateur de la passion pleine de force, de fougue, de sentiment, tel un Nicolas Sarkozy capable de soulever le cœur de centaines de milliers de Français venus le soutenir sur la place de la Concorde en 2012 : « Les cœurs des dizaines de milliers de Français qui se trouvent rassemblés sur cette place battent à l'unisson des cœurs de millions de Français qui dans toutes les villes, et tous les villages de France, s'interrogent avec inquiétude sur l'avenir de la France [...]. La vague immense qui submerge aujourd'hui le cœur de Paris porte cette idée de la France comme une irrésistible espérance. Vous êtes la France[1] ! »

Les leaders français peuvent prendre une multitude de formes mais une caractéristique les relie tous : l'éloquence et l'art oratoire. Fut un temps où les nations européennes et leurs leaders se caractérisaient par un génie national artistique qu'elles représentaient et défendaient. La nation anglaise portait en elle le génie pittoresque. Sir Winston Churchill a peint de nombreux tableaux, dans un style impressionniste, donnant à voir de magnifiques paysages de la Côte d'Azur française. L'Allemagne est, elle, traversée par un génie musical alors que la France était la nation littéraire par excellence. Nombreux sont ceux qui, parmi les figures emblématiques de la littérature française, en particulier du XIXe siècle, ont eu un engagement et des responsabilités politiques : Benjamin Constant, François-René de Chateaubriand, Alphonse de Lamartine, Victor Hugo, André Malraux. Aujourd'hui, la domination du génie culturel ou artistique s'est estompée et a ouvert la voie à un art oratoire dont le primat a été scellé par l'avènement des technologies de l'information et des communications. Le soin mis par le général de Gaulle

1. Nicolas Sarkozy, président de la République candidat à sa réélection, discours de campagne, place de la Concorde, 15 avril 2012.

pour écrire, apprendre et dire ses discours reste, dans le pays, d'une rare exemplarité. Aujourd'hui, un Jean-Luc Mélenchon, au comportement de (petit) chef, continue malgré tout à trouver une place dans le paysage politique français grâce à sa verve, comme Georges Marchais en son temps, la culture en plus.

Il n'est jamais trop tard pour apprendre à parler en public

Désormais, la parole, le verbe, le discours sont devenus les modes d'expression et de conquête du leadership. Cette nouvelle donne pose un certain nombre de questions sur le plan social car, aujourd'hui, la maîtrise des outils de l'expression orale est une condition *sine qua non* pour être intégré et faire pleinement partie de la société. Or, beaucoup de nos jeunes n'ont pas toujours les codes, ni l'occasion de s'exprimer. J'ai souvent vu de brillants étudiants paralysés par la prise de parole, phénomène qui ne devrait plus exister aujourd'hui. Cela faisant naître un clivage entre ceux qui sont capables de s'exprimer et de convaincre, et ceux qui peinent à se faire entendre et sont freinés dans leur expression. D'un point de vue holistique, la parole a toujours été et devient, plus que jamais, un outil majeur de la démocratie. « Je me suis rendu compte en vieillissant que la connaissance du verbe, c'est cela la vraie richesse », disait Yves Montand, lui qui a connu de nombreuses autres formes de richesse. Lorsque cette connaissance se détériore, ou lorsque la pratique se délite au sein de la population, c'est toute la démocratie qui est en danger. Dès lors, il apparaît primordial que l'éducation s'empare du sujet de l'expression et, en cela, le grand oral du baccalauréat est une réforme très importante qui va obliger les élèves à s'y préparer, s'y former et en acquérir les fondamentaux. Mais cela doit être poursuivi dans les études supérieures où la parole doit faire l'objet de cours spécifiques, d'évaluations particulières, pour transmettre à notre jeunesse les éléments indispensables à une prise de parole de qualité dans l'espace public. La parole est la porte d'entrée vers le monde extérieur, vers autrui. Sans la parole, nous n'aurions que le repli, l'enfermement, le rejet, la négation. Savoir parler, c'est aussi savoir écouter. Bien parler c'est souvent faire en sorte que la pensée aille plus vite que la parole. Une des règles majeures de l'expression, surtout lorsqu'on se trouve confronté à des interruptions, des contestations, des coupures, qui nous obligent à mobiliser la pensée pour, soit ne pas en perdre le fil, soit trouver de nouveaux arguments à opposer à ceux qui interagissent avec nous, consiste à ralentir afin de prendre le temps de réfléchir. Cela s'apprend et se travaille car la tendance naturelle, face aux perturbations, est au contraire d'accélérer et de laisser la parole précéder la pensée, ce qui conduit inéluctablement aux bégaiements, aux bafouillages et aux lapsus. La préparation d'un plan constitue la vraie protection contre tous les aléas de la prise de parole publique. Cette architecture est un repère qui indique la position actuelle et le chemin à suivre. Il est une clarté pour l'auditeur et une sécurité pour l'orateur. La voix, également, peut permettre de transmettre une image, une émotion, un sourire, une lumière. La voix et la parole nourrissent un imaginaire extraordinaire que l'on néglige trop souvent. Dès lors, qui défend la démocratie doit défendre l'expression et l'art oratoire. À travers la parole passent également la maîtrise de soi, la gestion du stress, la confiance en soi, l'aptitude à l'humour… Chacun peut et doit trouver son style et laisser cours à sa propre créativité. Il m'est arrivé de constater chez certains de mes interlocuteurs des progrès importants quant à leur expression orale après l'âge de trente ans. Très souvent, l'explication s'appelle la franc-maçonnerie. C'est une des rares écoles qui forment à une expression de qualité. Il en faudrait d'autres !

Cette question de l'expression orale est une question démocratique fondamentale. Ne mésestimons pas ce sujet. Dans son dernier ouvrage, Régis Debray nous rappelle l'importance de la médiologie, qu'il définit comme l'étude de « tout ce qu'un dire peut faire lorsque celui qui le dit n'est président de rien[1] ». Celles et ceux qui savent conceptualiser, s'exprimer, tout en nuances, succomberont moins à la colère. Cet art oratoire, avec tout ce qui l'entoure, est une des caractéristiques du leader français qu'il faut préserver, protéger et certainement encore amplifier, car il constitue une arme au service de la défense et de la protection de la démocratie, de la tolérance, de l'esprit de concorde. La maîtrise de l'expression évite que les dialogues ne soient qu'une suite d'aboiements et d'invectives. Aujourd'hui, je crains que nous ne nous parlions plus suffisamment. La vitalité démocratique passe inévitablement par notre capacité à communiquer. L'expression du XXIe siècle est apathique car submergée par l'utilisation des réseaux sociaux qui sont la négation de l'expression et du dialogue. Ce sont des espaces numériques sur lesquels une frange ultraminoritaire de la population se contente d'écrire des bouts de pensées sans arguments qui enfantent un manichéisme catégorique et une négation du débat. Tout au contraire, nos sociétés ont besoin de dialogue, c'est-à-dire de prendre le temps d'exposer un point de vue argumenté, détaillé, nuancé, à partir duquel des positions contraires peuvent s'exprimer et s'écouter réciproquement pour mieux se répondre. La parole, l'expression, le bon mot ne sont séduisants, plaisants et vivants que dans le contradictoire. Lorsque nous perdons cette valeur cardinale, seuls le bruit et le silence restent. Aucun des deux n'a jamais représenté un modèle de société n'i incarné un projet ou une vision.

1. *Op. cit.*

Nous devons être parfaitement attentifs et vigilants à ce que ce bruit et ce silence, qui commencent à s'imposer et à supplanter le dialogue et le débat, ne se transforment pas en une violence qui dégraderait notre démocratie.

– Chapitre 3 –

Le pouvoir de l'humour

Les leaders ont aussi besoin de créer un lien émotionnel avec leurs interlocuteurs. Pour cela, l'humour est une des armes de communication et d'expression les plus fortes dont disposent les leaders. Wolinski définissait l'humour comme « le chemin le plus court entre deux personnes ». Et Milan Kundera ajoutait que l'humour est « l'éclair divin qui découvre le monde dans son ambiguïté morale ». L'humour permet de délivrer de nombreux messages, sur soi, sur son rapport aux autres, au monde, à la société, à son projet, et sur autrui. Ces deux définitions couvrent avec une étonnante simplicité les deux formes principales d'humour dont dispose le leader : l'humour de la proximité et celui de la distance.

La France est une nation d'humour. Tous nos grands hommes politiques, du général de Gaulle à Emmanuel Macron en passant par Valéry Giscard d'Estaing, ont affectionné l'humour et savaient le manier avec élégance et finesse. Pour autant, si la France se distingue par son humour, il n'est pas une qualité dont nous faisons étalage. En effet, lorsqu'une personnalité dont la fonction a trait à un domaine sérieux, l'utilisation d'un langage tenant du plaisant, de la légèreté, de la frivolité, crée un décalage qui dérange. François Hollande en a été une des principales victimes, lui dont la pratique bien connue de la « petite blague » a entaché durablement la stature et la crédibilité de président de la République. La France n'en possède pas non plus le monopole. Les Britanniques pratiquent un humour qui leur est propre, très pince-sans-rire et mâtiné d'ironie. Les Américains sont aussi de fervents pratiquants de ce format d'expression : un discours aux États-Unis démarre généralement sur une *initial joke*[1]. L'humour est également institutionnalisé puisque chaque année le président des États-Unis s'invite au dîner des correspondants de la Maison Blanche et y prononce un discours empreint d'ironie, de blagues et d'autodérision. Donald Trump a bien compris que l'humour n'était pas son meilleur talent lorsqu'il a mis fin à cette tradition. Le président Obama, qui regorgeait d'humour, s'en donnait à cœur joie. Ces spécificités que l'on trouve dans des pays comme la France, le Royaume-Uni ou les États-Unis ne se retrouvent pas dans tous les pays. J'ai rarement vu et entendu Xi Jinping pratiquer l'humour ou débuter l'un de ses discours par une anecdote amusante. En Allemagne, l'humour n'occupe pas non plus une place très importante dans le large éventail des pratiques de l'expression.

L'humour est indéniablement un des éléments de la communication et de l'exercice du pouvoir : l'humour rassemble, l'humour divise. Il met en valeur, il blesse. Il est de gauche, il est de droite. Il imprime une forme de proximité, il instaure une véritable distance. Il est de toute évidence une arme politique. Pour le célèbre démographe spécialiste de l'humour, Alfred Sauvy, l'humour est toujours lié à une question de supériorité, ce qui le classe dans le champ politique. De plus, alors que nous assistons à une dialectique, voire une opposition assez franche, entre la raison et

1. Une blague que l'on raconte en introduction de propos.

l'émotion, l'humour est un vecteur formidable capable de faire la jonction entre les deux et de s'adapter à la situation. Il peut conforter la raison comme créer une émotion et un lien. Dans les années 1970, à l'ESCP, l'une des premières « Tribunes ESCP », ces conférences étudiantes que nous organisions à l'école avec les personnalités éminentes de l'époque, avait pour thème : l'humour est-il de gauche ? La confrontation rassemblait Cavanna, Cabu et l'équipe de *Charlie Hebdo* contre le professeur Robert Escarpit, qui écrivait dans le journal *Le Monde*, et le père du « major Thompson », Pierre Daninos. L'ambiance était brûlante. *Charlie Hebdo* a fait le show mais, comme toujours dans un amphithéâtre, c'est le professeur Escarpit qui remporta le débat en défendant l'idée selon laquelle les conservateurs ne pouvaient être drôles : l'humour resterait donc de gauche !

Il peut se pratiquer comme un lien de distance ou de proximité, selon le degré de chaleur que l'on accepte.

L'humour de la distance

L'humour de la distance sert à imposer sa supériorité grâce à la dérision, ce qui lui permet d'être mieux acceptée, d'être moins frontale, moins brutale. Par un trait ou un mot d'esprit, par des propos subversifs qui tournent en dérision l'autre, l'humour de la distance permet à celui ou celle qui le pratique de se placer au-dessus, d'affirmer son leadership, sa puissance, son autorité. Sans que cela soit perçu comme une humiliation ou une façon de rabaisser son interlocuteur, cette pratique valorise au contraire son auteur, dont la vivacité et l'intelligence seront vantées, et lui permet de rassembler les tiers, témoins passifs de la touche humoristique.

Lors d'un bureau politique de l'UDF que présidait Valéry Giscard d'Estaing, André Santini arriva en tenant à la main *Le Canard enchaîné*. Sans tergiverser, Giscard demanda à

Santini : « Santini, *Le Canard*, vous le lisez ou vous l'écrivez ? » C'était une façon de tourner en dérision la pratique d'un de ses partenaires et d'asseoir ainsi son autorité de leader en rassemblant derrière lui les tiers.

En 1986, Philippe de Villiers est nommé secrétaire d'État à la Culture, sous la tutelle de François Léotard, alors ministre de la Culture et de la Communication. À cette époque, Philippe de Villiers était déjà connu pour la création de la Cinéscénie du Puy du Fou et avait une certaine expérience du monde culturel, ce qui créait des rivalités avec François Léotard. C'est pourquoi, au détour d'une question posée à propos de son ministre de tutelle, Philippe de Villiers lança : « Je lui ai prêté un livre la semaine dernière, il n'a pas encore fini de le colorier. » L'effet de surprise final, inattendu, confère à son auteur une supériorité et, par la distance qu'installe ce trait d'humour, entérine inévitablement la piètre qualité des relations entre les deux hommes.

Cette assise de la supériorité et l'effet inattendu se retrouvent également dans l'humour de Sir Winston Churchill, que relaie Alfred Sauvy, dans son ouvrage *Humour et politique*[1]. Un de ses gendres lui demanda, lors d'un dîner familial en 1944 : « Quels sont d'après vous, les trois grands génies que la guerre a révélés ? » Instantanément, Churchill lui répondit : « Roosevelt, Staline et… Mussolini. » Étonné, le gendre s'empressa de demander à son beau-père les raisons pour lesquelles la guerre avait révélé Mussolini. N'attendant que cela, Churchill prit plaisir à répondre : « Tout simplement parce qu'il a eu le courage de faire fusiller son gendre. »

1. Alfred Sauvy, *Humour et politique*, Calmann-Lévy, 1978.

Plus direct, l'humour peut être subversif. C'est souvent le cas lors des manifestations. Les militants ont recours à un humour corrosif pour faire valoir leurs idées et leurs messages. C'est pourquoi toujours deux ou trois pancartes, dont le message nous interpelle, nous font sourire et retiennent notre attention. En mai 1968, quelques slogans étaient particulièrement percutants et intéressants : « Je ne veux pas perdre ma vie à la gagner ! » ; « Soyez réalistes, demandez l'impossible ! » ; « Le temps est pourri, le gouvernement aussi ! »

Les Gilets jaunes également ont eu recours à cet humour lors des dizaines de manifestations qu'ils ont tenues entre novembre 2018 et mars 2019 : « On ne peut se serrer la ceinture et baisser son froc » ; « C'est la goutte d'essence qui fait déborder le vase » ; « Les temps sont durs, les tensions durent ! »

Lors de l'élection de Nicolas Sarkozy à la présidence de la République, en 2007, le nouveau chef de l'État décida de mener une politique d'ouverture en conviant dans son gouvernement des personnalités issues de la gauche, comme Bernard Kouchner, Éric Besson, Martin Hirsch, Jean-Pierre Jouyet. Cette ouverture n'a pas suscité une adhésion franche et sincère dans les rangs sarkozystes de l'époque. Lorsque Nicolas Sarkozy prononça l'un de ses premiers discours pour céder sa place à la tête du parti, le regretté Patrick Devedjian donna le ton à ses collègues : « Je suis pour aller très loin dans l'ouverture, y compris jusqu'aux sarkozystes, c'est dire ! »

L'humour par l'absurde crée une distance, peu agressive mais néanmoins très efficace. L'un de mes maîtres devenu un ami, Lionel Stoléru, ancien ministre et ancien député de l'Oise, affrontait Marcel Dassault. Il dit de notre avionneur national : « Il veut être député jusqu'à sa mort, après il sera sénateur. » Joli coup double : le concurrent et le Sénat.

Le recours à l'humour peut être bien plus tranchant, au risque d'être blessant pour celui qui le subit, mais il permet d'établir une véritable distance, en remettant tout le monde à sa place. Dans ce domaine, Churchill brillait. Au cours de sa carrière, ce dernier, selon Alfred Sauvy, était passé un temps par le parti libéral. Indignée par cet acte, une militante du parti conservateur alla à sa rencontre lors d'une campagne électorale pour l'invectiver. Churchill, qui portait alors la moustache, l'entendit dire : « Mister Churchill, je n'aime pas votre moustache, pas plus que votre politique ! » ; « Soyez tranquille, répond Churchill, vous n'avez pas plus de chances d'entrer en contact avec l'une qu'avec l'autre. »

L'humour permet de tourner quelqu'un en ridicule, de manière élégante et fine. Il est souvent le bienvenu face à celles et ceux qui, par emportement, peuvent dépasser les limites et attaquer frontalement leur opposant. Au Parlement, une opposante menaça Churchill en déclarant à la tribune : « Monsieur, si vous aviez été mon mari, j'aurais mis du poison dans votre thé. » Churchill prit alors la parole et répondit sans hésiter : « Madame, dans cette hypothèse, je l'aurais bu. »

Entre le général de Gaulle et Winston Churchill, les tensions provocatrices n'étaient jamais très loin. Leurs deux leaderships se confrontaient. Un jour, lors d'une cérémonie officielle, au début de son séjour à Londres, le général vit s'avancer Churchill dans une tenue de dandy atypique. Le général lança alors : « On ne m'avait pas prévenu que c'était le carnaval de Londres. » Churchill répliqua : « Mon cher, tout le monde ne peut pas s'habiller en soldat inconnu. »

Coluche goûtait aussi d'en user pour s'attaquer aux politiques : « Vous connaissez la différence entre le beaujolais et le Parti communiste ? C'est que le beaujolais, il est sûr de faire 12,5 %. »

« La grande différence qu'il y a entre les oiseaux et les hommes politiques, c'est que, de temps en temps, les oiseaux s'arrêtent de voler ! »

« Entre deux alcooliques qui ne sont pas d'accord, je suis toujours pour celui qui est de la CGT ! »

« La CGT c'est le Cancer général du travail. À ne pas confondre avec FO : Farce ouvrière. Le Cancer général du travail, encore que, Krasucki dit que c'est faux parce que le cancer évolue, pas la CGT ! »

« Le communisme, c'est la seule maladie grave qui n'a pas d'abord été expérimentée sur les animaux. »

« Une fois, je vais pour voir Georges Marchais. On me dit : "Non il ne peut pas vous recevoir, il est en train d'écrire son discours." Je dis : "Mais je l'entends ronfler là, il ronfle." On me répond : "Ah ça veut dire qu'il est en train de relire, c'est pour ça !" »

L'humour peut aussi être blessant pour celui qui en fait les frais s'il est ressenti comme une attaque. Lors d'un discours que j'avais prononcé à Périgueux, au début de la campagne de Jacques Chirac, à la fin de l'été 1994, j'avais fait rire la salle en décrivant un Premier ministre, en l'occurrence Lionel Jospin, qui apparaissait à la télévision avec une mine blanchâtre après quinze jours de vacances passés sur l'île de Ré, dans la région que je présidais. Dans une ambiance chaleureuse, je lançai donc l'idée de vouloir porter plainte au nom du Comité du tourisme de la région pour publicité mensongère quant à l'ensoleillement de notre région : « Les vacances en Poitou-Charentes vous donnent bonne mine ! » Ce trait d'humour n'a pas été bien accueilli par Lionel Jospin et ses équipes, dont les réactions ont été très virulentes. Nous nous sommes expliqués. Il pensait que j'avais voulu révéler des problèmes de santé et ainsi engager une campagne d'attaques personnelles. J'ai pu le rassurer et nos relations sont redevenues normales. Ce ne fut pas inutile car, quelques mois plus tard, il me passait les pouvoirs à Matignon.

Finalement, l'humour de la distance se caractérise par une chute inattendue qui a le don de désarçonner celui qui est visé et d'installer la supériorité du moqueur sur lui. Bien senti, bien dosé et prononcé au bon moment, ce type d'humour canalise les velléités de celui à qui il est adressé. Souvent sans voix, l'objet du trait doit se résigner à rentrer dans le rang et ne plus s'opposer au leader.

L'humour de la proximité

Cet humour singulier, contrairement au précédent, est bienveillant et vise à établir un contact privilégié avec son destinataire et à rendre son auteur plus accessible, plus humain. Pour autant, l'humour de la proximité a les mêmes prétentions que l'humour de la distance : tous deux visent la supériorité, l'assise du leadership sur le groupe ou la communauté.

L'humour de la proximité peut d'abord paraître sous un ton affectif. Il crée un véritable rapprochement entre l'émetteur et son auditoire. Certains l'utilisaient pour séduire une femme. Ce fut le cas d'Edgar Faure, l'ancien président du Conseil en 1952 et de 1955 à 1956, dont le passif de coureur de jupons colle toujours à la peau. Homme très brillant et plein d'humour, il mettait son charme au service de son désir de conquêtes féminines, ce qui aujourd'hui lui vaudrait quelques déboires mais qui, à l'époque de la IVe République, ne prêtait pas aux reproches. C'est ainsi que, lors d'une réception, il s'approcha d'une femme ravissante qu'il ne connaissait pas et se mit à la regarder avec insistance. Gênée, la femme le surprit en s'exclamant : « Monsieur Faure, cessez de me dévisager avec tant d'insistance ! » Edgar Faure répondit alors : « Mais, madame, je ne vous dévisage pas, je vous envisage ! »

La proximité se crée également lorsque l'émetteur, en l'occurrence un leader, se tourne lui-même en dérision devant son audience. C'est une forme très rare car très subtile d'humour. Pour autant, son efficacité est redoutable. Elle confère à son auteur une grande humilité en plaçant volontairement son auditoire en position de supériorité. Paradoxalement, cette technique renforce la supériorité de l'auteur et assoit son leadership, car il donne à voir de lui une facette humaine et accessible.

Encore une fois, Winston Churchill excellait dans cet art. Le 11 novembre 1944, la célébration de l'armistice de la Première Guerre mondiale peut à nouveau se tenir à Paris, sur les Champs-Élysées. Le général de Gaulle célébra ce moment en y conviant le Premier ministre britannique qui fut, au cours de la journée, décoré citoyen de la ville de Paris. À cette occasion, il prononça quelques mots : « Je m'exkiouse pour mon moévais français. Je n'ai pas porlé français pendant quatre ans car j'estimais qu'il y avait déjà siouffisamment de catastrôphes dans le monde, et je ne voulais pas en ajouter oune autre. »

Sur le même ton de l'autodérision, lors d'une cérémonie d'hommage au comédien et réalisateur Pierre Brasseur, ce dernier avait pris la parole et débuté son discours de la manière suivante : « Je voulais vous dire que je me méfie énormément des hommages. On dit d'un homme qui reçoit une gifle que c'est un homme giflé. On dit d'un homme qui reçoit un prix que c'est un homme primé. J'en déduis que l'on dit d'un homme qui reçoit un hommage que c'est un homme âgé ! »

L'autodérision est également un sport que je pratique régulièrement. Certaines de mes raffarinades m'ont valu quelques railleries. Mais j'ai toujours su en tirer un avantage. Désormais, quand il le faut, je ressors certains de mes traits d'esprit. L'un de mes préférés est de toute évidence : « Il est curieux de constater en France que les veuves vivent plus longtemps que leur mari. » Également, à l'occasion de mes conférences sur la Chine, je me sers souvent de celui-ci : « Je vous parle de la Chine, je suis perplexe sur ce sujet, ce qui me rapproche de Paul Claudel, qui fut diplomate en Chine. On lui demandait souvent : "Que pensez-vous des Chinois ?" Ce à quoi il répondait : "Votre question m'embarrasse… je ne les connais pas tous !" »

Le garde des Sceaux, Éric Dupond-Moretti, dont les confrontations et les oppositions verbales avec Marine Le Pen sont fréquentes, s'est attiré la sympathie de son auditoire grâce à une formule d'autodérision qui lui a en réalité permis d'asseoir sa supériorité sur la présidente du Rassemblement national et de rassembler autour de lui. En effet, lors d'une session à l'Assemblée nationale, Marine Le Pen avait qualifié Éric Dupond-Moretti de « Mme Taubira en pire ». Le garde des Sceaux aime à raconter que lorsqu'il a reçu Christiane Taubira plus tard, dans son bureau, il l'a appelée « Madame Dupond-Moretti en mieux ».

On use souvent de l'humour de la proximité pour mieux fédérer un groupe, un clan, autour d'un « adversaire » commun. Pour cela, le rire est un atout formidable car il donne de la légèreté et de la profondeur. Surtout, il oblige l'interlocuteur à fournir un effort de compréhension qui déclenche, par un effet de libération, le sourire ou le rire, et le rend acteur des propos qui viennent d'être tenus par l'orateur.

Nicolas Sarkozy avait cette grande capacité à désigner un adversaire commun autour duquel le clan de la droite pouvait s'unir. Je me souviens de son intervention au Medef, lors de l'Université d'été en 2019, où il avait su rassembler son auditoire en ironisant sur Greta Thunberg : « Je vois cette jeune Suédoise, si sympathique et si souriante, tellement originale dans sa pensée… »

Cet humour de groupe est extrêmement puissant car il permet en une phrase de susciter la sympathie de son public et de se positionner comme le leader, capable de défendre ses idées, ses positions, face aux adversaires. Il contribue à nourrir la supériorité, à la fois vis-à-vis du groupe adverse et du groupe d'appartenance, de celui ou celle qui le formule, tout en lui conférant une légitimité et une autorité. C'est ainsi que, lors du congrès de l'Association des maires de France dont il était alors le président, Jean-Paul Delevoye raconta à ses collègues, à propos des finances locales : « Je dors comme un bébé… je me réveille toutes les deux heures et… je pleure ! »

Ces propos font mouche auprès d'un auditoire car ils permettent de créer une surprise, mais sur un thème qu'il connaît, qu'il affectionne. La contrainte réside seulement dans ce que l'effet de surprise, comme son nom l'indique, est éphémère, et qu'un bon mot ne peut être trop souvent répété. L'humour de groupe est, selon les termes d'Alfred Sauvy, « un humour qui surprend le public avec ce qu'il attend un peu[1] » et qui fédère.

Une troisième façon de créer un humour de proximité est de partager le rire avec ses interlocuteurs et d'être dans une forme d'humour convivial, accessible et simple. Pour cela, la proximité passe par des histoires drôles, des

1. Alfred Sauvy, *Humour et politique*, Calmann-Lévy, 1978.

petites blagues qui créent une atmosphère chaleureuse, et engendrent la sympathie entre les personnes présentes. Jacques Chirac aimait à raconter des histoires drôles à ses interlocuteurs lorsque le contexte s'y prêtait, notamment lors de réceptions ou de dîners. Il racontait par exemple l'histoire de trois amis réunis autour d'un verre. L'un d'eux avoue aux deux autres que sa femme le trompe et qu'il soupçonne le jardinier car il a retrouvé un râteau sous le lit. Le deuxième profite de cette histoire pour avouer à son tour que sa femme le trompe. Lui soupçonne le médecin car il a trouvé un stéthoscope sous le lit. Le troisième ami se lance à son tour et avoue que sa femme le trompe, sans doute avec un cheval, car il a retrouvé un jockey dans le lit ! Ces histoires avaient le bénéfice de créer une ambiance positive, détendue entre les interlocuteurs, et permettaient au Président, en l'occurrence, de créer un climat décrispé. Je me souviens d'un « festival » d'histoires drôles au cours d'un vol entre Paris et Rio, où trois experts se sont affrontés sept heures durant : Jacques Chirac, Michel Platini et Gérard Depardieu. Seule Mme Chirac résistait alors, ponctuant chaque histoire d'un tonitruant : « C'est élégant ! »

Monsieur « Petites Blagues »

François Hollande était également un adepte des petites blagues et des traits d'humour qu'il distribuait au gré de ses rencontres et des situations dans lesquelles il se trouvait. Pour autant, ces petites blagues entachent la crédibilité de celui qui en use outre mesure. C'est ce qui est arrivé à François Hollande, à force de légèreté, de grivoiserie, voire d'inconséquence, qui ne concordaient pas avec le statut de sa fonction. À vouloir être normal, il n'a pas été leader. La preuve manifeste de l'échec de son leadership a été son incapacité à briguer à nouveau le mandat présidentiel. Le plus grave est qu'il en fut empêché par son propre camp. De Manuel Valls à Emmanuel Macron, les « créations » du Président ont mis un terme à son exercice du pouvoir. Le problème du leadership est existentiel quand les « followers » ne suivent plus. L'habileté ne remplace pas l'autorité.

D'habileté, le président Hollande ne manquait point. Cela fut même son atout majeur à la tête du Parti socialiste. Mais pendant ses missions exécutives à la tête du PS, les leaders s'appelaient Mitterrand puis Jospin. Gérer n'est pas conduire. Pourtant il disposait d'une grande capacité de séduction : il maîtrisait parfaitement plusieurs des arts du leadership, notamment l'humour et la conversation. Mais sans la force de l'autorité, ces atouts sont rapidement détournés, ce que fit aisément Laurent Fabius en l'affublant du surnom de « Monsieur Petites Blagues ». Pour ce qui est de son art de la conversation, le président Hollande n'eut besoin de personne d'autre que lui-même pour caricaturer ce talent. En effet, de nombreux témoins soulignent combien le Président est un convive agréable, sympathique, cultivé, drôle. Mais ce profil est mieux adapté au salon qu'à la télévision.

Ainsi, les journalistes défilent à l'Élysée et le Président converse à hautes doses. Il parle et parle encore, et finit par en dire trop. À Gérard Davet et Fabrice Lhomme, journalistes d'investigation du *Monde*, il livre « les secrets du quinquennat » et perd une des qualités du leadership, la maîtrise de soi. Le livre *Un président ne devrait pas dire ça*[1] est une affaire d'État. L'image du Président est fracturée. Ses qualités intellectuelles ne sont pas en cause, mais pour revenir à la définition du chef selon de Gaulle dans *Le Fil de l'épée* (1932), le caractère est le problème.

1. Gérard Davet et Fabrice Lhomme, *Un président ne devrait pas dire ça*, Stock, 2016.

François Hollande a échoué aussi sur un autre paramètre du leadership. Il s'agit de sa promesse centrale : « l'inversion de la courbe du chômage ». Le leader incarne une promesse, il peut espérer en recueillir les fruits au terme de son échéance. Le premier problème est que, en l'espèce, son engagement est vérifié tous les mois. Les échecs s'accumulent donc et s'ancrent dans le débat public. Tout au long du mandat, le pronostic final devient négatif. Le terme fut la confirmation de l'échec du parcours.

François Hollande demeure une énigme : comment cet homme a-t-il pu tant séduire au près et tant décevoir au loin ? Jean-Pierre Jouyet nous donne peut-être la clé dans son livre *L'Envers du décor*[1] : un bon ami n'est pas nécessairement un bon chef.

Avec le rire, le leader tient une arme redoutable. Loin d'être des accessoires, le rire, l'humour sont des outils au service du pouvoir. Ils rapprochent les gens dans le partage d'une émotion commune. Ils mettent de la distance, par l'ironie ou la dérision. En somme, l'humour humanise la personne qui le manie en créant une distance entre celui qui parle et son propos. Un partage, un lien intellectuel s'opèrent entre les individus grâce à l'humour. Celui qui en use donne à son auditoire la capacité de se saisir du propos, de le travailler, de le penser, de le lier et le relier avec d'autres éléments dont l'aboutissement déclenche un sourire et un rire. Ce processus est un lien fort qui unit bien plus qu'on ne le pense grâce à la liberté qu'octroie l'orateur à celui qui l'écoute.

Cette dimension humoristique m'est apparue essentielle à intégrer dans la personnalité du leader, parce que je suis convaincu que les dirigeants de demain seront

1. Jean-Pierre Jouyet, *L'envers du décor*, Albin Michel, 2020.

fortement sollicités pour gérer des situations très complexes et pour lesquelles la mobilisation de toutes leurs qualités sera impérative. Le leader de demain ajoutera à sa force cérébrale ses capacités émotives, son caractère et son talent d'expression, comme son aptitude à l'humour.

Partie V

LE LEADERSHIP À LA FRANÇAISE

La France, « [cette] princesse des contes ou [cette] madone aux fresques des murs » selon de Gaulle, a une longue tradition du pouvoir, du chef et du leadership. Sans doute s'en est-elle même fait une certaine idée.

De Clovis unifiant le royaume des Francs au général de Gaulle instituant la Ve République, en passant par les grands rois de France, François 1er, Henri IV, Louis XIV, ou encore l'empereur Napoléon Bonaparte, la France a connu des leaders d'ampleur internationale, qui l'ont façonnée, elle, mais aussi l'Europe et le monde. La France est la fille aînée de l'État-nation que les chefs qui se sont succédé à sa tête ont élaboré pour qu'il devienne la source du pouvoir et de la puissance publique, capable d'unifier le territoire et de fédérer ses citoyens. À travers les siècles, les leaders français ont tous exprimé leur manière de penser, d'exercer et de diffuser le pouvoir.

Aujourd'hui, nous sommes les héritiers d'une conception du pouvoir proprement française qui se traduit dans l'esprit de nos institutions, dans le rapport qu'entretiennent les Françaises et les Français avec le pouvoir et la politique, mais aussi dans l'attitude de nos chefs d'État successifs.

Des institutions complexes et subtiles

Les institutions de la République française sont construites pour répondre aux tentations souverainistes, mais aussi régicides, du peuple français. En 1958, le général de Gaulle a forgé les institutions de la Ve République de telle manière que le Président se trouve au centre du dispositif républicain, grâce notamment à l'onction populaire reçue au moment de l'élection présidentielle au suffrage universel[1]. Ce premier principe marque déjà une rupture avec la IVe République. Le président de la République se voit également conférer « la charge de l'essentiel ». En revanche, il n'est pas seul. Souverainiste et régicide, le peuple français est frondeur, et les institutions le savent. Un Premier ministre est accolé au président de la République et dispose de l'administration pour déterminer et conduire la politique de la nation. Mais, contrairement au Président, il est comptable devant le Parlement, et il est possible de faire tomber symboliquement sa tête pour répondre aux désirs régicides du peuple français.

La France n'a plus fait le choix, depuis 1958, d'un régime parlementaire à l'israélienne ou à l'italienne, où la recherche de la représentation idéale est clé et où les alliances se nouent au gré des textes à voter. La France a fait le choix d'un régime de représentation qui permet de faire émerger une majorité conséquente et forte. Les questions soulevées ces derniers temps sur le mode de scrutin des élections législatives, et notamment celle de l'instauration d'une dose de proportionnelle afin de mieux représenter les positions des Français au Parlement,

---

1. La loi constitutionnelle du 6 novembre 1962 réformant la Constitution a eu pour objet d'élargir l'élection présidentielle au suffrage universel direct, qui était jusqu'alors restreinte à un collège d'électeurs défini par la Constitution du 4 octobre 1958.

témoignent de cette dichotomie entre représentation fidèle et gouvernance majoritaire forte. La Vᵉ République a fait le choix de constituer des majorités qui ont le pouvoir d'influer sur les politiques du pays, pendant cinq ans. Le système français ne permet pas, certes, une représentation idéale des opinions des Français, car il préfère exacerber la majorité. Toutefois, il permet l'alternance. Il permet le renouvellement de la classe politique selon la volonté des Françaises et des Français. Il permet à la majorité de détenir des pouvoirs importants sur la politique nationale durant le mandat défini, mais il permet aussi de modifier en profondeur, parfois radicalement, le visage de la représentation nationale au terme du mandat. L'alternance est un élément clé du dispositif de la Vᵉ République. Les trois dernières élections présidentielles et législatives ont mis en œuvre cette possibilité offerte aux Français par notre Constitution.

Ainsi, en France, l'élection présidentielle structure désormais le débat politique. Dans cette perspective, les partis politiques, lorsqu'ils ne sont pas considérablement affaiblis comme ils le sont aujourd'hui, se mettent en ordre de marche autour d'un leader. Cette organisation institutionnelle, relativement stable depuis plus de soixante ans, permet de gérer l'imprévisible : mai 68, l'alternance droite-gauche, la cohabitation, l'élection surprise d'Emmanuel Macron, etc.

Une société très idéologique

Malgré l'apparente disparition du débat droite-gauche dans le pays, de nombreux clivages idéologiques divisent toujours la France : la fiscalité (ISF), le rapport privé-public (écoles, cliniques, transport, etc.), la laïcité et le fait religieux, la mondialisation, la chasse, la décentralisation girondine ou la centralisation jacobine, etc. La politique est l'affaire de tous. Chaque Français est alternativement sélectionneur de l'équipe de France et directeur général de la Santé. En effet, chacun de nous a une idée précise du traitement pertinent pour la Covid-19, mais aussi de la manière dont le confinement ou la vaccination aurait dû se dérouler, et également sur la manière de mettre en œuvre le déconfinement.

Le plus révélateur est sans doute notre aptitude à penser le monde. Dans une librairie française, les ouvrages sur la mondialisation sont très nombreux. Nous sommes en quête permanente de la mondialisation idéale. À l'étranger, les réflexions tournent autour de l'adaptation à la mondialisation. La France a cette faculté, héritée de son histoire et de ses valeurs universelles, de se croire toujours au centre du monde.

La singularité Macron

Depuis l'avènement de la Ve République, les présidents de la République qui ont dirigé la France ont eu un parcours linéaire qui leur a permis d'arriver à la position qu'ils ont occupée. Tous ont progressé par étapes et coché les cases attendues par les Français pour se voir attribuer le rôle de garants des institutions et de la nation.

Jusqu'en 2017, les présidents de la République ont accédé à la fonction suprême après avoir accumulé une profonde expérience de la France, du service de l'État et de ses institutions. Georges Pompidou avait été un proche du général de Gaulle, successivement son directeur de cabinet, puis son Premier ministre. Valéry Giscard d'Estaing, aussi, a accumulé une profonde expérience de l'État : il a eu la charge des finances de la France pendant près de quinze années avant d'être président de la République. François Mitterrand, lui, a été, en près de dix ans, de 1947 à 1957, onze fois ministre de la IVe République, avant d'être un ardent opposant du général de Gaulle. Jacques Chirac, quant à lui, a occupé de très nombreuses responsabilités de premier plan avant même de parvenir à l'Élysée. Secrétaire d'État sous le mandat du général de Gaulle, ministre sous le mandat de Georges Pompidou, deux fois Premier ministre sous Valéry Giscard d'Estaing et sous François Mitterrand, Chirac est arrivé à l'Élysée avec une expérience et une connaissance inégalée des affaires du pays. Son successeur, Nicolas Sarkozy, avait également eu de nombreuses expériences, au plus haut sommet de l'État, en tant que ministre à plusieurs reprises.

Ces présidents avaient également un fort ancrage territorial qui leur a permis de connaître tant l'État que la France, dans sa diversité et dans sa multitude. Que ce soit Georges Pompidou, Valéry Giscard d'Estaing, François Mitterrand, Jacques Chirac, Nicolas Sarkozy ou François Hollande, tous ont effectué des mandats locaux avec un fort enracinement national.

Les présidents de la Ve République ont également le point commun d'avoir eu un parti dévoué à leur cause. Ils ont souvent été les artisans de la puissance de leur parti, qu'ils ont dirigé, structuré, développé, utilisé comme instrument de la conquête du pouvoir et qu'ils ont réussi à fédérer autour d'eux pour s'appuyer sur des réseaux d'élus locaux, de militants et de sympathisants qui leur ont permis de concrétiser le projet qu'ils portaient pour la France. Valéry Giscard d'Estaing a incarné le visage du centre droit français, en créant et présidant la Fédération nationale des républicains indépendants (1966-1974) et présidant ensuite l'Union pour la démocratie française (UDF) de 1988 à 1996. François Mitterrand a également créé et présidé la Fédération de la gauche démocrate et socialiste (1965-1968) avant de devenir premier secrétaire du Parti socialiste de 1971 à 1981.

Jacques Chirac a, lui, incarné le visage de la droite française et républicaine, en fondant et présidant le Rassemblement pour la République (RPR), de 1976 à 1994, qui le porta à la présidence de la République. Nicolas Sarkozy a pris la relève de Jacques Chirac dans l'incarnation de la droite française et républicaine. Il a dirigé le RPR en 1999, puis nous avons créé ensemble avec Alain Juppé l'Union pour un mouvement populaire (UMP), qu'il a ensuite dirigé entre 2004 et 2007, puis en 2014 où il a repris les rênes du parti pour créer le nouveau parti de la droite française, Les Républicains. François Hollande n'échappe pas à la règle puisqu'il a également été la figure de la gauche socialiste en étant, dans les pas de François Mitterrand, premier secrétaire du Parti socialiste pendant dix années (1997-2008).

Emmanuel Macron est une exception. Il accède à l'Élysée en 2017 en n'ayant coché aucune de ces cases. Il n'a aucune expérience responsabilisante et profonde du service de l'État, hormis son rôle de secrétaire général adjoint de l'Élysée et de ministre de l'Économie, sous le quinquennat François Hollande. Il n'a aucun ancrage territorial. Il n'a jamais été élu et ne s'est même jamais présenté à une élection auparavant. Cependant, l'offre politique qu'il a proposée aux Françaises et aux Français correspondait à une attente inavouée des citoyens à propos d'un dégagisme, d'un renouvellement profond de la classe politique, d'un dépassement du clivage politique traditionnel et d'un pragmatisme réformateur transpartisan. Cette proposition a aussi été rendue audible par le délitement des partis traditionnels de droite et de gauche, dont les primaires ont révélé au grand jour le spectacle de la désunion et de la décomposition. L'élan qu'Emmanuel Macron a suscité à la présidentielle lui a permis de conquérir le Parlement en installant une large majorité à même de diriger. Cet exemple montre donc bien l'élasticité politique du système français.

L'influence du climat politique général sur l'exercice des pouvoirs

Emmanuel Macron est tout à la fois un symptôme et un symbole. Le symptôme d'une crise de la légitimité politique et de la contestation des élites. Le mouvement est double : il s'agit à la fois d'une remise en cause de la classe politique et de sa façon de faire de la politique, qui est arrivée à bout de souffle et ne produit plus les effets escomptés pour lesquels les citoyennes et les citoyens se sont mobilisés car générateurs d'espoir ; mais aussi d'un renouveau, de ce vent de dégagisme, qui affecte particulièrement les élites dont Emmanuel Macron apparaît comme le premier de cordée. Il devient ainsi le symbole d'un changement, d'une aventure, et pour certains d'une parenthèse.

Le symptôme et le symbole Emmanuel Macron n'ont pu se révéler aux yeux embués des citoyens qu'en raison de cette spécificité française de l'élection présidentielle qui cristallise la rencontre d'une personnalité et de circonstances politiques. Cette alchimie permet de classer nos présidents en fonction de leur rapport aux Françaises et aux Français, qui est une des expressions de leur leadership. Les uns cherchant à se rapprocher de l'électeur, les autres à exprimer leur autorité par une certaine distance. Ce paramètre s'applique aussi bien à la psychologie des électeurs qu'au caractère de l'élu. L'observation nous permet d'identifier les périodes de croissance comme des périodes d'acceptation de la distance, alors que les périodes de crises appellent à davantage de proximité.

Le général de Gaulle présidait la France conformément aux pensées qu'il a décrites tout au long du *Fil de l'épée* (1932), avec cette dose de distance qui reflète le prestige et la grandeur. Georges Pompidou a organisé sa présidence autour d'une forme de proximité avec les Français qu'il incarnait à travers sa bonhomie et son humanité. Valéry Giscard d'Estaing était un animal politique à sang froid, dotée d'une intelligence exceptionnelle, qui endossait le costume de l'expert. Il était au-dessus et, tel un échappé, il indiquait au peloton le chemin, loin devant, ouvrant la voie et guidant le peuple français. En période de croissance, la distance est une sécurité, en revanche, en période de crise, la sécurité réside dans la proximité. François Mitterrand a fait l'expérience des deux facettes du leadership français : à la fois en proximité dans la crise qui a suivi le second choc pétrolier, et distant dans la conquête d'une stature européenne et internationale. Jacques Chirac a été l'incarnation de la proximité : empathique envers ces Françaises et ces Français qu'il aimait, dénonçant la fracture sociale, bon vivant dégustant de la charcuterie et trinquant avec les agriculteurs. Nicolas Sarkozy n'a pas été en empathie avec les Français. Il a été dans la distance, endossant le rôle de celui que l'on regarde, stupéfait, se démener jour et nuit sur tous les dossiers, pour celles et ceux qui lui ont confié les clés du pouvoir et qui sont touchés par une crise financière et économique majeure. Il incarne la distance de l'énergie, du volontarisme et du dynamisme. François Hollande a voulu être un président normal sans jamais y arriver. Sa bonhomie, son humour et ses petites blagues ont suscité chez les Français une certaine sympathie qui se mariait pourtant mal avec le costume de président de la République. Emmanuel Macron a décidé de renouer avec une distance gaullienne, celle qui symbolise le prestige et la grandeur. La distance de la marche solennelle au Carrousel du Louvre, la distance jupitérienne du maître des horloges, la distance avec les journalistes et les corps intermédiaires. Soucieux de l'image, du prestige et de la grandeur de la France en Europe et dans le monde, les présidents français ont développé une alternance de leadership, entre distance et proximité, navigant entre cette part d'inné et d'acquis qui se manifeste dans l'exercice du pouvoir et constitue une véritable singularité française.

– Chapitre I –

Les cinq conditions d'exercice du leadership

Une forte légitimité

La culture démocratique française exige que le leader fonde son autorité sur une forte légitimité. Nos institutions ont été conçues de manière à conférer à celui ou celle qui dirige le pays la plus forte légitimité, incontestable et irréfragable, celle du suffrage universel direct. Élu par l'ensemble des Françaises et des Français, le chef de l'État jouit d'une légitimité nécessaire et suffisante pour exercer son autorité, à la fois au niveau national, sur le Premier ministre, le gouvernement, l'administration, l'armée dont il est le chef, mais aussi sur le Parlement puisque la Constitution lui arroge le pouvoir de dissolution, ainsi qu'au niveau international puisqu'il puise dans l'onction du vote populaire la capacité à représenter et à s'exprimer au nom de la France auprès de ses homologues européens et internationaux, au sein des instances et institutions internationales. Ce sont l'élection et les suffrages des Français qui donnent aux responsables élus le poids politique nécessaire pour agir et influer sur les décisions du pays. C'est cette légitimité, dont se nourrissent aussi ceux que le président de la République nomme à leurs fonctions, qui rend possible, par exemple, la loi sur l'interruption volontaire de grossesse, portée par Simone Veil en 1974, sous le septennat de Valéry Giscard d'Estaing, celle abolissant la peine de mort, portée par Robert Badinter en 1981, sous le premier septennat de François Mitterrand, le choix de Jacques Chirac de n'engager aucune troupe française dans l'opération de 2003 en Irak, l'impulsion de la France dans l'élaboration et la ratification du traité de Lisbonne en 2009 sous la présidence de Nicolas Sarkozy, la loi sur le mariage pour tous, portée par Christiane Taubira en 2013, sous le quinquennat de François Hollande, ou encore la suppression de l'impôt sur la fortune en 2018 par Emmanuel Macron.

Le peuple est souvent à la source de cette légitimité. En France, la souveraineté réside tout entière entre les mains des citoyens français. C'est en cela que la légitimité est si puissante à la sortie d'une élection présidentielle, car le président élu devient le représentant de la souveraineté populaire. L'élection opère alors instantanément sur celui ou celle qui la gagne un transfert de responsabilité et de légitimité sans égal. C'est pourquoi, il est courant, en période de difficultés, de voir des responsables politiques repartir à la conquête des citoyens pour retrouver une légitimité érodée ou perdue. Jacques Chirac profitait, par exemple, des Salons de l'agriculture, qu'il affectionnait tant, pour aller au contact des citoyens, et renouer une relation de proximité directe avec les Français. Il allait puiser auprès d'eux la force qu'il mettait au service de la nation. Un autre exemple significatif est certainement le rassemblement organisé par François Fillon, le 5 mars 2017, sur la place du Trocadéro, en pleine campagne présidentielle. Empêtré dans les affaires et les accusations, affaibli par le départ de plusieurs personnalités de son camp, François Fillon avait tenté de rassembler les Français pour puiser auprès d'eux la légitimité de poursuivre la campagne et le combat politique pour la présidentielle. Enfin, au début de l'année 2019, en pleine tempête des Gilets jaunes, le président de la République, Emmanuel Macron, est lui aussi retourné au plus près des Françaises et des Français. Il a lancé le grand débat national, une initiative inédite au cours d'un quinquennat. En renouant le dialogue direct avec les Français, Emmanuel Macron a réussi à redonner une forme de légitimité à son action et à sortir de l'ornière de la défiance, voire de l'agressivité, envers le gouvernement, la majorité présidentielle et sa personne.

Cette légitimité, la *légitimité formelle* de celui ou celle qui nomme, le président de la République la tire du choix du peuple Français. Le Premier ministre et les ministres du gouvernement en détiennent une également, qu'ils obtiennent de la nomination du président de la République mais qui, elle, n'est jamais totalement suffisante. Elle s'accompagne toujours d'une *légitimité opérationnelle*, qu'il faut conquérir. La nomination appelle des résultats, dont est tirée la légitimité opérationnelle. Sans elle, la légitimité globale et la crédibilité de l'individu sont remises en cause. À ce titre, la politique ne diffère pas d'autres sphères comme l'entreprise ou le sport. Lorsqu'un directeur général est choisi par les membres du conseil d'administration d'une entreprise, le premier détient *de facto* une légitimité formelle qui lui est concédée par les seconds et qui lui permet d'agir, de commander, de diriger les équipes, d'orienter la stratégie de l'entreprise, de la représenter à l'extérieur. En revanche, c'est à l'aune de ses résultats que les membres du conseil d'administration décideront de renouveler ou non son mandat. Dès lors, le dirigeant doit prouver que sa nomination n'était pas une erreur. Il doit soutenir les résultats de son entreprise et démontrer son apport et sa contribution dans les bonnes performances de l'entreprise. Sans cela, sa légitimité opérationnelle en sera érodée, et les risques de licenciement augmenteront. Ainsi, les électeurs ont une approche relativement pragmatique de la politique. Lorsqu'ils confèrent une légitimité formelle au candidat qu'ils ont élu, ils attendent de ce dernier les résultats concrets et tangibles pour lesquels ils l'ont choisi, lui et son projet. Si l'élu peine à obtenir les résultats des promesses qu'il a énoncées, il entache sa légitimité opérationnelle, et le risque de défaite à la prochaine élection augmente considérablement. Ainsi, un leader doit sans cesse composer avec ces légitimités, formelle et opérationnelle, et manier l'une sans délaisser l'autre. Les exemples en entreprise sont également nombreux. Il est généralement très difficile d'être à la fois héritier et leader incontesté. En France, trois excellents leaders ont mis du temps avant d'être reconnus comme tels : je pense à Martin Bouygues qui succéda à son père Francis Bouygues en 1989 à la tête du groupe éponyme, à Franck Riboud qui prit la succession de son père Antoine Riboud, fondateur du groupe Danone, en 1996, et à Patrick Ricard qui a également succédé à son père Paul Ricard, le fondateur du deuxième groupe mondial de boissons alcoolisées Ricard, devenu Pernod Ricard, en 1972. Les trois se sont imposés comme des leaders entrepreneuriaux et ont fait rayonner leur entreprise. Ils avaient hérité de l'entreprise mais pas du leadership de leur père. Ils ont donc dû démontrer leurs compétences, leurs aptitudes et leur savoir-faire, pour conquérir une légitimité opérationnelle sans laquelle leur légitimité formelle aurait été remise en cause.

Un certain charisme

Le mot latin, *charisma*, signifie une grâce, une faveur accordées pour servir. Dans le charisme du leader il y a, en Europe, l'idée qu'une part de l'autorité est d'origine « surnaturelle ». Il faut au fond de soi quelques certitudes, savoir où l'on va, être confiant et ne point trop douter de soi. Winston Churchill disait qu'il n'avait pas peur pendant la guerre car il croyait « fermement qu'un rôle [lui] était réservé à l'avenir et [qu'il] serait donc épargné ». Comme nous l'avons vu au début de l'ouvrage, le général de Gaulle le soulignait lui aussi dans *le Fil de l'épée* (1932) : « Le prestige personnel du chef devient le ressort du commandement. Le prestige dépend d'abord d'un don élémentaire, d'une aptitude naturelle qui échappe à l'analyse. »

La clé pour révéler et exprimer son charisme est pour moi une équation spécifique à chacun, que l'on pourrait résumer ainsi : le charisme est une complémentarité, une alchimie, entre assurance et disponibilité, dont l'équilibre dépend de chacune et chacun. L'assurance repose sur une combinaison d'autorité, de compétence et de pédagogie. La disponibilité est, quant à elle, l'association d'une capacité d'écoute, de bienveillance et d'humour propre à l'individu. Cette alchimie est donc propre à chaque individu, et chacun peut révéler et exprimer son charisme en fonction de son caractère ou de la situation à laquelle il fait face.

L'identification à une promesse

Dans une société aussi idéologique que la société française, le leader doit dire clairement où il emmène le groupe. Il doit donner un certain sens à l'avenir et figurer le chemin pour y parvenir. En politique, comme en entreprise, un bon projet est fondé sur trois caractéristiques essentielles : (I) le projet doit être cohérent avec la force qui le porte ; (II) il doit être partagé par tous ses partenaires clés ; (III) il doit être différent des projets de la concurrence. La promesse est un élément de communication qui vient donner un supplément d'âme au projet. Elle vient exprimer la manière que le leader a d'incarner l'avenir.

Le moment du choix du leader, notamment en politique lors de l'élection présidentielle, est toujours un moment d'idéalisation. La réflexion ne se porte plus sur le quotidien et le commun. Elle engage l'ensemble du groupe, ou de la population, dans le dessin de son futur. Elle oblige à se dépasser, à regarder l'horizon et à imaginer la voie idéale pour l'atteindre. Cette élévation, c'est la promesse qui la permet. Tout le monde se souvient du *« Yes we can ! »* de Barack Obama. Beaucoup se souviennent également du « Travailler plus pour gagner plus » de Nicolas Sarkozy ou encore du *« Make America Great Again »* de Donald Trump. En France, la promesse la plus large dont je me souvienne fut celle de Georges Pompidou, reprise par Valéry Giscard d'Estaing : « Le changement dans la continuité. »

La promesse, en politique, est une forme de matérialisation de l'éthique de celui qui l'émet. Elle l'engage, elle l'oblige. Elle le place dans une posture morale vis-à-vis de son électorat. La promesse laisse presque transparaître une dimension religieuse, à la fois du côté de l'émetteur, qui se charge d'un devoir moral en l'énonçant, et du côté des destinataires qui développent une foi dans l'énoncé. Au-delà d'un simple contrat, il s'agit d'une alliance, avec ce qu'elle comporte de spirituel et de sacré. C'est en cela que la promesse trouve, dans la vie politique française, une importance aussi débordante. Elle est au fondement du projet politique et donc de l'élection, car elle figure le dessein de celui qui l'énonce. Souvent mise en balance avec le bilan des candidats, la promesse apparaît toujours plus forte : « On ne gagne pas une élection sur un bilan, mais sur une promesse ! » François Mitterrand n'avait pas hésité à aller jusqu'à la belle promesse de « changer la vie ».

En revanche, la promesse doit être habilement apprivoisée et gérée *a posteriori*, car le devoir moral qu'elle engage ne doit pas être bafoué ni galvaudé. La rupture entre l'énoncé de la promesse et l'attente qu'elle suscite est souvent un coup de massue porté à la démocratie, car elle conduit à une rupture de confiance qui éloigne les citoyens des décideurs et de la politique. Ainsi, il faut pouvoir s'assurer de rendre tangible la promesse que l'on énonce et ne pas en rester à son énoncé sans le faire suivre d'effets. Ce fut l'erreur de François Hollande et de son fameux : « J'inverserai la courbe du chômage ». La trace de la promesse peut être si forte que l'on risque d'avoir du mal à lui survivre. Dans notre société moderne, la promesse, comme beaucoup d'engagements, perd en crédibilité. Sans fiabilité des engagements, évidemment, la démocratie représentative est fragilisée.

Le rôle des circonstances

Le leader a besoin de circonstances et les chemins empruntés pour accéder aux responsabilités sont souvent escarpés et erratiques, parsemés d'événements que celles et ceux qui sont engagés dans l'ascension vers le pouvoir ne maîtrisent pas toujours. En politique, les exemples sont nombreux. Le général de Gaulle est sûrement l'homme d'État désigné et révélé par les circonstances. Le défaitisme du maréchal Pétain livrant la France aux Allemands en signant l'armistice du 22 juin 1940, l'exil à Londres et l'appel du 18 juin 1940, l'occupation nazie, le débarquement des alliés en 1943 et 1944, la libération de Paris, la présidence du gouvernement provisoire de la France et l'établissement de la IVe République, le rappel au pouvoir en 1958 pour faire face aux événements d'Algérie, l'établissement de la Ve République en octobre 1958 pour sortir de l'impuissance politique induite par la IVe République marquent autant de moments décisifs dans l'histoire de France auxquels le général de Gaulle est indubitablement associé. Il avait cette conviction qu'il n'était pas fait pour les périodes d'accalmie et qu'il n'était disposé à servir la France que pour la sauver, que le destin l'avait choisi pour redorer le blason d'une France, chancelante, abîmée, éreintée. Son action ne fut guidée que par la charge qu'il s'assignait de dépêtrer la France des circonstances qui la mirent en péril ou la menacèrent de disparition. Il aura, plus que n'importe quel autre, habité la France car il se savait chargé d'une responsabilité immense, hors du commun. Or cette congruence rare et exceptionnelle entre un homme et la France ne fut le fruit que de circonstances d'une gravité tout aussi exceptionnelle dont il sut se servir. Les successeurs du général de Gaulle ont aussi jonglé avec les circonstances pour parvenir à exercer le rôle de chef de l'État. La mort de Georges Pompidou, en 1974, deux ans avant le terme de son mandat, propulsa Valéry Giscard d'Estaing au premier plan de la scène politique. Nicolas Sarkozy, dont le soutien apporté à Édouard Balladur pour la présidentielle de 1995 fut considéré comme un acte de trahison par Jacques Chirac, a profité du rappel de ce dernier lors de sa réélection en 2002 et de l'entrée dans mon gouvernement, pour se préparer à l'élection présidentielle de 2007. François Hollande, que les sondages créditaient de tout juste 3 % d'intentions de vote à quelques mois de l'élection présidentielle, profita également de l'affaire qui ruina toutes les chances de Dominique Strauss-Kahn de s'y présenter alors qu'il était annoncé de manière presque unanime comme le candidat désigné du Parti socialiste. Cet espace béant laissé par le retrait de l'ex-directeur du FMI permit à François Hollande de faire entendre sa voix et de conquérir le cœur de la gauche française. Emmanuel Macron n'aurait pas non plus accédé à la plus haute fonction de l'État sans le jeu des circonstances politiques. François Fillon, sorti large vainqueur de la primaire de la droite et du centre en novembre 2016, était annoncé comme le futur président de la République. Mais c'était sans compter avec le déchaînement de haine et de violence à son encontre qui se chargea, par les accusations, de remettre en cause sa probité et de ternir son image. Ce discrédit jeté sur la droite, pourtant convaincue de remporter la présidentielle, a laissé le champ libre à Emmanuel Macron qui, encore une fois, incarnait ce visage neuf dont l'expression trouvait une signification particulièrement riche de sens pour les électeurs, dans ce contexte de mise en accusation de la classe politique.

La pandémie de coronavirus est une circonstance majeure dans la vie publique d'un pays. Dès lors, il semble évident que cet événement fasse émerger de nouveaux leaders et que certains en profitent pour peser sur le cours du pays. Un an avant la présidentielle, nous ne savons toujours pas si l'avion France réussira à traverser la couche de nuages afin de disposer d'une bonne visibilité pour son atterrissage ou s'il se posera dans le brouillard. Gare aux turbulences !

Une éthique personnelle

Nous l'avons décrite au tout début de cet ouvrage, l'éthique est un cadre de valeurs et de principes qui nourrit la vision du leader, suscite l'adhésion à son égard, et guide son action. Cette éthique est la colonne vertébrale de la stature et de l'action du leader. Aujourd'hui, la multiplicité des règles et obligations de transparence, ainsi que les dispositifs de surveillance renforcée de prévention des conflits d'intérêts imposent au leader une pratique, une action et un comportement éthiques, à la fois dans ce qu'il dit et ce qu'il fait. Son éthique doit être visible dans toutes les facettes de sa vie. Un revers en matière d'éthique est aujourd'hui fatal, c'est ce qui a conduit de nombreuses personnalités politiques à démissionner : Dominique Strauss-Kahn, Jérôme Cahuzac, François Fillon, François Bayrou, Sylvie Goulard, Françoise Nyssen, Benjamin Griveaux, etc. Celles et ceux qui observent le leader cherchent toujours la cohérence entre la pensée exprimée, l'*éthique d'apparence*, et l'action, l'*éthique intrinsèque*. N'est plus tolérée aujourd'hui que la congruence de ces deux formes. L'absence de preuve de l'une d'elles entraîne automatiquement la répudiation de celui ou celle qui ne se montre pas cohérent aux yeux de tous. Telle est désormais la norme dans une société où la transparence est un devoir et où la suspicion n'est jamais très loin.

Chacun de nos huit derniers présidents de la République ont porté une éthique qu'ils incarnaient tant dans leur propos que dans leurs actes. Le général de Gaulle incarnait une éthique de la grandeur qu'il mettait au service de la France, de son prestige et de son aura sur la scène internationale. Georges Pompidou incarnait une éthique du développement. Valéry Giscard d'Estaing une éthique de la modernisation, avec un style de présidence neuf et des réformes qui faisaient entrer la France dans l'ère de la modernité. François Mitterrand une éthique de l'alternance, en tant que premier président socialiste de la Ve République. Jacques Chirac une éthique de la cohésion, avec sa volonté d'être proche des Françaises et des Français. Nicolas Sarkozy une éthique du volontarisme, qui se matérialisait dans cette présidence omniprésente qui prenait à bras-le-corps chacun des sujets qui recueillaient l'attention des Français. François Hollande l'éthique de la normalité, en voulant représenter ce que ne peut pas être un Président. Emmanuel Macron une éthique de la nouveauté lui ayant permis d'être le visage d'une nouvelle classe politique, jeune et neuve.

Pour la première fois, avec la pandémie de la Covid-19, nous avons donné la priorité à l'éthique humaine – la santé – sur l'éthique matérielle – l'économie. Chaque leader peut ainsi définir son champ de valeurs auxquelles il est particulièrement attaché, et le rapide parcours de nos huit derniers présidents témoigne de l'hétérogénéité des valeurs dont les leaders peuvent se prévaloir. Toutefois, il faut désormais avoir à l'esprit qu'un leader n'est plus jugé sur le seul périmètre de son champ de valeurs, mais davantage sur la cohérence de son action avec lesdites valeurs.

– Chapitre 2 –

Les atouts du leadership

Le leadership, dans son acception concrète de gestion de communautés humaines plus ou moins grandes, présente de nombreuses caractéristiques qui sont de véritables atouts de performance.

Concentration et cohérence des pouvoirs

La puissance du chef est un facteur important pour l'unité du groupe. Le désordre et la dispersion, s'ils permettent parfois la créativité, sont davantage sources d'impuissance et de tensions. Dans les crises, même les pouvoirs les plus décentralisés réunissent les responsabilités dans la cabine de pilotage, là où le leader se trouve, car il reste dans toutes les situations, surtout les plus graves, le dernier décideur.

L'exemple de Carlos Ghosn,dans son ascension comme dans sa descente aux enfers, montre en positif comme en négatif la puissance du leadership. Il a été celui qui a su sortir Nissan de l'ornière de la faillite à laquelle tous les spécialistes le promettaient après les échecs successifs de différents plans de sauvetage. Il a également été celui qui a permis à l'alliance Renault-Nissan-Mitsubishi, qu'il avait construite de bout en bout, de devenir le premier constructeur mondial d'automobiles. Ses méthodes ont souvent été critiquées mais Carlos Ghosn, en réunissant autour de lui les principaux leviers de décisions et de pouvoir, s'était armé de la puissance nécessaire pour transformer le groupe Renault en un leader mondial. Cette concentration et cette toute-puissance ont également été à la source de sa descente aux enfers et de sa chute.

L'épreuve de la crise et l'exposition du chef qu'elle induit entraînent un phénomène de concentration des pouvoirs autour du leader. L'exceptionnelle crise de la Covid-19 en est un exemple flagrant. Finalement, quel que soit le régime dans lequel les leaders se trouvent et quels que soient les systèmes de pouvoir dans lesquels ils exercent, les leaders ont raccourci les chaînes de décisions, rassemblé au plus près d'eux les sources de la décision, et centralisé son expression. L'exposition des chefs d'État dans la terrible pandémie montre que, quelle que soit la nature du régime, les pouvoirs dans la crise comme dans la guerre se concentrent autour du leader. Biden, Poutine, Xi Jinping ou Macron sont dans des positions comparables bien que leurs systèmes de pouvoir soient différents.

L'incarnation complexe

Le chef incarne une vision, un projet, un objectif. Mais le leader incarne aussi une organisation le plus souvent complexe. Le leadership assume donc une fonction de rassemblement de personnes ayant des positions différentes, mais unies par leur lien avec le chef. On rejoint ici la pensée d'Edgar Morin pour qui « la complexité est la force qui crée du lien ». Ce fut le cas d'Emmanuel Macron, dont la force politique provient de la proposition de dépassement du clivage droite-gauche qui prend corps par le rassemblement au sein d'une même organisation de membres issus des rangs de la droite et de la gauche. On se souvient qu'Emmanuel Macron avait réuni dans son comité de soutien le libéral Alain Madelin et le communiste Robert Hue ! C'est la doctrine du « en même temps ». La fonction de rassemblement est essentielle dans l'exercice du leadership. L'incarnation humaine de cette fonction permet de s'appuyer sur la complexité de la personne pour produire de l'unité. Combien de fois avons-nous vu un maire capable de réunir ses deux adjoints farouchement opposés l'un à l'autre ? Là réside souvent la source des successions difficiles. L'humanisation des relations est nécessairement complexe.

La puissance de communication

Le leader est à la fois média et message. Le leader élargit le mix de communication de son organisation en développant toutes les palettes de l'expression : messages, images, attitudes, diversité, créativité, pédagogie, tons, silences, technologies, etc. La notoriété est un atout dans la construction d'un leadership. Et en l'absence d'image, notoriété vaut bonne image. C'est ainsi que de nombreux anciens présidents de la République, décevants dans les sondages lors de la vie publique et politique, deviennent fortement appréciés du grand public après leur retrait médiatique et politique. Le leader possède le plus souvent toute la puissance de communication nécessaire à son ministère. Cette puissance s'appuie toujours sur la personnalisation et l'incarnation des messages. Jacques Chirac savait admirablement réguler cette puissance et optimiser sa communication par l'alternance de périodes de forte exposition et de retrait relatif.

Nicolas Sarkozy a beaucoup utilisé sa communication personnelle au profit de sa fonction présidentielle au point d'être critiqué pour son « exercice solitaire du pouvoir ». Il fit même entrer cette fonction dans un nouveau registre en raison de son fort interventionnisme dans les affaires courantes du pays et de l'exposition volontaire de sa vie personnelle à des fins politiques. Donald Trump a poussé l'exercice à l'extrême en mettant une très forte puissance sur une communication personnelle via les réseaux sociaux, au détriment de ses comptes officiels de président des États-Unis et en véhiculant des messages incertains, voire faux, au point d'inventer « la post-vérité ». Pour autant, cette puissance de communication dont est doté le leader permet lisibilité, pédagogie et efficacité, lorsqu'elle est mise au service d'objectifs vertueux.

Un modèle réformateur

Le leadership est avant tout une volonté, une force d'action. Dès lors, le leader est un réformateur, un transformateur. Il repère les failles d'un dispositif, d'une organisation ou d'un système, afin de mieux les réformer, les améliorer et les rendre plus efficaces. Cette force réformatrice puise sa légitimité dans la promesse la plus fertile que l'on connaisse, le changement. Le leader a souvent une obligation de réforme. Ce fut le cas avec Barack Obama qui a tenté de transformer l'accès à la santé pour les plus démunis aux États-Unis avec l'Obamacare. C'était aussi le cas de Nicolas Sarkozy en 2007 et d'Emmanuel Macron, en 2017, avant la pandémie. Souvent, la légitimité du leader lui donne la force de lever les freins à son action. En revanche, elle s'use très vite avec le temps. C'est pourquoi dans les démocraties, les cent premiers jours constituent souvent la période dans laquelle le chef d'État peut disposer d'un « état de grâce » qui lui permet d'agir plus aisément. La grande réforme des retraites d'Emmanuel Macron aurait sans doute dû être réalisée au début du quinquennat car, au fil du temps, les obstacles s'amoncellent, prennent le dessus sur le temps de la réforme et dictent l'agenda politique et médiatique.

Il existe bien sûr des leaders conservateurs, notamment quand le terme de leur mission ne dépend pas de leurs *followers*. Mais dans l'entreprise comme en politique, le leader a besoin de résultats tangibles perceptibles par ses troupes.

Efficacité des réseaux personnels

Le pouvoir est souvent une affaire de liens personnels. De multiples réseaux organisent des liens de solidarité utiles dans l'exercice des responsabilités : anciens élèves de grandes écoles, franc-maçonnerie, clubs, organisations professionnelles, réseaux régionaux, etc.

Ces réseaux sont autant de sources potentielles pour alimenter les relations entre les leaders. Ces derniers se reconnaissent entre eux tels des fauves qui se reniflent et, malgré quelques rivalités à gérer, s'installe entre eux une véritable fraternité qui est très rapidement contagieuse et dont l'impact n'est pas neutre. L'histoire est faite de relations humaines qui ont permis de façonner et de modifier les circonstances. Nos présidents de la République, comme nous l'avons vu, ont tous entretenu des liens particuliers avec leur homologue allemand : de Gaulle et Adenauer, Giscard et Schmidt, Mitterrand et Kohl, Chirac et Schröder. Jacques Chirac entretenait également d'excellentes relations avec Vladimir Poutine, quand Nicolas Sarkozy avait noué une véritable relation de confiance avec Hu Jintao. Laurent Fabius, alors ministre des Affaires étrangères, qui a présidé la COP21 aboutissant à l'Accord de Paris sur le climat en 2015, a noué une relation sincère et précieuse avec John Kerry, alors secrétaire d'État américain sous Barack Obama, dans la conclusion du dossier du nucléaire iranien. Par ailleurs, le Conseil européen, la réunion des chefs d'États et de gouvernements des 27 États membres de l'Union européenne, qui a la charge de définir les grandes orientations politiques de l'UE, prouve combien les leaders ensemble peuvent peser de tout leur poids dans l'orientation politique d'un État ou d'un continent. À titre d'exemple, la relation entre Angela Merkel et Emmanuel Macron fut certainement la plus prolifique depuis plus de quinze ans. Il n'est pas anodin qu'une réforme aussi ambitieuse et historique que celle annoncée de concert par l'Allemagne et la France en juillet 2020, proposant un endettement européen pour subvenir aux besoins des États membres, ait donc vu le jour. Au-delà de la nécessité d'agir qu'imposait la pandémie, la relation entre les deux leaders a fortement joué sur le retournement de paradigme opéré par Angela Merkel. La communication personnelle entre les leaders et leur contact direct sont donc l'une des formes de communication les plus efficaces qui soient, et l'un des atouts les plus précieux dans les grandes avancées politiques de ce monde.

Je me souviens de l'automne 1994. Alors qu'Édouard Balladur mobilisait tous les canaux de communication accessibles, Jacques Chirac parcourait la France, sans presse ni caravane, pour rencontrer des entrepreneurs, des élus, des artistes et des personnalités de la société civile et constituer ainsi les réseaux d'influence de sa campagne présidentielle. Un jour, au retour d'une rencontre au Futuroscope, je faisais part au futur président de mes craintes quant à la puissance de la communication du Premier ministre. Il me répondit : « Jean-Pierre, sois fidèle à tes racines rurales : pour récolter, il faut semer ! »

Les atouts du leadership sont ici surtout développés dans un cadre national, car c'est là que les processus sont les plus lisibles. Mais la déclinaison à des niveaux plus opérationnels est tout aussi convaincante, que ce soit dans l'entreprise, dans les territoires ou dans toute autre organisation. La France décentralisée a généré de vrais et grands leaders. Ainsi, le contexte de la décentralisation a permis à des leaders territoriaux, souvent aussi à des personnalités nationales, d'exercer une influence déterminante et bénéfique pour leur territoire. Je pense à Michel d'Ornano dans le Calvados, à René Monory dans la Vienne, à Jean-François Poncet dans le Lot-et-Garonne, à Maurice Faure dans le Lot, à Pierre Méhaignerie en Ille-et-Vilaine, ou à Dominique Bussereau en Charente-Maritime. Il faudrait aussi citer de nombreux maires : je pense à mon père qui, à Mirebeau dans la Vienne, a créé plus d'emplois qu'il n'y avait d'habitants. Ce profil de maire entrepreneur heureusement existe toujours. À Revel en Haute-Garonne, par exemple, Alain Chatillon incarne un vrai leadership. À Châtelaillon-Plage en Charente-Maritime, Jean-Louis Léonard a construit le renouveau de la station. La décentralisation, pour peu que nous la pratiquions sans réserve, a la vertu d'organiser la coopération entre les leaderships. Cela reste un choix necessaire à notre avenir.

– Chapitre 3 –

Les dérives du leadership

L'exercice solitaire du pouvoir

Cette critique n'est pas neuve puisqu'elle fut formulée dans un premier temps par François Mitterrand dans son livre *Le Coup d'État permanent* destiné à fustiger l'action et la présidence du général de Gaulle. Mais le général l'avait pourtant déjà prévenu : « Le chef est seul face au mauvais destin. »

Ce risque de l'exercice solitaire du pouvoir concerne surtout le « charisme d'appel », comme le définit Bergson, qui s'appliquait particulièrement à l'homme de l'appel du 18 juin ainsi qu'à quelques-uns de ses successeurs tels que Nicolas Sarkozy et Emmanuel Macron. Même si cette méthode « jupitérienne » a ses limites, notamment dans la relation du leader avec les corps intermédiaires, le pouvoir reste un exercice solitaire car les responsabilités et la charge qui incombent à celui qui l'exerce sont telles qu'elles ne peuvent être ni déléguées, ni partagées, ni éparpillées. La force du pouvoir réside dans sa cohérence, dont la dérivée directe est l'exercice solitaire. La décentralisation peut être alors un garde-fou en plus d'une force d'initiative.

Le parcours d'Emmanuel Macron a été trop rapide pour être vraiment collectif. Il a dû mobiliser tous ses talents et ses réseaux. Il n'a pu révéler sa stratégie finale que peu de temps avant l'échéance. Peu de gens ont été dans la confidence. Pour Emmanuel Macron la conquête est déjà une œuvre solitaire. Arrivées au pouvoir, ses équipes étaient fragiles. Ces faiblesses se sont vite révélées à l'opinion publique mais ont largement été compensées par les qualités du leader. En concentrant les pouvoirs à l'Élysée, Emmanuel Macron s'est positionné en homme-orchestre, en Jupiter, dit-on. Il faut dire que sa capacité de travail impressionne, son expression est globalement performante – nous avons pu le constater à l'occasion du grand débat lancé pour remédier à la crise des Gilets jaunes. Son autorité internationale est aussi reconnue. À son âge, avec aussi peu d'expérience, en l'absence de parti politique puissant pour le soutenir et face à une diabolique pandémie, la performance est réelle. Elle repose sur ses capacités propres de chef.

Malgré tout, ce pouvoir est fragile, notamment parce qu'il est solitaire. L'équipe gouvernementale est jeune et peu connue des Français. Peu de ministres peuvent être qualifiés d'hommes ou de femmes d'État. Au mieux, nous contenterons-nous de quelques espoirs. Ces lignes sont écrites dans un train dans lequel, trois rangs devant moi, un membre important du gouvernement et cinq membres de son cabinet viennent de s'installer dans l'indifférence générale. Seule la casquette du préfet sur le quai indique l'événement. Au Parlement, la majorité apparaît fragile et peu de leaders se dégagent pour accompagner efficacement l'exécutif dans le débat public. Quant au parti « La République en marche », il ne semble pas être de taille à gagner des législatives. En ce qui la concerne, la majorité présidentielle, élargie, n'est pas organisée non plus. Pire, elle a des dispositions pour le désordre. Aussi est-elle capable d'obtenir le soutien public d'Alain Juppé pour les élections européennes, de le faire taire en le nommant au Conseil constitutionnel et de faire battre son successeur à Bordeaux. De même aux municipales, le manque de stratégie l'a conduite à laisser la place aux écologistes, en maintes places fortes.

Depuis Valéry Giscard d'Estaing, nous savions qu'il était possible de gagner la présidentielle sans parti. Avec Emmanuel Macron, nous avons compris qu'il est difficile de gouverner sans parti. Souvenons-nous que Giscard avait dû créer l'UDF et que Chirac avait trouvé un second souffle, pour un second mandat, en fondant l'UMP. L'aile droite de la majorité, constituée pourtant de poids lourds dont le premier des deux Premiers ministres et le ministre des Finances, ne s'est pas vraiment organisée. Quant à l'aile gauche, incarnée par le ministre des Affaires étrangères, elle n'eut pas vraiment droit à sa liberté. Peut-être que le premier des alliés, le MoDem, n'a pas accepté une approche fédérale qui aurait porté atteinte à sa singularité. Le leadership sans troupe organisée reste très fragile. Certes les institutions françaises confient au président de la République un statut d'exception et le placent dans une certaine position de solitude républicaine. Mais aujourd'hui, dans une période de haute intensité médiatique, accentuée par la pandémie, la plus grande menace pour le chef demeure l'usure, la lassitude, voire le ras-le-bol exprimé par le « dégagisme ». Or une équipe politique a comme première mission de protéger son leader, de lui éviter une surexposition, de lui permettre de se consacrer à ce que le général de Gaulle appelait « l'essentiel » et d'éviter ainsi la dispersion. On observe d'ailleurs que dans les trois cas où la France a connu la cohabitation, le président de la République – et /ou son camp – est sorti vainqueur du duel avec le Premier ministre – et / ou son camp. La sobriété politique, à laquelle le Président est contraint en période de cohabitation, n'est pas étrangère à ces succès. La communication politique est une peau de chagrin.

L'atout majeur qu'Emmanuel Macron garde dans son jeu reste sa jeunesse. En effet, nous vivons une période de grandes transformations (crise pandémique, évolution des mœurs, consensus environnemental, révolution numérique et digitalisation des comportements, etc.) dans laquelle la modernité l'emporte sur l'expérience, et peut-être sur la sagesse. L'essentiel devient l'initiative, le mouvement. Le sentiment s'installe que nombre de nos analyses sont dépassées et donc que les seules forces qui peuvent s'opposer à la modernité sont celles de la nostalgie et du « c'était mieux avant ». Pour l'élection présidentielle française de 2022, comme pour l'américaine de 2020, tout dépendra de la participation et du vote des jeunes.

La surexposition dangereuse

Les nouveaux systèmes médiatiques (chaînes d'information en continu, réseaux sociaux, etc.) ont pour conséquence l'usure de l'image des leaders que l'on voit trop, qui s'expriment trop et dont la valeur de la parole s'effrite à mesure que leur présence s'impose et s'expose de manière récurrente dans les médias.

Le mot d'ordre aujourd'hui est la sobriété. La philosophie de la Constitution de la Vᵉ République intégrait parfaitement cette double nécessité, à la fois d'exposition et de sobriété. La première expérience était du ressort du Premier ministre, dont la fonction de premier des serviteurs, en l'occurrence du président de la République, était de s'exposer dans l'action et ainsi occuper l'espace médiatique et attirer l'œil des détracteurs du pouvoir présidentiel. La seconde devait habiter le Président, dont la fonction nécessitait distance, hauteur de vue et rareté de la parole.

Aujourd'hui, la médiatisation politique et la désintermédiation entre responsables politiques et citoyens, permise par les réseaux sociaux, poussent jusqu'au président de la République à s'exposer et s'exprimer au rythme imposé par les médias. Or, la surexposition use l'image des responsables politiques qui peuvent se perdre dans l'enlisement médiatique et commettre des fautes, des maladresses de langage, de mauvaises paroles ou des annonces non préparées ou non suivies d'effets, ou confondre action et communication. Le leader qui s'expose trop court également le risque que sa caricature dévore progressivement sa réalité et que l'opinion publique prenne la caricature pour référence. Le leader doit donc composer avec deux images : la sienne et sa caricature. Un équilibre est à trouver pour que, en aucun cas, la seconde supplante et domine la première. Le pouvoir présidentiel est friable dans la surexposition et implique donc d'être protégé. Pour des opposants politiques fins tireurs, il est évident qu'il est plus facile d'atteindre une cible unique qu'un groupe d'adversaires. C'était notamment l'erreur commise par Nicolas Sarkozy, dont l'omniprésence a permis aux oppositions de l'attaquer frontalement et d'éroder ainsi l'image sacrée du président de la République. Des crashs comme ceux de François Fillon ou Benjamin Griveaux montrent que la recherche de déstabilisation d'un leader adverse peut être une stratégie de pouvoir directe ou indirecte. La surexposition nourrit ces comportements.

Elle pose aussi la question de l'héritage car le leadership ne se partage pas et sa transmission n'est pas chose aisée. Un leader charismatique, soumis à une haute exposition médiatique, peut assombrir l'existence et l'action de son successeur par des éléments de comparaison récurrents qui ramènent l'action présente au passé plutôt que de la rattacher au futur. L'emblématique gouvernance d'Alain Juppé à Bordeaux fait sans cesse planer le doute sur la pertinence du leadership de son successeur.

La tentation manichéenne

Le leader peut être tenté de diviser sa population en deux blocs : les sympathisants et les adversaires. La tentation est forte dans la crise de se replier sur ses forces les plus solides. Ce type d'expérience est le rêve des courtisans qui se nourrissent des conflits pour éclairer leur allégeance. Peut alors se créer dans l'entourage du leader des officines de supporters et des cabinets noirs chargés de s'occuper des adversaires. Mais ces équipes peuvent court-circuiter les structures officielles et créer du désordre, car ce manichéisme tend à galvaniser les sympathisants qui, s'estimant dans le camp du bien, peuvent ne pas remettre en question leurs actes et se sentir protégés quelle que soit leur conduite. Tel un boomerang, ce manichéisme peut nuire au détenteur du pouvoir. Ainsi, l'affaire Benalla ne peut que laisser de mauvais souvenirs au clan Macron.

Ce type de situations conduit également le leader à se méfier des corps intermédiaires qui se disent indépendants. Ces derniers sont des détracteurs potentiels qui peuvent affaiblir le pouvoir. Peu à peu, le leader politique se méfie de ces structures et privilégie, d'une part, le contact direct avec la population, outrepassant les journalistes, les syndicats, et les divers corps de représentants, et d'autre part, le contact direct avec les sympathisants, niant la mission qui est aujourd'hui dévolue aux partis politiques. On se souvient de Nicolas Sarkozy se moquant du Rotary et de ses élus, et contestant, par exemple, l'utilité des assemblées consulaires. On peut également constater la recherche du court-circuit d'Emmanuel Macron envers les corps intermédiaires qu'ils soient journalistes, syndicats ou partis politiques.

Le goût du pouvoir

Une des attaques les plus féroces qui peuvent être adressées à un président de la République française est celle-ci : « Vous aimez mieux le pouvoir que la France. » Le leader ne doit jamais perdre le sens de son action. Il est comme le pèlerin qui relie toujours la destination au chemin. Platon reprochait aux « amoureux du pouvoir » de ne pas être assez « amoureux de la connaissance ». Dans l'Antiquité, l'hubris, la démesure poussée par l'orgueil, était déjà identifiée comme un danger pour l'homme. Le pouvoir est toujours guetté par les défauts de l'égocentrisme.

Dans mon expérience personnelle de Premier ministre sous Jacques Chirac, je peux dire que je n'ai jamais eu le sentiment que cette dérive pouvait atteindre le Président. Fidèlement attaché à ses valeurs et à ses principes, il aimait la France et voulait la servir, non pour flatter son ego mais pour aider celles et ceux qui l'avaient porté aux responsabilités par leur vote à mener une vie meilleure. Je me souviens d'échanges personnels que j'ai pu avoir avec lui où il me disait son attachement aux Français et gardait toujours dans son horizon le service de la France. Comme il le proclamait si bien lors de sa dernière allocution de président de la République, il avait « au cœur la fierté de la France », et je crois qu'il n'aurait jamais dérogé à ces principes qui l'habitaient, ni jamais pêché par excès d'orgueil et de narcissisme. Évidemment, il était comme tout grand leader capable de cynisme, mais en ce qui concernait la France, il chassait toute idée de médiocrité.

Lorsque Emmanuel Macron a initié et participé au grand débat pour répondre à la crise des Gilets jaunes, en sillonnant la France à la rencontre des maires et échangeant pendant parfois plus de six heures avec un panel d'élus locaux dans un gymnase municipal aménagé pour l'occasion, les Françaises et les Français ont compris que ces séances risquaient de se transformer en un *one man show* qui aurait banalisé le dialogue et amoindri la portée de ce moment inédit. Ce risque a su être maîtrisé à temps par le Président, et la performance a été reconnue plus que caricaturée. Les maires, ces 35 000 leaders qui constituent l'armature de la République, ont sauvé le Président.

Un leadership, plusieurs styles

On reconnaît généralement cinq styles de leadership : (I) autocratique, (II) paternaliste, (III) démocratique, (IV) collégial et (V) laxiste.

En France, où l'on trouve l'ensemble de ces styles, le modèle démocratique est naturellement répandu. Néanmoins la question de l'autorité fait toujours débat au cœur d'un peuple à la fois souverainiste et régicide. Le sujet de la légitimité est en permanence discuté. C'est sans doute la raison pour laquelle la réflexion sur le leadership est particulièrement développée dans le domaine militaire, là où l'autorité est structurelle. J'ai pu le vérifier moi-même en participant en septembre 2021 à l'université d'été organisée par l'Académie militaire de Saint-Cyr Coëtquidan pour traiter le sujet du leadership, mais aussi de l'autorité et du courage ! Les jeunes ne mésestiment pas les sujets. C'est très réconfortant. leadership, commandement et management : l'armée est l'une de nos institutions qui travaille très sérieusement le sujet.

Le musée de l'Armée a organisé, en 2018, une exposition sur Napoléon, « Leader et stratège hors pair, Napoléon

Bonaparte était un formidable meneur d'hommes. » Le commandement est, grâce à l'Empereur, devenu « un art », l'art d'être chef. Cette réflexion a été, il y a peu, rassemblée et élargie par l'ancien chef d'état-major des armées françaises, le général Pierre de Villiers dans son livre *Qu'est-ce qu'un chef ?*[1] Le général se définit comme « un praticien de l'autorité ». Pour lui, « l'autorité n'est pas spécifiquement militaire, c'est le lien fondamental de toute société humaine ». Il considère que son expérience est totalement transmissible au monde de l'entreprise et a souhaité vulgariser son approche. Celle-ci se décline en une succession de conseils et de principes qui caractérisent le leader : l'exemplarité, « le chef doit avant tout être exemplaire » ; le dévouement, « c'est l'homme qu'il s'agit de sauver » ; l'adaptation, « le chef ne discute pas son époque, il l'épouse » ; le respect, « le chef est un absorbeur d'inquiétudes et un diffuseur de confiance » ; l'altruisme, « faire réussir, c'est réussir ». Il est clair, que dans cette approche française, le leader doit être vertueux. Ce leadership français va donc au-delà de la pensée américaine, qui croit à l'apprentissage complet du « métier » de leader. Le leader français est en mission.

1. Fayard, 2018.

Partie VI

QUI VA GAGNER L'ÉLECTION PRÉSIDENTIELLE FRANÇAISE EN 2022 ?

La réflexion globale sur le leadership développée tout au long de ce livre n'est pas théorique mais enracinée dans une longue expérience politique. J'ai pu observer la République sous toutes ses coutures. Jusqu'ici, je ne me suis trompé de pronostic qu'une seule fois lors des douze dernières élections présidentielles françaises.

Ceci m'incite donc à tenter un pronostic pour le printemps 2022. Mais les candidats n'étant pas encore connus au moment où ce livre est publié, je ne peux que dessiner le portrait-robot de notre prochain président. Au regard des qualités déterminantes que j'ai pu identifier dans ma longue observation du « fait présidentiel », vous reconnaîtrez sans doute le vainqueur !

Notre futur(e) président(e) sera celui ou celle qui nous « projettera » dans une ère nouvelle

Cette élection sera la césure entre deux mondes. L'impact de la pandémie, la révolution digitale, le big data, la guerre de moins en moins froide sino-américaine, l'émergence africaine, les migrations, la transition écologique, la montée de la violence, l'évolution des mœurs, tous ces phénomènes et quelques autres vont créer de multiples ruptures. Le prochain président de la République va devoir exprimer sa vison de notre avenir commun au-delà de ces bouleversements. Tel un architecte, il nous dessinera les reliefs de notre futur. Nous imaginerons notre vie selon ses plans. Barack Obama appelait cela *« the big picture »*.

Tous ceux qui manquent de repères, les jeunes notamment, ont besoin d'une réponse crédible pour faire face aux mouvements dont ils maîtrisent les mécaniques mais ne perçoivent pas la destination. Dans ce contexte, pour des leaders, la jeunesse reste un atout, une sorte d'aptitude naturelle à comprendre les forces du changement. Je ne pense pas qu'un jeune président sortant soit condamné à proposer la continuité !

Pour que ces repères soient crédibles, il serait souhaitable que la pandémie soit derrière nous, car si nous avons encore des nappes de brouillard à traverser dans les mois à venir, nous pourrions choisir à l'aveugle et nous placer dans une configuration où « un saltimbanque » de la politique, qui parviendrait à provoquer une défibrillation dans l'opinion publique par une sortie médiatique réfléchie et opportune, aurait toutes ses chances. Nous connaissons la fragilité de la démocratie dénoncée par Edgar Morin par cette formule lapidaire : « Quand l'immédiat dévore, l'esprit dérive ». En revanche, si l'horizon se dégage dans les mois à venir, nous choisirons une personnalité ayant un réel potentiel intellectuel et des capacités avérées de leader. Nous retrouverons l'habileté de nous projeter, au moins, à moyen terme. Nous nous méfierons des opportunistes. Nous exigerons de l'expérience et de l'autorité. Dans ce contexte, la confiance dans l'avenir pourrait progressivement revenir et ainsi donner l'avantage à la culture de droite plutôt qu'à celle de gauche. Le vainqueur sera celui qui ne se contentera pas de proposer des mesures mais qui exprimera clairement les ressorts de sa pensée, sa philosophie. La dictature du concret s'apparentant souvent à une négation de la pensée, voire à de l'opportunisme, la prochaine ou le prochain président devra se référer à un système de valeurs clairement défini.

On peut imaginer que le courant de pensée que la majorité des Français appellera de ses vœux pourrait être définie comme un « gaullo-humanisme », promoteur d'une néocohésion. Il s'agit en réalité d'un système de pensée qui unit la distance régalienne à la pensée républicaine et connecte l'individu à son univers.

Notre futur(e) président(e), dans l'exercice du pouvoir, doit faire preuve de sobriété

La France est bouillonnante. Chez nous, tout fait débat et un vrai débat doit être national : que doivent manger les enfants à la cantine ? À quelle vitesse doit-on rouler sur les routes départementales ? Quelle est la hauteur de l'escabeau dont on a besoin pour nettoyer les vitres ? Seul le salaire des joueurs de foot ne fait pas discussion… à condition que l'on gagne !

Avec les réseaux sociaux, nous sommes tous devenus des journalistes. Nous avons des avis sur tout, et souvent contradictoires. De Gaulle avait bien compris que les Français concentrent en eux des aspirations paradoxales. Pour cela, nous l'avons détaillé précédemment, il a pensé à un président élu au suffrage universel direct et un Premier ministre auquel le Parlement peut « couper la tête » par la censure. Il fallait répondre à la fois au besoin d'autorité, que le Président doit incarner, mais aussi au goût de la protestation, dont le Premier ministre doit être la cible. Le

Président, dans la contestation, doit faire preuve de calme, de tempérance, et sans cesse afficher son respect, sincère, vis-à-vis des Françaises et des Français. Dans le passé, nous avons pu le constater, des paroles brutales prononcées sur le vif n'ont jamais servi leurs auteurs. L'autorité est sereine, paisible, sûre d'elle-même et n'a nullement besoin d'artifices verbaux ou comportementaux.

Savoir débattre, ne pas avoir peur de la contradiction, posséder l'éthique du débat ne doivent pas être confondus avec l'hubris communicante. L'environnement médiatique a radicalement évolué : les réseaux sociaux, d'une part, et les chaînes d'information en continu, d'autre part, accélèrent l'usure politique. Auparavant, une campagne se préparait très en amont, plusieurs mois voire quelques années avant l'échéance. Alain Juppé et François Fillon en étaient les exemples. Dès 2015, ils étaient en campagne, sillonnant la France et arpentant ses rues à la rencontre des Français. Aujourd'hui, tout va très vite. La pole position revient souvent à celui qui part le dernier. L'usure politique condamne tous les excès de communication et fait de la sobriété la valeur de communication moderne. Trop s'exposer devient un défaut.

La Ve République permettait au président de la République de se protéger en se consacrant « à l'essentiel ». Jacques Chirac a sans doute été le dernier chef de l'État à pratiquer le domaine réservé, c'est-à-dire à se mobiliser prioritairement sur les dossiers relevant du régalien, ce qui ne l'empêchait pas de répondre aux préoccupations des Français en s'impliquant sur « les trois chantiers du Président » : le cancer, la sécurité routière et les personnes handicapées. Après lui, Nicolas Sarkozy et Emmanuel Macron ont assumé la première ligne, ne ménageant ni leur implication ni leur exposition. De ce fait, ils se sont eux-mêmes privés de protection. De ce point de vue, la puissance de l'appareil politique qui soutient le chef est un élément majeur de sa protection et donc de sa sobriété. Soutenir le Président, c'est maintenant le protéger.

Notre futur(e) président(e), plutôt que la distance, devra choisir la proximité

Dans la dialectique décrite plus haut entre la distance et la proximité de la pratique du pouvoir, nous nous situons actuellement à la sortie d'une période de distance. Les politiques de proximité sont celles de la cohésion sociale, de la justice et de la décentralisation. Notre actuel président, surprenant notamment par le contraste entre son leadership et sa jeune expérience, qualifié souvent de « jupitérien » et ayant un certain goût pour l'exercice solitaire du pouvoir, entre dans la classification des présidents animés par une éthique de la distance, même si l'exercice du grand débat ou sa relation aux jeunes, par exemple, ont révélé son aisance, voire son agilité, quand il conjugue séduction et proximité. François Mitterrand nous a montré que l'on pouvait passer d'un statut de président de proximité, lors de son premier mandat, au statut de président de la distance, dès le début de son second mandat. Son affiche électorale, plaçant l'église au milieu du village, et le surnom de « Tonton », dont il se laissait affubler et qui humanisait sa fonction et sa présidence, tranchaient avec l'image de Sphinx qu'on lui accola à partir de 1988, avec les secrets et son implication sur la scène internationale, l'éloignant physiquement et symboliquement du peuple français. Du reste, il est sans doute plus facile de passer de la distance à la proximité que l'inverse.

La proximité en politique, cela s'appelle la décentralisation. Voilà un sujet sur lequel les élites françaises sont particulièrement frileuses. Contrairement à ce qu'elles pensent, il ne s'agit pas d'enlever des pouvoirs à l'échelon national pour les transférer au niveau territorial, mais au contraire, de renforcer les pouvoirs centraux en les concentrant sur l'essentiel et de permettre au local d'assumer des responsabilités mal exercées à l'échelon national, congestionné. La décentralisation ne distribue pas des pouvoirs mais confie des libertés en échange de responsabilités. Ce troc est mal compris en France, où les régions exercent une part importante de l'action économique tandis que l'État se garde jalousement la responsabilité du chômage en gérant, tant bien que mal, l'organisation de Pôle emploi. La complexité de nos sociétés et l'implication personnelle des citoyens via les réseaux sociaux nous imposent de réduire la taille de nos espaces de gestion – quitte à agrandir les espaces de stratégie. Pour sortir la politique de son impuissance, le meilleur chemin est encore la décentralisation. L'avenir n'est pas aux jacobins. Les grandes entreprises l'ont compris et ont déjà inventé des modèles qui permettent l'unité de la stratégie et la décentralisation de la gestion. La politique pourrait s'en inspirer. La proximité exige aussi l'humanisation des relations interpersonnelles. La brutalité n'est qu'une impasse.

Notre futur(e) président(e) valorisera la « planétisation » plutôt que la mondialisation

La gouvernance mondiale devra être un sujet de préoccupation pour la prochaine ou le prochain chef de l'État. Les tensions sont partout tellement menaçantes que la priorité de notre politique étrangère doit être la paix. Les velléités de puissance des régimes autoritaires, la guerre froide sino-américaine, le terrorisme, les tensions régionales, les dérives religieuses, les complexités migratoires, l'explosion des budgets militaires, les cyberattaques, dans tous les domaines les menaces de conflits se multiplient et se diversifient. Partout se développent bien plus d'écoles de guerre que d'écoles de paix ne se créent. N'oublions jamais qu'ensemble, la France et l'Allemagne incarnent dans le monde la paix, l'horreur surmontée.

Dans cette masse d'informations dangereuses émerge cependant une bonne nouvelle : le début d'un consensus sur la nécessité de protéger notre planète. L'événement déclencheur a sans doute été la signature de l'Accord de Paris sur le climat, en 2015. En effet, dans les opinions publiques tout se passe comme si le consensus de Washington, cette priorité donnée à la performance économique, s'effaçait progressivement pour laisser la place au consensus de Paris qui fait de la préservation de la planète la condition de protection de l'humanité.

Ainsi, la planétisation apparaît comme une humanisation de la mondialisation. Il s'agit d'un des rares thèmes sur lesquels nous pouvons trouver des proximités entre tous les leaders mondiaux. La force de ce nouveau consensus, contrairement à celui de Washington, est qu'il rapproche également les jeunes du monde entier, engagés dans la défense de cette planète dont ils auront demain la responsabilité, et prêts à se mobiliser et à agir concrètement et rapidement. La France et l'Europe sont les puissances d'impulsion de ce nouveau consensus et peuvent assurer le leadership de cette planétisation, pour peu qu'elles décident de se rassembler, d'unir leurs positions et de fournir les efforts nécessaires.

La prochaine ou le prochain chef de l'État français devra être à la hauteur de cette stratégie. Aussi, faudra-t-il que les politiques françaises dans ce domaine soient davantage exemplaires et donnent du corps à des initiatives déjà engagées, comme le Paris Peace Forum ou le One Planet Summit, devenues désormais incontournables sur le sujet. La relation euro-africaine pourrait également être relancée à travers ce prisme. La France trouverait des soutiens très importants dans les opinions publiques mondiales et assumerait sa vocation gaullienne qui l'engage à parler avec toutes les nations. La présidence française de l'Union Européenne, programmée au premier semestre 2022, devrait aussi fournir l'occasion de mettre en place cette stratégie. Parce que cette orientation politique est une affaire de génération, elle devrait contribuer au rajeunissement de notre classe politique. Dans cette perspective, il nous faut être ouverts aux alliances et donc au dialogue. Nous avons des alliés mais nous ne sommes pas alignés. Notre président doit être capable de parler avec tout le monde.

Notre futur(e) président(e) sera le ou la champion(ne) de l'autorité contre la violence

La violence se déploie en France, mais aussi partout dans le monde, à une vitesse stupéfiante. Violence collective mais aussi individuelle. Partout, des manifestations, mêmes celles reconnues comme expression démocratique, se terminent dans une violence souvent très brutale. Le maintien de l'ordre est certes de plus en plus sophistiqué mais peine à juguler les mouvements de désordre. En France, lors des manifestations hebdomadaires organisées par les Gilets jaunes, nous avons franchi une étape nouvelle : un bond en avant de la légitimité de la violence. Le temple de la démocratie américaine, le Capitole, a lui aussi été le théâtre d'une tentative d'insurrection. Lorsque la violence apparaît illégitime, la force trouve les moyens de l'endiguer. En revanche, lorsqu'elle semble soutenue par une partie importante de l'opinion et qu'elle trouve une forme non avouée de légitimité démocratique, rien ne semble pouvoir l'arrêter. Avec les manifestations des Gilets jaunes, nous avons pu régulièrement observer un petit nombre d'individus mettre le feu aux mobiliers urbains sous les applaudissements du plus grand nombre. Cette violence n'est pas seulement présente dans la rue. Elle se déploie farouchement sur les réseaux sociaux, l'anonymat permettant toutes les formes de brutalité.

La violence puise sa légitimité dans l'invocation incessante d'un besoin de justice inassouvie. Il ne faut donc pas sous-estimer les révoltes et les colères qui se dressent contre l'injustice pour expliquer la violence. En revanche, aujourd'hui, le problème réside dans l'incapacité de notre système démocratique à rejeter la violence comme moyen de gestion et de résolution des conflits, et à en invoquer d'autres. La politique a précisément été inventée pour faire taire la violence et ouvrir le champ du débat, de l'échange et de la confrontation intellectuelle. Dans notre république, la profusion de violence à laquelle nous assistons est une alerte signifiant que notre dispositif démocratique est essoufflé, que le pouvoir manque de légitimité. L'État de droit est par essence légitime avant d'être légal. Face à cette violence montante, la première mission de la future ou du futur chef de l'État sera de bâtir un nouveau dispositif politique dont la légitimité sera renforcée. La première condition de son succès ne dépend pas de lui puisqu'il s'agit du niveau de la participation électorale à l'élection présidentielle. L'abstention est le pire adversaire de la légitimité. Souvenons-nous de l'exemple de Joe Biden qui a remporté l'élection présidentielle américaine face à Donald Trump en battant tous les records de participation. Comment est-il possible de battre un président sortant qui cumule 74 millions de suffrages, en progression de plus de 10 millions par rapport à l'élection précédente ? En mobilisant son électorat massivement, en insistant sur l'aspect décisif de l'élection dans la vie des citoyens, en leur faisant confiance, en leur rappelant qu'ils n'ont pas à subir le choix de leur chef mais qu'ils ont à le provoquer en s'emparant de ce pouvoir qui leur est garanti. C'est ainsi que Joe Biden mobilisa plus de 80 millions des suffrages des Américains, lors d'un scrutin au taux de participation de 69 %, soit le plus élevé de l'histoire des États-Unis. La démocratie sans les électeurs se condamne elle-même. Mais encore faut-il un Président qui donne envie aux électeurs de se soulever et d'aller voter.

Invoquer la participation ne résoudra pas pour autant le problème de son faible niveau. Pour inverser la tendance, il faut des femmes et des hommes politiques qui parviennent à redonner confiance dans la politique. Dans cette perspective, nos institutions ont besoin d'un ripolinage. Une première étape serait de recrédibiliser le Parlement, son action et celle de ses députés. En effet, dans la pratique institutionnelle actuelle, l'élection présidentielle fait l'élection législative. Les députés ont une légitimité personnelle très faible car la *légitimité formelle* dont ils disposent ne provient que du lien politique qu'ils entretiennent avec le président élu. Une démonstration flagrante en est encore apparue lors des quatre élections législatives partielles du printemps 2021 où la participation électorale n'a pas dépassé les 20 % au premier tour. Élire des députés un mois après la présidentielle, puis figer la donne politique cinq ans durant ne fait que cristalliser et exacerber les tensions et place le Parlement sous la tutelle du pouvoir exécutif. Certains invoquent un changement du système électoral pour passer à un scrutin proportionnel en ce qui concerne les législatives. Avant de se poser cette question, encore faut-il analyser l'histoire récente de notre pays. Pour l'élection du Parlement, deux choix se présentent : le premier consiste à faire du Parlement une chambre de la représentation nationale fournissant une image relativement fidèle des opinions qui règnent dans le pays ; le second consiste à dégager une majorité claire et conséquente permettant au pouvoir en place de gouverner et de réformer, avec le risque que les électeurs décident de donner plus de poids à une opposition et de renverser la majorité lors du prochain scrutin. Dans l'esprit du général de Gaulle et de la Ve République, le choix s'est porté sur la seconde option, celle de permettre par un scrutin majoritaire de définir une majorité puissante capable de gouverner. L'histoire de la IVe République a installé l'idée que le scrutin proportionnel ne créait que de l'instabilité et une impuissance publique néfaste. Dès lors, je crois qu'en lieu et place d'une querelle byzantine sur les modalités de scrutin et sur la dose de proportionnelle qu'il faudrait injecter dans ledit scrutin, une élection législative en cours de mandat présidentiel permettrait bien mieux de répondre au défi de la participation. Des élections législatives dont le calendrier serait décalé par rapport à celui de la présidentielle présenterait l'avantage de créer une forme de respiration, mais aussi redorerait l'image du Parlement. La cohabitation ne semble pas avoir été aussi néfaste qu'annoncé et, finalement, ces périodes ne laissent pas de si mauvais souvenirs. La prochaine ou le prochain chef de l'État devra donc revaloriser nos institutions afin de relégitimer la politique pour contrer la violence. Il, ou elle, devra faire preuve d'audace.

Le plus difficile sera sans doute de retrouver de nouvelles convergences entre la justice et la police. Il faudra de l'autorité pour que la justice soit protégée dans son indépendance tout en partageant une stratégie nationale de sécurité par le respect du droit, c'est-à-dire de la loi. C'est par un juste équilibre entre une nouvelle fermeté et une tradition de respect que notre prochain(e) président(e) devra affirmer l'autorité nécessaire à la paix civile. Il y a quelques années, au cours d'une rencontre en Chine, j'ai demandé à Henry Kissinger ce qui était le plus important pour un homme d'État : l'intelligence ou le caractère ? Sa réponse fut sans appel : « On peut emprunter l'intelligence d'un autre, pas le caractère ! » La réponse du général de Gaulle aurait certainement été voisine. Le caractère est le vrai fondement de l'autorité.

La prochaine ou le prochain président de la République

Vision, sobriété, proximité, écologie et autorité sont les cinq paramètres à l'aune desquels le leadership électoral de notre futur(e) président(e) sera jugé. En affectant de 0 à 4 points à chaque paramètre, on obtiendra une note sur 20 permettant de classer les différents prétendants. Selon moi, pour battre Emmanuel Macron, il faudra une note supérieure à 13/20.

Notre démocratie est soumise à de nombreux changements. À eux seuls, le développement inexorable des réseaux sociaux et la fin du cumul des mandats transforment fondamentalement la relation entre l'élu et l'électeur, relation affectée également par bien d'autres mutations. La tentation du conservatisme sera forte mais la promesse du changement, comme toujours, l'emportera quitte à être défendue par les tenants de la continuité. Selon moi, l'élection parfaite est celle de Valéry Giscard d'Estaing en 1974 autour de sa proposition : « le changement dans la continuité » ; un rêve français !

BIBLIOGRAPHIE

- Han Fei Zi, *L'Art de gouverner*, Presses du Châtelet, 2010.
- Nitin Nohria, Rakesh Khurana, *Handbook of Leadership Theory and Practice*, Harvard Business Press, 2009.
- James M. Kouzes, Barry Z. Posner, *The Truth About Leadership*, Jossey Bass, 2010.
- Julia Gillard, Ngozi Okonjo-Iweala, *Women and Leadership: Real Lives, Real Lessons*, MIT Press, 2021.
- General Stanley McChrystal, *Leaders : Myth and Reality*, Penguin, 2018.
- Robert Papin, *Former de vrais Leaders : c'est encore possible !*, Dunod, 2014.
- François Jullien, *Conférence sur l'efficacité*, PUF, 2016.
- Michel Schneider, *Miroirs des princes*, Flammarion, 2013.
- Cardinal Mazarin, *Bréviaire des politiciens*, Arléa, 2003.
- Lao Tseu, traduit par Stephen Mitchell, *Tao Te King*, Synchronique Éditions, 2012.
- Quintus Tullius Cicéron, *Petit manuel de campagne électorale*, Rivages Poche, 2006.
- Shell Leanne, *Leadership, the Barack Obama Way*, Mc Graw Hill, 2010.
- Robert Greene, *Power, les 48 lois du pouvoir*, À contre-courant, 2009.
- Jean-Claude Monod, *Qu'est-ce qu'un chef en démocratie ?*, Seuil, 2012.
- Jean-Michel Ducomte, *Conseils philosophiques aux hommes politiques et à ceux qui les élisent*, Milan, 2003.

- Sylvie Dugas, *Le Pouvoir citoyen : La société civile canadienne et québécoise face à la mondialisation*, Fides, 2006.
- Catherine Doherty, John Thompson, *Les Règles du leadership*, Larousse, 2008.
- Alain Duhamel, *Portraits souvenirs : 50 ans de vie publique*, Plon, 2011.
- John C. Maxwell, *Les Règles d'or du leadership,* Trésor caché, 2013.
- Institut Pierre Mendès France, *Éthique et démocratie : l'exemple de Pierre Mendès France*, actes du colloque organisé à Grenoble les 17 et 18 octobre 1997, Le cherche Midi Éditeur, 1998.
- Maurizio Viroli, *How to Choose a Leader: Machiavelli's Advice to Citizens*, Princeton University Press, 2016.
- *Les Clés du leadership au féminin*, *Management*, hors-série, mai-juin 2017.
- Raphaëlle Bacqué, *L'Enfer de Matignon*, Albin Michel, 2008.
- Vincent Azoulay, *Périclès : La démocratie athénienne à l'épreuve du grand homme*, Dunod, 2020.
- Pierre Manent, *Naissances de la politique moderne*, Gallimard, 2007.
- Tom Rath, Barry Conchie, *Strengths Based Leadership,* Gallup Press, 2008.
- Harvard Business Review, *HBR's 10 Must Reads on Leadership*, Harvard Business Press, 2011.
- Jean-Marie Lustiger, *Le Choix de Dieu*, Éditions de Falloix, 1987.
- Alex Ferguson, avec Michael Moritz, *Leading : manager pour gagner*, Marabout, 2016.
- Simon Cooper, *Brilliant Leader: What the Best Leaders Know, Do and Say*, Pearson, 2008.
- *Gouverner : De Périclès à XI Jinping*, *Le Monde*, hors-série, septembre 2020.

- Hesna Cailliau, *Le Paradoxe du poisson rouge : Une voie chinoise pour réussir sa vie*, Saint-Simon, 2015.
- Jocelyn Davis, *The Greats on Leadership*, Nicholas Brealey Publishing, 2016.
- Joanna Barsh, Susie Cranston, *How Remarkable Women Lead,* Crown Business, 2011.
- Christian Salmon, *La Cérémonie cannibale : De la performance politique*, Fayard, 2013.
- Charles de Gaulle, *Le Fil de l'épée et autres écrits*, Plon, 2017.
- Général d'armée Pierre de Villiers, *Qu'est-ce qu'un chef ?*, Fayard, 2019.
- Guillaume Debré, *Je twitte donc je suis,* Fayard, 2020.
- Siong Guan Lim, Joanne H. Lim, *The Leader, the Teacher and You*, World Scientific Publishing Co/Imperial College Press, 2014.
- Lolly Daskal, *The Leadership Gap*, Portfolio/Penguin, 2017.
- Qunshu Zhiyao, *The Governing Principles of Ancient China*, The World Book Co., Ltd., 2012.
- Fareed Zakaria, *Retour vers le futur : 10 leçons pour demain*, Saint-Simon, 2021.
- Kishore Mahbubani, *Le jour où la Chine va gagner : La fin de la suprématie américaine,* préface de Hubert Védrine, Saint-Simon, 2021.
- Jean-Pierre Raffarin, *Pour une nouvelle gouvernance*, L'Archipel, 2001.
- Jean-Pierre Raffarin, *Je marcherai toujours à l'affectif*, Flammarion, 2019.

REMERCIEMENTS

Je souhaite remercier sincèrement Alexandre Musso qui fut mon étudiant à l'ESCP Business School avant d'être diplômé de notre école et de Sciences-Po Paris. Il m'a accompagné dans la transformation de ce cours en livre. Son travail comme sa personne sont de qualité.

Je remercie également Frank Bournois, directeur général de l'ESCP Business School, pour ses conseils et l'opportunité qui m'est donnée de travailler avec d'excellents étudiants.

Je remercie aussi Serge Degallaix, directeur général de la Fondation Prospective et Innovation, pour sa relecture attentive et ses commentaires pertinents.

Table des matières

Composition :

PRESS·PROD

Imprimé en France par
CPI Bussière
en mars 2022

Dépôt légal : octobre 2021
N° d'impression : 2064183
ISBN : 978-2-7499-4770-9
LAF : 3133